왕릉풍수와
조선의 역사

왕릉풍수와 조선의 역사

첫판 1쇄 발행 2000년 12월 15일
첫판 4쇄 발행 2015년 3월 10일

글 · 사진 장영훈
펴낸이 김남석

펴낸곳 대원사
135-230 서울 강남구 일원동 양재대로 55길 37, 302호
편집부 / 전화(02)757-6711(대)
영업부 / 전화(02)757-6717 팩스(02)775-8043
등록번호 제3-191호

값 19,000원

ISBN 89-369-0965-7 03900

＊저자와의 협의에 의하여 인지는 생략합니다.
＊잘못 만들어진 책은 바꾸어 드립니다.

왕릉풍수와
조선의 역사

장영훈 지음

대원사

조선 왕릉을 찾게 되었던 것은 풍수 강의 때문이었다. 신문 연재와 현장 생활만 하던 도중 대학교 사회교육원에 초빙되어 풍수 강의를 담당하게 되었는데, 이때 중구난방 식의 질문들을 받게 되었다. 당시 수강생 중에는 이미 그 방면에 대가(?)라고 자칭하던 인물들도 있었고 그럴수록 그들끼리 '밤 놓아라', '대추 놓아라' 하는 식의 좌충우돌이 더욱 심했다. 그놈의 무덤 타령이 무엇이길래 그것만 끼어들면 풍수는 물인지 바람인지 시끄러웠다. 논리적이지도 논증적이지도 못한 어거지 무덤 타령일수록 고집은 세고 용감해서 세상을 더욱 시끄럽게 하질 않는가.

제사상에서 대추 밤타령이라는 시비들을 가리려면 종묘제례를 보고 『주자가례』를 읽으면 된다. 제사상 진설 문제는 종묘제례와 가례에서 불거져 나왔기 때문이다. 무덤 타령 역시 그렇다.

반풍수가 잡은 마구잡이식 그런 무덤보다는 사대부 양반 집안 무덤들이 그래도 나을 것이고 그보다 더 자료적 가치가 있는 문중의 선산들도 눈여겨 보면 하나의 공통된 법칙 아래 놓여져 있다는 것을 발견하게 된다. 가장 멀리 떨어진 경상도와 전라도는 그렇다치더라도 그보다는 충청도가, 충청도보다는 경기도의 선산 양식들이 조선 왕릉 양식에 더욱 더 가깝다. 결국 조선 왕릉이 원본이었고, 거기서 보고 들은 내용들이 전달되는 도중 한 글자씩 이빨 빠진, 그러니까 먼 거리에 있는 선산일수록 와전된 모양들을 더 보여주고 있는 것이다.

원본을 들춰서 하나의 통계자료를 만들어보자는 의도로 조선 왕릉을 찾게 되었다. 대학에서는 각 왕릉마다 공문서를 발송해주었고 보름에 걸쳐서 정종 왕릉(개성에 있음)만 제외된 모든 조선 왕릉들을 돌아보았다.

당시는 겨울이었기에 풍수 현장 특성상 최소한 여름 답사는 꼭 필요하였으며 그래서 이듬해 여름방학 때 다시 한번 더 돌았다. 그것으로 조선 왕릉 답사는 끝을 내고 통계자료들을 분석하여 나갔다. 그런데 그게 그럴 수가 없었다. 마지막이라는 생각에서 여름 답사 때 더욱 세밀히 찍은 석물의 문양들이 담긴 슬라이드 필름 500여 장 중 무려 서른대여섯 개가 뉘집 왕릉인지 번지수가 오리무중이었던 것이다. 어쩔수 없이 또다시 시작된 왕릉 답사에는 기록을 담당해줄 수강생 한 명과 함께 그해 여름방학은 조선 왕릉에서만 보냈다.

가을 학기부터 왕릉 강의는 시작되었고 그러자 무덤 타령 목소리들은 평정되었는데, 여름 왕릉을 답사 동행했던 수강생이 강의 도중 겨울 왕릉의 장면들을 시청하자 생떼를 썼다. 조선 왕릉하면 여름 장면만 상상되는 자신이 딱 반풍수라나 뭐라나. 배우겠다며 대드는 데에는 이길 재간이 없어 이번이 정말 마지막이라고 다짐을 하며 겨울 왕릉 답사 길에 올랐건만 그것은 마지막이 아니라 시작을 알리는 전주곡이 되어 버렸다. 이듬해 봄학기 왕릉 강의 도중에 문제의 수강생이 "나는 조선 왕릉을 직접 보았노라"는 자랑을 늘어놓자 집단 항의 사태가 발생할 지경이었다. 결국은 왕릉 답사 지도교수로서 대학교직원 풍수반을 인솔하여 여름방학 때 돌고 겨울방학 때는 건축풍수 전문가 과정을, 다음 학기 방학 때는 고급 풍수반을……. 그러자 조선 왕릉 답사는 연례 행사가 되어 버렸다.

그렇게 자주 조선 왕릉을 찾아가자 낯설던 것들이 친숙해졌고, 친숙해지자 보이기 시작했다. 오랜 현장 생활을 통해 몸에 배인 풍수 감각들이 되살아나자 산줄기의 흐름들이 눈에 들어왔고 산서(山書)에 이론만 소개하고 있던 원훈(圓暈)이 보였다. 또한 왕릉의 문양들 중 망주석에 새겨 놓은 세호(細虎)는 학자들조차도 아직까지 우왕좌왕하고 있는 조종조(祖宗朝)가 아닌 조종(祖宗)과 종조(宗祖)의 혈통관계를 음양으로 처리했던 형상의 기록임을 읽을 수가 있었다.(이 점 당시 조선왕조실록의 경우도 예외는 아니다)

'조선 왕릉은 조선왕조의 박물관이다!'

이러한 자각이 생기자 직계 제자들을 대동한 개인 답사까지 병행하였다. 그 중 우리 고건축에 관심을 둔 '우불이'라고 불리는 화두 같은 애칭을 가진 제자는 건축학도였기에 맞배니, 팔작이니 따지는 왕릉의 정자각 양식과 구조 그리고 왜 홍살문이 저렇게 서 있느냐는 범위까지 연구 대상이 되어 버렸다.

'조선 왕릉은 우리의 문화재다!'

대학 중앙도서관 컴퓨터에 들어가서 『조선왕조실록』에 기록된 역대 왕들의 왕릉 택지에서 장법(葬法)에 하현궁(下玄宮, 하관)까지 상세히 조사하여 제법 묵직한 5권의 파일을 만드는 데에도 한 달 이상이나 걸렸다.

그러자 조선 왕릉은 또 이렇게 일러주었다.

'조선 왕릉은 역사다!'

이를테면 우리가 점잖고 고원한 유학자이기에 '공자왈 맹자왈'만 거론했으리라 인식해왔던 정도전, 하륜, 황희, 맹사성, 정인지, 윤필상, 손중돈, 정구, 이항복, 윤선도, 송시열 등등의 '풍수왈'은 당대 국장에 참여했던 국풍들을 누른 실력의 소유자들이기도 했다. 그런 그들이 낙향하여 정자를 짓고 또는 본가를 잡을 때 기왕이면 명당을 잡고 대문에서 본채 그리고 뒷간까지 풍수가 활용되었음은 자명하다.

풍수는 우리가 아직까지 눈치채지 못하고 있었던 문화 역사의 가이드이기에 필자는 이러한 풍수 가이드를 따라서 조선 왕릉을 답사했고 또한 책을 써보기로 했다.

결국 조선 왕릉 들머리는 역사의 들머리에 서 있는 것이었으며, 그것은 한국인이라면 알고 있어야 할 것들이 오늘날까지 잠자고 있었기에 조선 왕릉을 풀어보는 것은 역사를 재조명하여 보는 것과 같다는 자각마저 들었다.

'지금까지 잠자고 있었던 조선 왕릉은 우리 역사를 비추는 거울이다!'

2000년 10월 31일 장영훈

차 례

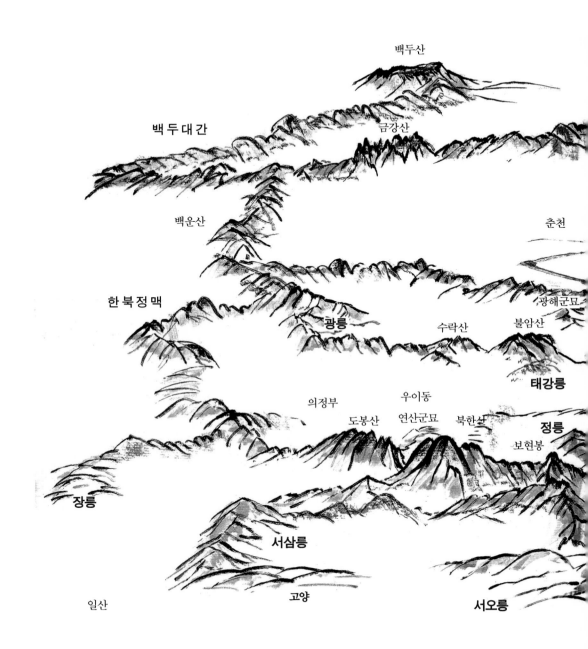

백두산

백 두 대 간

금강산

백운산

춘천

한 북 정 맥

광해군묘

광릉

수락산

불암산

태강릉

의정부

우이동

도봉산

연산군묘

북한산

정릉

보현봉

장릉

서삼릉

일산

고양

서오릉

10

조선왕릉 택지도

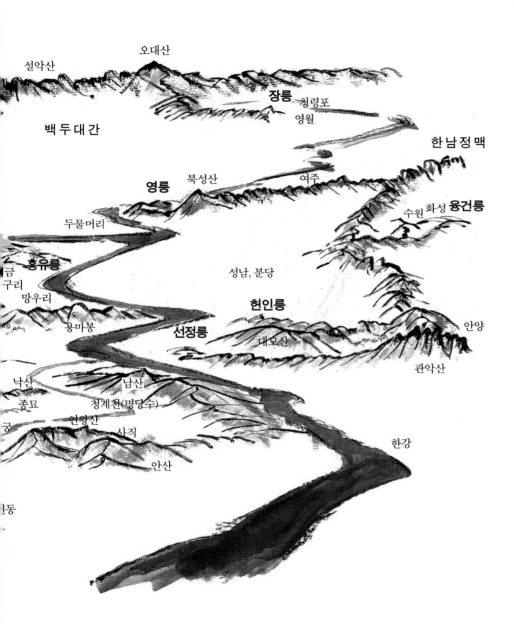

설악산
오대산
장릉 청령포
영월
백 두 대 간
한 남 정 맥
영릉 북성산
여주
수원 화성 융건릉
두물머리
흥유릉
금
구리
성남, 분당
망우리
헌인릉
용마봉
안양
선정릉
대모산
관악산
낙산 남산
종묘 청계천(명당수)
인왕산
궁 사직
안산
한강
동

| 조선 왕릉의 종가, 동구릉(東九陵) |

    조선 최대의 대명당으로 알려진 동구릉을 찾아가려고 중부고속도로나 서울 외곽 순환 고속도로를 달리다가 구리 나들목에 접어들어서는 십중팔구 문화재 미아가 되어 버리기 쉽다. 동구릉은 경기도 구리시 인창동에 있기에 구리 나들목에서 빠져야 하나 그게 그렇게 상식적으로 통하지 않는다.

    그럴 만한 이유와 사정이 있어서 그랬겠지만 절묘하게 설계한 한국도로공사 천재들이나 해석할 수 있는 이곳을 우리 같은 보통 사람이 상식적으로 판단했을 경우 의정부나 그 어드메로 빗나가 버리기 십상이다.

    서울 사람들이 동구릉에 접근하기 위한 가장 쉬운 도로망은 일단 종로에서 동대문을 향해서 동쪽으로 직진하다가 휘경동에서 우회전 한번 잘하면 망우로를 타게 되고 또다시 계속 직진하면 망우리 고개를 넘게 된다.

    망우리 고개 아래에는 구리시가 있고 처음 만나게 되는 교문사거리에서 좌회전하여 직진으로 2킬로미터 정도 가다 보면 좌측에 동구릉의 간판과 동구릉 숲들이 눈

조선 최대의 왕릉인 동구릉. 아래쪽으로 헌종 왕릉(경릉)의 석물들이 보이고 **문종 왕릉**(현릉), 좌측 끝에 태조 왕릉(건원릉), 뒤쪽에 선조 왕릉(목릉)이 자리하고 있다. 더 자세히 들여다보면 현릉과 경릉 사이에 영조 왕릉(원릉)까지 있음을 알 수 있다. / 위

동구릉 들머리에 서 있는 신문(神門). 홍전문(紅箭門)이라고 불리던 문이 민초들의 언문을 만나자 국한문 혼용체 '홍살문'으로 발음되어 내려왔다. / 옆

13

에 들어온다.

　운동장 같은 널찍한 주차장과 도심에 비하면 훨씬 부담스럽지 않은 주차비로 주차 전쟁의 스트레스에서 모처럼 해방감까지 맛보며, 입장료 역시 동전 몇 닢으로 해결할 수 있어서 느긋한 여유마저 생긴다. 대중교통을 이용할 때는 청량리 역전에서 구리시 동구릉까지 직접 가는 버스를 타면 된다.

　매표소를 들어서면 단정히 청소된 길 양편으로 늘어선 노송들이 57만 9,557평에 이르는 산림 향기와 함께 주위를 감싸 마치 명산 대찰의 들머리를 연상케 하지만 품격은 엄연히 다르다. 이곳의 노송들은 조선 왕릉 증인들이며, 동구릉 산림에는 왕조의 역사가 배어 있기 때문이다. 역사는 사람들의 이야기이고 흙에서 태어나 흙으로 돌아가는 사람의 마지막 자리는 고작 한 평도 채 못 미치는 땅구멍이지만, 좁아도 할 말은 많고 핑계 없는 무덤 또한 없다.

　망우리 공동묘지가 민초들의 푸념 정서 뒤끝이라면, 동구릉은 조선왕조의 핑계가 가장 많은 17명의 왕과 왕비들의 역사 뒤풀이 현장이기도 하다. 그런 이야기들을 들으러 가는 동구릉 들머리에서 가장 처음 접하게 되는 조형물을 '신문(神門)'이라고 부르는 사람도 있으나, 정확한 명칭은 '홍전문(紅箭門)'이다.

　홍전문의 의미는 붉은 색은 악귀를 내쫓는다는 내력과 함께 홍(紅) 자는 '다紅치마', '紅시', '연분紅'이란 말로서 연상되기도, 전달되기도 쉬우나 화살 전(箭) 자는 일상적으로 사용하지 않는 글자가 된다. 그래서 민초들은 홍전문을 글반 말반으로 부르게 되어, 홍살문으로 줄곧 전해져 우리도 그렇게 부르고 있는 문이다.

　한양 동쪽에 9개 왕릉이 자리하고 있기에 오늘날 동구릉(東九陵)으로 부르고 그래서 홍살문 위쪽에는 동구릉을 상징하는 9개의 화살대가 좌우에 각각 세워져 있다.

　홍살문을 지나 조금 가다 보면 우측으로 조선 사대부의 한옥 같은 건물이 눈에 들어오는데, 이곳이 동구릉관리사무소(왕릉 재실로 사용했다)이며 여기서 곧장 몇 걸음 더 옮기면 이제부터는 조선 왕릉들과 직접 만나게 된다.

　동구릉에서 처음 만나는 왕릉은 추존황제 문조(文祖) 능으로서 조선 제24대 헌

문조 왕릉. 둥근 언덕인 강(岡) 위에 매김질된 왕릉은 조선 왕릉만이 가지고 있는 특성이다. 98년 여름 답사 때 본 풍수 **원훈**(圓暈) 현상 / 위

평지에 자리하고 있는 신라 왕릉들은 먼 옛날 고인돌을 더욱 세련되게 한 석실(石室)을 짓고서 그 위에 흙을 덮어 버렸으니 엄청나게 크다. / 아래

고려 왕릉 양식을 보여주는 조선조 권율 장군 묘(서울 북쪽 장흥 계곡에 있다). 풍수가 성행되자 고려 왕릉들은 산기(山氣)를 받기 위해 계단까지 만들면서 산으로 갔다. 산기를 받으려고 광을 깊이 판 덕택에 신라 왕릉보다는 봉분들이 작아지게 되었다. / 옆

조선 왕릉은 평지도 산지도 아닌 비산비야(非山非野)로 갔다. 비석비토(非石非土)의 흙을 보고서 혈을 알 수 있다는 풍수 맥락과도 통한다. 왕조가 바뀌면 왕릉도 당연히 역사와 함께 짐 보따리를 싸서 따라갔다. 강남구 삼성동 소재 제11대 중종 왕릉 / 옆면

종(憲宗)의 아버지(익종)이며, 제23대 순조(純祖)의 외아들이기도 한 문조(효명세자)가 왕세자 시절 22세로 요절하자 처음에는 동대문구 석관동 천장산(天藏山)에 장사지냈다가 16년 후 용마봉(龍馬峯)으로 다시 봉안했다. 9년 후 또다시 이곳 동구릉으로 옮겨 장사를 지냈던 1855년 8월 26일부터 9기의 왕릉이 자리하게 되어 이곳을 동구릉이라 부르게 했던 왕릉이기도 하다.

왕조마다 왕릉들이 있었고 조선 왕릉과 신라 왕릉 그리고 고려 왕릉의 양식들은 야지(野地)와 산지(山地)라는 텃자리에 그 특성들을 두고 있었다. 신라 왕릉의 경우 대부분 야지를 차지하고 있는 반면, 고려 왕릉들은 산지를 선호했다.

조선 왕릉은 야지도 산지도 아닌 비산비야(非山非野) 양식을 택하게 된다. 그 이유는 흙은 생기(生氣)의 몸이라는 풍수 원리에 따라 생기 저장탱크 격인 흙더미 위에 자리하려는 의도였기 때문이다. 조선 왕릉들은 작은 언덕이라는 강(岡)에서 생기를 공급받고 강에 생기를 공급해주는 것은 뒤쪽을 이어주는 배산(背山)의 산줄기였다.

생기(生氣)는 생명지기(生命之氣)를 줄인 말로서 만물의 생명기운을 뜻한다. 풍수의 목적은 이러한 생기를 얻는다는 승생기(乘生氣)에 있으며, 여기서 생기란 땅속을 흐른다는 지중지기(地中之氣), 곧 지기(地氣)의 일종이다. 지기가 가장 강하게 뭉쳐 있는 곳은 산이며, 산기(山氣)라 부르고 있다. 산기의 기세(氣勢)를 독특하게 보

여주는 산을 풍수에서는 세산(勢山)으로 분류한다.

세산의 골격과 근육은 어느 산들과는 다르기에 눈으로도 식별된다. 인체에서 골(骨)은 뼈를 가리키고, 이를 산에서는 골산(骨山)이라고 부르기도 한다. 세산은 바위들이 우람하게 우뚝 솟아 기세를 내뿜는 설악산과 북한산이 이에 해당된다. 육산(肉山)은 근육질로 뭉친 소백산과 지리산이 속한다. 그러나 골육(骨肉)이 너무 강한 세산에는 명당(明堂)과 혈(穴)이 없다.

혈과 명당은 세산이 아닌 형산(形山)에 있다는 것이 풍수의 법칙이기도 하다. 포근하게 안아주며 부드럽고 온아하며 살기(殺氣)를 완전히 벗어난 산이 바로 형산이다. 세산이 5만 볼트 송전선이라면 형산은 220볼트 가정용 전기선이다. 220볼트가 되어야 전깃불을 켤 수 있듯 이러한 비유에서 혈은 형산에 있음을 이해할 수가 있다. 정리하자면 혈(전구), 형산(220볼트), 세산(고압 송전선)이라는 일련 선상처럼 산줄기들이 연결되어야 비로소 혈이 존재하게 된다.

이를 역순으로 나열하면 세산 → 형산 → 혈이라는 세(勢), 형(形), 혈(穴)로 정리된다. 세, 형, 혈은 가장 먼저 알아야 하는 풍수 입문 공부이기에 초학자에게는 다소 부담이 갈 수 있으나, 이것을 모르면 조선 왕릉과 풍수가 막혀 버려 가장 먼저 나열한 이론이기도 하다. 모든 혈들은 세, 형, 혈의 원리에 놓여져 길흉 판단의 근거가 되고 있다.

산의 기운이 거칠어서 바위들이 우람차게 드러나는 산을 세산(勢山)이라 부른다. 사진은 노원구 불암산이다. / 위

바위가 없다는 검암산(儉岩山). 세산과는 완연히 다른 이런 모양의 부드러운 형산(形山)에 혈이 존재한다. 사진 앞쪽 혈에 **태조**를, 뒤쪽 혈에 선조를 안장한 왕릉들이 보인다. / 아래

　　조선왕조의 국도였던 경복궁의 경우도 북한산(세산) → 백악산(형산) → 경복궁 (혈)이라는 세·형·혈로 구분된다. 그러나 백악산은 바위들이 불쑥 튀는 살기가 서 린 산이기에 형산으로서 풍수상 불합격이다.

　　이러한 연유에서 성종은 터가 센 경복궁보다 부드러운 창덕궁으로 이어하기도

뒤쪽 불암산을 '세(勢)' 로 삼은 검암산의 '형' 에서 '혈' 을 찾아 장사치른 것이 동구릉 풍수였다. 사진은 온릉이다.

했다. 창덕궁의 세 · 형 · 혈 족보는 북한산(세산) → 응봉(형산) → 창덕궁(혈)으로 이때 형산인 응봉은 살기를 완연히 벗어났기에 경복궁과는 달리 산줄기를 창덕궁의 정전인 인정전에 직접 잇댈 수가 있었다.

또한 세 · 형 · 혈의 풍수 원리는 조선 최대의 대명당이라는 동구릉의 경우에도 예외는 아니다. 사진 뒤쪽에 바위가 불끈거리는 세산은 불암산으로서 불암산 줄기가 앞쪽 부드러운 형산(검암산)을 이루었고 그 품안에 왕릉 하나가 보인다. 불암산(세, 5만 볼트 송전선) → 검암산(형, 220볼트 콘센트) → 조선 왕릉(혈, 전구)이라는 원리를 한눈에 보여주는 사진이다.

조선왕조는 25기의 역대 조선 왕릉들과 폐위된 2기의 묘(연산군, 광해군)로서 조선의 역사를 반추하고 있다. 5년 동안 여름, 겨울방학 때마다 강의 자료 수집차 그리고 단체 답사를 통하여 북쪽에 있는 제2대 정종릉만 제외하고 모두 살펴보았다. 풍수 답사를 하다 보면 특히 조선 왕릉의 경우에는 오늘날과 가까이 있는 왕조이기에 우리 정서와 생활에 와닿는 이야기들이 어느 시대보다 더 풍성했다.

조선 왕릉에는 먹거리 이야기도 걸려 있었다. 조선왕조 때는 소를 함부로 잡지 못했다. 농자천하지대본이었던 당시 경운기에 해당되던 소를 잡기 위해서는 관청의 허가를 받아야 했는데, 민초들은 언감생심 꿈도 꾸지 못했다. 이러한 조선시대에도 허가 없이 소를 잡을 수 있는 현장들이 있었다. 매년 능제(陵祭)를 지내야 하는 왕릉 지역이 이에 해당된다. 능제때 푸짐히 들어가는 쇠고기 덕택에 왕릉 주변의 백성들은 쇠고기 요리를 맛보았고, 고기 맛을 알자 쇠고기 요리를 잘할 수 있게 되었다. 이로 인하여 태릉갈비, 홍릉갈비, 수원갈비라는 갈비집 간판에 조선 왕릉의 능호들이 오늘날 걸리게 된 것이다.

태릉(泰陵)은 중종 제2계비 문정왕후의 왕릉을 말하며, 홍릉(洪陵)은 한때 동대문구 청량리동에 있었던 명성황후 민비릉을 일컫는다. 수원(水原)은 사도세자와 정조 왕릉이 있는 인연에서 갈비 명소로 떠올랐다. 왕릉의 역사와 갈비집 족보가 이렇게 끈을 달자, 문패도 번지수도 없는 적나라한 명칭을 단 간판들마저 등장하게 되었다. 이름하여 '왕릉갈비'라는.

시도 때도 없는 제사 등살에 헛(헛것, 가짜)제삿밥을 파는 안동의 식당들이나 조선 왕릉 능제 덕분에 안장된 왕도 없는 왕릉 갈비집이나 따지고 보면 초록은 동색쯤 되는 우리의 입맛들이다. 그러나 왕릉 답사 도중 왕릉갈비는 정작 그림의 떡이었다. 숯불을 달구고 차리고 지지는 데 시간이 걸리기 때문이다. 답사 도중 처음으로 들어간 서오릉 앞 왕릉갈비 집에서 일행들은 고작 육개장을 시켜 먹었는데, 그마저 30분이나 걸렸다.

보통 주문하여 먹고 나가는 시간은 족히 10분이면 충분하였는데 모두 아까워하

한양 동쪽에 9개 왕릉이 있어 동구릉(東九陵) 그리고 서쪽에 5개의 왕릉이 있기에 서오릉(西五陵)으로 불려지는 이곳 역시 형산(形山)을 갖추고 그 뒤쪽의 북한산(비봉) 바위들이 세산의 뼈대를 잇대고 있었다. 서오릉에 첫 안장된 **경릉**

는 눈빛 ……. 옆자리에 풍성히 올라 있는 갈비에 눈길을 뗄 줄 모르고 아까워하던 사람도 그날 분명히 있었다.

　　"우불아! 그만 갈비에서 눈 떼고 빨리 왕릉 보러 가자!!!"

백두산

백 두

한 북 정 맥

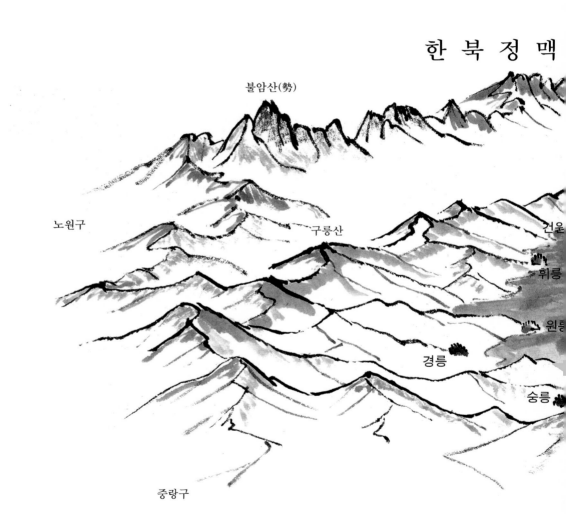

불암산(勢)

노원구

구룡산

건원

휘릉

원릉

경릉

숭릉

중랑구

22

동구릉 산세도

대　간

금강산

백운산

(形)

퇴계원

목릉

현릉

수릉

동구릉
들머리

홍살문

구리시

23

| 왕릉 답사를 위한 도움말 |

능원(陵園)은 왕족의 무덤을 가리키며 그 중 왕과 왕비의 무덤은 능(陵)으로 그리고 왕세자와 왕세자비, 왕의 사친(私親)의 무덤들을 원(園)이라 칭한다. 능원 이하의 무덤들은 모두 묘(墓)가 된다.

제22대 정조(正祖)가 승하하자 건릉(健陵)이라는 능호(陵號)로 불렸으나, 왕세자 때 폐세자 되어 죽임을 당한 생부 사도세자의 무덤은 영조 때 수은묘(垂恩墓)로 불렸고 정조 때 영우원(永祐園)과 현릉원(顯陵園)으로 격상되었으며, 그후 융릉(隆陵)이라는 추존 왕릉까지 추숭되기에 이른다. 왕족 중에서도 대군일지라도 왕세자가 아닐 경우에는 묘로 불려졌으며, 폐위된 연산군과 광해군의 경우는 능원이 아닌 묘로 불려지고 있는 데서 능(陵), 원(園), 묘(墓)의 관계를 엿볼 수 있다.

능, 원, 묘에 관련된 조선왕조 왕족의 무덤들은 모두 109기에 이른다. 그 중 능이 44기, 원이 13기 그리고 묘가 52기로 분류되고 이러한 조선왕조의 무덤 중에서도 직접 조선의 역사를 주도했던 무덤들은 25기의 능과 3기의 묘가 해당되기에 이 책의

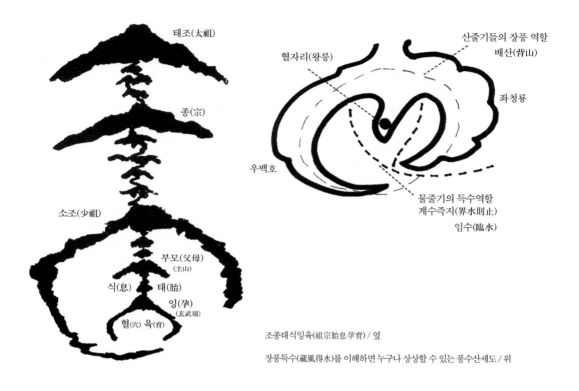

태조(太祖)

종(宗)

소조(少祖)

부모(父母)
〔主山〕

식(息)　태(胎)

잉(孕)
〔玄武頂〕

혈(穴)　육(育)

혈자리(왕릉)

산줄기들의 장풍 역할
배산(背山)

좌청룡

우백호

물줄기의 득수역할
계수즉지(界水則止)
임수(臨水)

조종태식잉육(祖宗胎息孕育) / 옆

장풍득수(藏風得水)를 이해하면 누구나 상상할 수 있는 풍수산세도 / 위

왕릉 답사 내용들 역시 이를 중심으로 쓰여진 이유이기도 하다.

이 가운데 제2대 정종 왕릉〔후릉(厚陵)〕은 북녘 땅에 있기에 현장을 직접 답사할 수 없어 본 책자의 특성상 제외시켰으나, 제10대 연산군 묘, 제15대 광해군 묘와 홍선대원군의 아버지인 남연군 묘를 포함시켰으며 풍수적으로 대단히 중요한 덕종과 사도세자 능은 거론키로 했다.

일반적으로 왕이 승하하면 국장(國葬)을 관장할 임시 기구인 도감(都監)들이 설치되고 3개월에서 5개월에 이르는 국장 기간 동안 왕릉 터가 상지(相地)되었다. 이 때 동원된 다수의 풍수지관들과 함께 대신들은 한양 주변 백리 안팎의 이곳저곳을 돌아다니며 풍수로서 판단하여 천거된 후보지는 조정에서 논의를 거쳐 재위 왕의 결정으로 정해졌다.(실제는 80리였고, 당시 10리는 5.2km였기에 41.6km에 해당되는 행보거리였으며, 오늘날 경복궁에서 수원 정도가 된다.)

이때 택지된 조선 왕릉들은 다음과 같은 공통 조건을 만족시켜야 했다. 먼저 배산임수(背山臨水) 조건으로 왕릉 뒤쪽에 있는 배산(背山)은 바람을 감추는 장풍(藏風) 조건을 갖추어야 하며, 임수(臨水)에 해당되는 왕릉 앞쪽의 물줄기는 생동하는 기운의 방위로 흘러가서는 안 된다는 것을 가장 금기시했다.

이러한 해석들은 모두 풍수 법칙으로 계산되어졌고 장풍(藏風)과 득수(得水)를 줄인 말이 풍수(風水)라는 것이며, 그래서 왕릉 택지의 배산임수를 논할 때 가장 중요한 충족 조건은 풍수였다.

풍수를 텃자리 조건으로 삼은 조선 왕릉들은 단릉(單陵), 쌍릉(雙陵), 삼연릉(三連陵), 동역이강릉(同域異岡陵), 동원상하봉(同原上下封), 합장릉(合葬陵) 양식을 보여주면서 모두들 우상좌하(右上左下, 우측에 왕, 좌측에 왕비)라는 매김질과 함께 유교예제(儒敎禮制)를 고수했던 것이 조선 왕릉의 특성이기도 했다.

그러나 어떤 양식이건 능역(陵域)의 들머리에는 홍살문이 서 있고 이러한 홍살문 좌측에는 능행 때 절을 하는 배위(拜位)가 조성되어 있다. 절을 마친 왕은 홍살문을 통하여 정자각(丁字閣)에 이르는데 홍살문과 정자각을 연결하던 돌길을 참도(參道)라 한다.

정자각은 능제를 지내는 민묘(民墓)의 상석(床石)과 같은 기능을 담당하며 정자각 좌측의 비각(碑閣)은 왕릉의 묘비(墓碑)를 안치하기 위한 조성물이다. 비각 앞쪽에는 능제를 지낼 때 필요한 제물을 준비하는 수복방(守僕房)이 그리고 정자각 우측 뒤쪽에는 축문을 태워 묻는 예감(瘞坎)이 눈에 띈다. 정자각 뒤쪽으로는 작은 동산 모양을 흙더미로 조성한 강(岡)이 있으며, 강은 조선 왕릉에서만 볼 수 있는 특징이기도 하다.

조선 왕릉에 있어서 강은 두 가지로 해석된다. 하나는 풍수상 땅속을 흐르는 생기(生氣)는 흙을 몸으로 삼기 때문에 생기의 몸, 곧 생기의 저장탱크 위에 왕릉 봉분이 올라타고 있어야 생기를 가장 많이 받을거라는 풍수 승생기(乘生氣) 목적을 달성

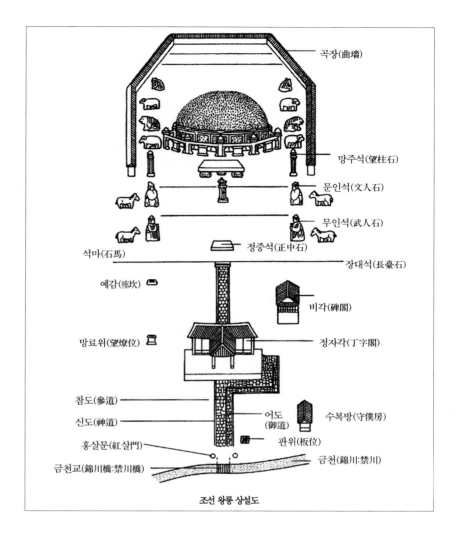

곡장(曲墻)

망주석(望柱石)

문인석(文人石)

무인석(武人石)

정중석(正中石)

석마(石馬)

장대석(長臺石)

예감(瘞坎)

비각(碑閣)

망료위(望燎位)

정자각(丁字閣)

참도(參道)

어도(御道)

신도(神道)

수복방(守僕房)

홍살문(紅살門)

판위(板位)

금천교(錦川橋·禁川橋)

금천(錦川·禁川)

조선 왕릉 상설도

하려는 풍수 시각이 그것이며, 또 다른 하나는 일반 무덤들과는 달리 높은 권좌에 등극한 왕처럼 높은 강을 권좌로 삼아 등극한 왕릉을 보여주는 시각적 효과의 유교 왕조 통치술이라고도 할 수 있다. 강을 사초지(莎草地)라고도 부르며, 사초지 위에 오르면 장대석(長臺石)으로 부르는 긴 돌들이 사각형 모양을 이루며 놓여 있다.

이러한 장대석 위쪽은 능원(陵原)으로서 능원 위에는 석인(石人)과 석마(石馬) 그리고 장명등(長明燈)이 차려져 있고 석인은 문인석(文人石)과 무인석(武人石)으

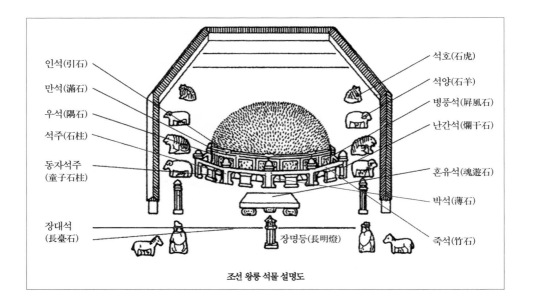

인석(引石)
만석(滿石)
우석(隅石)
석주(石柱)
동자석주
(童子石柱)
장대석
(長臺石)

석호(石虎)
석양(石羊)
병풍석(屏風石)
난간석(欄干石)
혼유석(魂遊石)
박석(薄石)
죽석(竹石)

장명등(長明燈)

조선 왕릉 석물 설명도

로 나누며 문치주의를 내세웠던 조선왕조 특성상 무인석보다 문인석을 한 단 더 높은 장대석 위에 매김질시켜 놓았다. 장명등은 통상 문인석 앞에 놓여 있으나, 풍수형국이라는 이유에서 정자각 쪽으로 밀려 나갔던 것은 철종 왕릉에서 볼 수 있다.

능원은 장대석으로 3단계로 구분되며, 그 중 가장 높은 상단에는 승하한 왕의 침전이라는 능침(陵寢)이 자리하는데, 능침 주변 3면에는 곡장(曲墻)이라 하는 돌담들이 조성되어 있다. 곡장 안에는 석호(石虎)와 석양(石羊)들이 능침을 호위하고 능침 중에서도 가장 중요한 왕릉 봉분(封墳)을 병풍처럼 사대석(莎臺石)이 휘두르고 있기에 이를 흔히 병풍석이라 하기도 한다.

병풍석 외곽을 다시 휘두르는 난간석(欄干石)과 병풍석은 초기 조선 왕릉 양식의 특징이었으나, 제7대 세조 때부터는 풍수상 이유에서 병풍석을 생략한 난간석 왕릉들이 전통 왕릉의 양식으로 내려오게 된다. 곡장으로 둘러싸인 능침 가장 앞쪽 양편에는 각각 망주석(望柱石)이 세워져 있으며, 봉분 앞에 있는 혼유석(魂遊石)인 석상(石床)은 혼령이 앉는 의자라는 용도를 담당하고 있다.

이와 같은 조선 왕릉 조성 양식 중에서도 가장 중요한 곳은 승하한 왕의 유해가 안장될 능상(陵上:봉분) 자리로서, 풍수상 혈(穴)자리에 매김질되어 있어야 했다. 조선 왕릉 조성에 있어서 꽃 중의 꽃에 해당되는 혈자리를 풍수로 찾는다는 것이 무엇보다 더 중요시되었다.

풍수 텃자리에 유교라는 매김질로 조성된 조선 왕릉 능역 밖에는 왕릉을 관리하는 재실(齋室)을 두어 종9품 참봉(參奉)과 함께 다수의 인원을 상주시켜 놓았다.

이때 왕릉 관리를 근처의 사찰을 지정하여 운영하게도 했으며, 해당 사찰은 원찰(願刹)로 불려졌고 태조 왕릉인 건원릉의 개경사(開慶寺, 지금은 흔적도 없다), 정릉(貞陵)의 흥천사(興天寺), 세종 왕릉의 신륵사(神勒寺), 세조 왕릉의 봉선사(奉先寺), 중종 왕릉의 봉은사(奉恩寺), 사도세자 융릉(隆陵)의 용주사(龍珠寺) 등의 원찰들은 숭유배불이라는 조선왕조 당시에도 선비들이 함부로 행동할 수 없을 만큼 권력을 지녔다.

왕릉 관리를 충당키 위한 비용 내용은 「능원묘위전(陵園墓位田)」을 보면 약 80결(結)이 정해진 규모였으나, 제4대 세종 왕릉은 180결에 이르고 제20대 경종 왕릉은 21결 그리고 제9대 성종 왕릉과 제11대 중종 왕릉은 1결도 없었던 것에서 보아 조선 왕릉 관리는 무소불위의 권력 위에 있었음을 짐작하게 한다. 참고로 조선 왕릉 능위전 80결 기준은 오늘날 밭 24만 평에 해당되었고 이를 수조권으로 환산해 보면 쌀 약 480가마에 해당되는 양으로 오늘날 화폐 가치로 칠 때 약 1억 원에 달하는 경비가 왕릉 1기의 예산이었다고 볼 수 있다.

그러나 이러한 산술 가치는 조선왕조의 시대 상황에서 볼 때 무의미한 계산이다. 왕릉 관리에 투입된 사람이 수백 명이건 수천 명이건 쌀 한 톨, 엽전 한 닢 지급하지 않아도 가능했던 시대였던 것이다. 그만큼 조선왕조는 무엇보다도 조선 왕릉을 대단시했던 왕조이기도 했다.

사진으로 보는 조선 왕릉 배치와 석물

능상
능원
사초지
정자각
참도
어도
신도
홍살문

곡장
망주석

혼유석
고석
장명등
장대석

인석
만석
우석
면석
지대석

박석

무인석
문인석
석양
석호
석주
동자석주
죽석

31

제1대 태조 왕릉, 건원릉(健元陵)

"호랑이는 죽어서 가죽을 남기고, 사람은 죽어서 이름을 남긴다."

평범한 사람도 그럴진대 하물며 조선 오백년 왕조의 임금이야 말해 무엇하랴.

살아 생전 일국을 열고 주상(主上) 태상왕(太上王)으로 불렸던 이성계도 승하 후 묘호(廟號)와 능호(陵號)를 남겼다. 묘호는 종묘(宗廟) 신위에 올리는 명칭이며 능호는 왕릉에 붙이는 문패 같은 것으로 조선을 개국한 창업지주(創業之主)이기에 태조(太祖)라는 묘호가, 왕조 건국(建國)의 원조(元祖)이기에 건원릉(健元陵)이라는 능호가 붙게 되었음을 알 수 있다.

태조와 세조를 제외한 조선 왕들의 첫 국사는 국장에서 시작되어 자신의 국장으로 마무리함이 통례였다. 왕이 승하하면 계령(戒令)이라는 국장 의식에 따라 병조(兵曹)는 도성 내에 있는 모든 군사들을 통솔하여 궁궐을 에워싼다.

예조(禮曹)는 국장에 관계되는 일을 의정부(議政府)에 보고하고 도성 내 해당 관청과 모든 관아에 빠짐없이 공문을 보낸다. 이렇게 국장이 공포되면 조선 팔도에는

5일 동안 장이 서지 못하며 졸곡(卒哭, 승하 후 3개월이 걸린다) 전까지 도살과 혼인을 금하는 등 애도의 마음으로 금지령을 지키라는 계령 의식이었다.

태조 국장 때 예조에서 지방 관아로 내린 계령(태종 8년 5월 26일) 중에는 이런 것들도 있었다.

각 지방의 모든 관원들은 공문을 받는 즉시 소복을 입고 관아에서 한양을 향해 애도와 함께 그날 관아에서 잠을 잘 것이며, 이튿날 이른 새벽에 상복 차림으로 통곡을 하면서 일단 계령 의식을 마치되 상복은 3일 동안 착용하고 조문에 임한다. …… 단, 국경을 지키는 변방 지역에서는 곡소리를 내어서는 안 된다.

등극한 왕의 계령 의식은 더욱 엄격했다.

태종 8년 5월 24일 경복궁 별전에서 태조가 승하하자 식음을 전폐한 태종은 이틀이 지난 26일에야 죽을 마시고 정신을 가다듬은 다음, 왕자가 글을 읽는 작은 서재로 들어가 주자의 『가례(家禮)』를 보았는데 개국 이래 처음 당한 국장이기에 이에 관한 내용들을 찾아보려 했던 것 같다.

5월 27일 나물 반찬에 밥을 먹었고, 7월 1일에 이르러 비로소 건포(乾脯)와 술을 마실 수가 있었다. 이러한 계령 속에서 국장을 진행할 임시 기구들이 이조(吏曹)를 중심으로 짜여지게 된다. 이조에서는 빈전도감(殯殿都監), 국장도감(國葬都監), 산릉도감(山陵都監)을 설치하고 그 직무를 정한다.

빈전도감은 승하한 임금의 옥체에 관한 지밀한 직무를 맡는다. 소렴(小殮), 대렴(大殮) 때에 필요한 수의와 홑이불 등 각종 물품들을 준비하는데, 1명의 당상관과 1명의 당하관으로 짜여지는 조금은 한가한 직무라 할 수 있다.

국장도감은 관(棺)과 상여 등에 해당되는 재궁(梓宮), 거여(車轝) 그리고 부장품들을 준비하며 주요 임무는 무엇보다도 궁궐에서 왕릉까지 이르는 발인(發靷) 행렬을 책임지는 것이다. 구성 직책으로 예조판서와 호조판서 그리고 기술 관리청인 선

태조 건원릉 홍살문 좌측(사진으로는 오른쪽) 안쪽 **배위**(拜位)는 능행 때 왕이 절을 하고 길게 깔린 참도(參道)를 따라 정자각(丁字閣)으로 가는데, 이때 좌측을 어도(御道), 약간 높은 우측 참도를 신도(神道)라 부른다. 임금이라도 이곳에서는 아들에 속하고 그래서 선왕의 혼령만이 높은 신도로 출입할 수 있을 뿐이다. / 위

건원릉 능원에서 내려다 본 정자각 좌측은 계단이 두 개지만, 반대편 **우측은 한 개다.** 홍살문에서 신도와 어도를 따라온 선왕의 혼령과 임금은 동입서출(東入西出)에 따라 정자각 좌측으로 올랐다가 이후 제가 끝나면 혼령은 능으로 올라가 버리고 이후 임금만 내려가는 정자각 우측에는 신도가 필요 없으므로 계단 한 개를 생략시켰다. / 옆

태조 왕릉의 무인석. 두 손으로 움켜쥔 장검에는 절도가 배어 있고 산천을 향해 부라린 눈망울이 무언가 말해줄 것만 같다. / 옆면

공감(繕工監)과 네 명의 당하관에 기술직 관원들을 두었다.

승하한 임금의 유해는 무덤에 안장될 때까지 영침(靈寢)에 누워 통상 3개월에서 5개월을 기다려야 했다. 왕릉의 생기(生氣)를 받기 전에 유해가 부패되어서는 안 되기에 선공감은 공조의 주관으로 그 기간 동안 유해 보관 장치를 만들었는데, 그것을 설빙(設氷)이라 하였다. 설빙은 빈소로 사용하는 방 가운데에 대나무 평상과 대나무 그물을 짜 유해를 모셔 놓고 동빙고에서 가져온 얼음으로 주위를 둘러쌓는 것이다. 이때 습기가 유해에 접근하는 것을 방지하려고 습기를 잘 빨아들이는 미역을 사용했다. 수개월의 국장 기간 동안 교체된 미역은 산더미를 이루었고 처분되어야 할 미역이 암암리 시중에서 싼값으로 팔렸기에 '국상 중 미역값' 이라는 속담을 낳기도

강(岡) 위에 오르면 **장대석(長臺石)**이 있고 그 위에 왕릉 석물들이 능침(陵寢)과 함께 조성되어 있다. 이러한 장대석 위쪽을 능원(陵原)이라 한다. 건원릉은 박자청(朴子靑)의 지휘 아래 조성된 것으로 고려 왕릉과는 차이를 두고 있다.

했다.

　산릉도감은 왕릉 현장에서 토목공사, 석물 조성과 건축물 조영 등 가장 힘든 역사를 담당하던 기관으로 공조판서, 선공감, 당하관 두 명과 몇 명의 기술직 관원들로 열 명 안팎이 있었으나, 실제 현장에서 부역하는 인원은 건원릉의 경우 한 달 이상 6,000명(충청도 3,500명, 황해도 2,000명, 강원도 500명 징발)이 동원되었다.

　이렇게 설치된 빈전, 국장, 산릉도감의 우두머리들을 제조(提調)라 하여 빈전도감제조, 국장도감제조, 산릉도감제조라 칭했고 세 명의 제조들을 총괄 관장하는 총호사(總護使)는 주로 좌의정이 맡았다.

　국장을 무사히 마치면 논공 행상에 따라 좌의정은 영의정으로 승진되었고, 제조 중 하나는 정승 반열에 오르는 등 모두 영전의 기회가 주어지기에 보위에 오른 왕의 첫 인사이동 역시 국장을 통하여 이루어졌다.

　국장 당시 정3품 이상의 당상관(堂上官)들은 왕릉 국장에 동원되어 왕릉 장법을

건원릉 능침 뒤쪽 산줄기에 더부룩하게 부풀어 올라 있는 현상을 풍수 용어로 **잉**(孕)이라 한다. 잉 앞쪽에는 육(育)이라 부르는 혈(穴)이 있기에 혈자리를 찾을 때 이러한 잉을 찾아 그곳에 왕릉을 택지했다. 조선 왕릉의 뒤쪽에서는 잉들을 쉽게 식별할 수 있다.

전반적으로 파악할 기회가 있었고 후일 이들이 귀향이나 낙향 또는 문중 묘사(墓祀) 때 자신들의 선산과 산소에 이를 반영하였는데, 오늘날 뼈대 있는 문중이라는 산소들은 그렇게 조성되었던 것이다.

조선왕조의 국장 진행 중에서도 가장 중요하게 여긴 것은 단연 왕릉의 택지(擇地)였다. 저마다 주의 주장을 펼치며 갑론을박은 물론이고, 왕이 친히 거동하기까지 했던 중대사였다. 또한 왕릉 택지의 결정과 후일 천장(遷葬) 시비에서 불거져 나왔던 탄핵(彈劾)들을 모두 풍수로서 판정하였기에 입신은 유교로 하였지만, 출세는 풍수로 한다는 묘한 풍조마저 낳았다. 이러한 현상이 나타나자 사대부들이 풍수 공부를 아주 열심히 했다는 사실은 『조선왕조실록』을 눈여겨 본 사람이면 충분히 짐작할 수 있다.

태조 승하 나흘 후 영의정 부사 하륜(河崙)을 필두로 (태조는 태종 재위 당시 국장을 치렀기에 총호사는 태종의 신하인 영의정이 담당하였다) 정승 판서들이 동원

국장 때 총호사쯤 했던 선조가 있었던지 뼈대 있는 문중의 선산 묘들은 왕릉 조영을 눈여겨 보았다가 조성했음이 한눈에 드러난다. 곡장, 망주석, 장명등, 문인석 등등 왕릉의 석물들을 두루 갖추고 있다.

되었고 이하 당상관과 기술관들로 각 도감들이 구성되었다.

 승하한 날로부터 통상 보름이 지나면 왕릉 택지를 보러 다니는데, 태종 8년 6월 12일 하륜도 태조 왕릉이 될 택지를 보러 다녔다. 이때 원평(原平)과 행주(幸州) 땅 어느 곳이 좋다고 풍수사 이양달(李陽達) 등이 천거하였으나, 하륜이 직접 가서 보니 풍수상 길지가 아니어서 태종에게 아뢰고 "다시 다른 곳을 택하라"는 어명을 받는다. 하륜은 택지 어명을 경기도 관아 곳곳에 두루 알려 길지를 올리라 했고 자신도 조정 국사 중에 틈을 내어 관원과 풍수사들을 데리고 돌아다녔다. 6월 28일 검교참찬의정부사(檢校參贊議政府事) 김인귀(金仁貴)로부터 "내가 사는 검암(儉岩)에 길지(吉地)가 있다"는 말을 들은 하륜 일행은 모두 검암(오늘날 동구릉 일대)으로 몰려가서 산세 등 주변 국면들을 풍수로서 판단을 하여 보니 과연 좋았다.

 이곳을 태종에게 아뢰자 당장에 조묘도감제조(造墓都監提調, 산릉도감을 조묘도감으로 칭하고 있음에서 조선 개국 초기에는 아직 국장 제도가 미비하였음을 알 수 있다) 박자청(朴子靑:오늘날 공병대장 직무에 있던 인물로 후일 창덕궁 공사감독을 도맡았다.)을 공장(工匠)과 함께 보내어 역사(役事)를 시작하게 하였다.

오늘날 시중에 널리 유포되어 있는 무학대사의 태조 건원릉 택지설은 낭설일 뿐이다. 낭설의 발단은 선조 33년 11월 9일 당시 영의정 이항복의 무책임한 발언 속에서도 찾아볼 수가 있다. 태조 3년에 무학을 데리고 몸소 능침을 구하러 다니다가 산 하나를 구하였는데 그곳이 건원릉인 것 같다고 한 선조 때의 이항복의 발언이 오늘날 잘못 전해졌고 이를 호사가들이 널리 퍼트린 낭설이 그것이다.

이항복이 말한 태조 3년은 정확히 태조 4년과 태조 5년에 해당되고, 이성계의 수릉(壽陵, 재위 때 미리 잡는 신후지지 유택) 택지를 가리키는 것으로 당시 한양 주변을 거동한 태조는 계비(繼妃) 신덕왕후(神德王后) 강씨가 운명하자 취현방(聚賢坊, 방은 동을 가리키는 것으로 서울특별시 중구 정동이며, 정동에서도 영국대사관 자리가 된다)에 택지를 하여 정릉(貞陵)이라는 능호를 붙였던 것이 동구릉으로 와전되었다. 태조는 이곳 정릉을 후일 자신의 수릉으로 정하기까지 했다.

또한 태조는 정릉(정동 소재)을 고려 공민왕의 현릉(玄陵)과 노국공주가 묻힌 정릉(正陵) 양식의 쌍릉 형태를 본떠 자신의 수릉으로 조성하려고 하였다. 그러나 태종은 그같은 태조의 바람을 결코 들어줄 수가 없었다. 태종으로서는 당연히 왕통의 모계를 자신의 생모인 신의왕후 한씨로 잇고 싶었기에 계비 신덕왕후 강씨는 걸림돌이며 게다가 죽어서도 아버지 태조와 나란히 누워 있는 것은 상상조차 하기 싫었던 것이다.

정릉 조성 2년 후 일어난 제1차 왕자의 난에서 이방원은 신덕왕후 강씨 소생인 방번과 방석 등을 모두 살해하여 버린다. 이에 상심한 태조는 정종에게 왕위를 물려주었고, 2년 후 이방원이 보위에 오르자 아예 함흥으로 가버렸다.

'함흥차사'라는 속담을 남겼던 함흥 생활 2년 후 태조는 다시 한양에 돌아왔으나, 자신의 수릉인 정릉마저 훼손당하는 광경을 보고서 눈물을 줄줄 흘리기까지 했다. 태종이 정릉 100보(180미터)까지 주택지 허가를 내주자 모든 대신들이 앞다투어 아름드리 소나무들을 베어 저택들을 지었고 하륜은 사위들까지 동원하여 정릉 주변을 초토화시켰던 것이다. 태조 승하 후 태종은 정릉을 한적하고 후미진 곳으로 보냄

서울 중앙에 원래 **정릉(貞陵)**이 있었으나(태조의 수릉이기도 했다. 이곳이 무학대사 운운설로 잘못 와전된 현장이다), 태종 이방원에게 쫓겨가고 오늘날 도시계획에 밀려 표시석마저 없어졌다. / 위

조선 최초의 왕릉(쌍릉)이 될 뻔했던 태조비 강씨 능인 정릉은 이방원에게 쫓겨나 오늘날 성북구 정릉동에 있다. / 아래

과 동시에 묘(墓)로 강등했고 봉분을 깎고 석물들은 교량공사 버팀돌로 사용하였다. 그후 200여 년이 지난 현종 10년, 정릉(현 성북구 정릉동 소재)은 송시열의 예송 논리에 의하여 다시 복원되어 비로소 오늘날의 모습을 갖추게 된다.

이러한 정릉의 조성과 훼손 그리고 강등과 복구에는 당시 태종의 왕심과 200년 후 송시열의 예론이라는 역사적 사건들이 맞물려 있으며, 그것들은 조선 왕릉과 조선의 역사라는 등식관계의 성립이기도 했다. 그러므로 조선의 역사 재조명은 조선 왕릉을 통하여 가능할 수도 있다는 하나의 방법론을 오늘날 제시할 수가 있다.

가령 태조가 묻힌 건원릉만 보아도 그렇다. 과연 태조는 그곳에 안장되고 싶었던 것일까? 아직까지 거론된 적은 한번도 없었으나, 건원릉을 풍수로 풀어보면 단번에 '아니다'라는 답이 튀어나온다.

이 점 역사를 보는 풍수의 독특한 시각이기도 하다. 먼저 태조는 한양에 묻히고 싶지 않았을 것이다. 태조는 재위에 있을 때 수릉을 잡기 위해 수차례 거동을 하였으나, 정릉 택지 이후 12년 동안 단 한번도 기록에 나타내지 않았다는 점에서도 알 수가 있다. 태조의 한양 택지 거부설은 제3대 태종 왕릉과 같이 놓고 보아야 더욱 드러나지만, 이곳 건원릉의 경우 봉분 위에 자라는 떼를 보고서도 짐작은 된다. 사초지(莎草地)의 잔디와 건원릉 봉분의 떼는 한눈에도 완전히 다르다. 이곳에 있는 것은 함흥의 억새풀이다. 조선 왕릉들을 전부 살펴보았어도 오직 이곳 건원릉에서나 볼 수 있는 함흥 억새풀의 건원릉 현장에서 하나의 가설을 세워 보았다.

태조는 유언으로 아들 태종에게 한양은 몸서리치는 기억밖에 없으니 자신을 평온한 고향 땅 함흥에 영면시켜 달라고 했다는 가설을 말이다. 임종 직전의 아비 앞에서 이를 박절하게 거절할 자식은 없을 것이다. 그러나 태조가 승하한 후 태종은 절대로 조선의 첫 왕릉을 한양과는 동떨어진 먼 북녘 천리 함흥 땅에다 조성할 수는 없었다. 이는 한양을 국도로 하는 조선왕조에 있어서 왕권의 누수 현상이나 다름없다. 그렇다고 죽은 아비의 유언을 완전히 묵살시킬 수만은 없었다. "죽은 사람 소원은 들어준다"는 한국 사람의 정서에서 보아도 그렇다. 태종은 태조를 함흥 땅에 묻지는

조선 최초의 왕릉인 건원릉(健元陵). 600년 전에 함흥에서 날라온 **억새풀**이 아직까지 잘 자라고 있는 걸 보아도 이곳이 명당이긴 명당인가 보다. 태조 생전에 못된 짓만 골라서 했던 아들 이방원은 무슨 속셈에서 함흥 억새풀로 아비의 능침을 저렇게 정성껏 덮어주었을까.

못했지만, 함흥 억새풀로 떼를 입히는 것으로 유언을 저버리지 않은 왕릉이 건원릉이라는 이야기다.

조선 왕릉 답사의 첫 현장인 이곳에서는 먼저 풍수 형국을 짚어보기로 하자. 건원릉은 강(岡)이 유별나게 크다. 조선 왕릉 중에서 가장 높다.

위엄 있게 높은 강 위에 태조를 장사지냈다는 것 자체가 어떤 형국을 주장하고 있는 것은 아닐까. 아무튼 건원릉은 높은 강 위에 크게 앉아 위엄 있는 대좌(大座)가 된다. 대좌하고 있는 건원릉 앞쪽을 살펴보면 한 무리의 낮은 산줄기들과 한 덩어리로 뭉쳐진 노송들이 곳곳에서 깃발처럼 마치 시위하듯 넓게 펼쳐져 있는 광경을 상상할 수 있다.

형국론의 국면 중 앞쪽의 광경은 특히 중요시되어 이를 안대(眼對)라 따로 칭하기까지 한다. 건원릉 안대의 광경은 위화도회군 때 이성계와 사기 충천한 대군의 위세와도 같은 느낌이 든다.

높이 올라간 태조 능원. 조선 왕릉 중에서 가장 높은 **강(岡)** 위에 올라탄 것이 단연 이성계 능침이다. 왕릉 답사가 이곳에서는 왕릉 등반으로 변경된다.

이를 두고 어떤 답사객은 이곳 건원릉 안대는 선거 유세장의 군중을 방불케 한다는 평까지 하였던 적도 있었다. 결국 건원릉 안대의 군중과 대군들은 병사라는 해석이 되고 높은 강 위에 앉아 있는 건원릉과 궁합을 맞추면 병사라는 사(砂)와 장군이라는 형 그리고 대좌의 기개가 서린 장군대좌형(將軍大座形)으로 드러난다.

건원릉의 풍수 형국은 장군대좌형이다. 혹자는 맹호출림형(猛虎出林形)으로 거론하기도 하지만, 그것은 둥근 강을 호랑이 머리에 집착한 판단일 뿐이다. 강을 호랑이 머리로 삼으면 조선 왕릉 특유의 양식인 강으로 말미암아 조선 왕릉들은 모두 호랑이 머리가 되어 모조리 맹호출림형이라는 형국으로 판정돼버리고 만다.

또 건원릉을 일월상포형(日月相胞形)으로 논하는 사람도 있으나, 이는 명당(明堂)의 일(日) 자와 월(月) 자를 조합한 명(明) 자에 집착한 글자풀이 식이 되어 버린다(이것들은 권근이 지은 「건원릉신도비」에 나오는 한양 풍수를 잘못 인용한 것이다). 형국은 보이는 그대로, 있는 그대로 보아야 한다.

우리 것은 우리의 시야로 보아야 보인다. 서구의 시각으로 보았을 때 우리 것은

건원릉의 안대(眼對)들. 이곳에 서면 소나무들은 무수히 운집한 병사들 사이로 솟구치던 군기 깃발로 보이고, 이를 일장 호령하는 이성계의 위화도 회군의 함성과 기세가 들리는 듯하다. 개국왕 왕릉답게 장군 대좌형의 풍수형국을 보여주고 있다.

보이지 않고 있는 것도 없는 것으로 보이기 쉽다. 역설일 수도 있으나 서구적 지식으로 우리 것을 보려할 때 우리 것들은 보이지 않는다. 풍수는 자연스러운 우리의 시야며 조선 왕릉과 조선 왕조의 역사 역시 우리 시야로 볼 때 비로소 속살들이 보일 것이다.

조선 왕조는 정통성이 결여된 쿠데타 개국으로 출발하였다. 개국 초 이러한 정통성을 비판했던 두문불출파와 개국 공신들의 기득권 문제를 어떻게 극복하고 전무후무한 오백년 쿠데타 왕조가 유지될 수 있었던 것일까.

정통성 문제 극복에 가장 골몰했던 인물은 태조 이성계였다. 1392년 7월 고려의 송도 수창궁에서 등극한 이성계는 서둘러 고려왕조의 신위(神位)가 있는 종묘를 헐어내고 거기에 자신의 아버지, 할아버지 그리고 할아버지의 할아버지까지 모셨던 뿌리가 환조(桓祖), 도조(度祖), 익조(翼祖), 목조(穆祖)였다.

이러한 맥락은 제4대 세종 때에 이르러 「용비어천가(龍飛御天歌)」로 꽃을 피우게 된다.

"뿌리 깊은 나무는 바람에 아니 흔들릴세……"라는 노래에서 뿌리는 "해동 육룡이 날으사……"의 여섯 마리의 용임을 밝히고 있다. 목조, 익조, 도조, 환조라는 네 마리 용이 이미 하늘의 명을 받아 땅에 내리니, 이를 받아 왕조를 개국한 용이 태조

45

이성계이며, 창업 왕조를 반석 위에 올린 용 하나가 태종 이방원이라는 것이다.

이성계가 정통성을 내세웠다면 이방원은 쿠데타 정권에 있어 또 하나의 문제였던 기득권 제거에 치중하였다. 태종의 기득권 제거라는 대업 앞에는 개국 공신들은 물론 혈육마저도 가차없었다.

태종 이방원은 권력의 용이었다. 고려 충신 정몽주도 이방원의 수하인 조영무의 철퇴로 숨을 거두었고 개국 후 제1차 왕자의 난을 일으켜 정도전, 남은, 심효생 등의 개국 공신들에게 기득권 기대를 언감생심 꺼내지 못하게 하였다. 또한 신덕왕후 강씨가 왕권을 넘보자 강씨 소생인 왕세자 방석과 방번을 죽여 왕실의 곁가지들을 제거하기도 하였다.

다시 2년 뒤 일어난 제2차 왕자의 난에서도 이방원이 승리를 하자 위의 형들마저 눈치를 보며 몸을 사렸다. 당시 방원의 맏형인 제2대 정종은 왕위를 내주었고 둘째형 방의는 관직에서 사퇴까지 한 골육상쟁이었지만 정작 장본인인 셋째형 방간을 끝까지 죽이지 않았다. 유배지로 보내어 생활에 불편함이 없게 세종 때까지 배려하여 천명을 누리게 했다. 이 점 사도세자보다 더 방탕했던 아들 양녕을 죽이지 않았던 맥락과도 통한다. 용은 용을 죽일 수 없다는 정통성의 맥락에서 그랬던 것이다.

이방원은 수성지주(守成之主)답게 용의 권력을 사용하였기에 승하 후 조선왕조의 태종(太宗)이라는 묘호를 받는다. 그러나 용이 아닌 이무기(중전과 외척들)나 뱀(기득권 신하)들에게 휘둘렀던 그의 권력은 가히 무소불위(無所不爲)적이었다. 승하 후 장사지낸 서울 서초구 내곡동에 있는 헌릉 역시 조선 왕릉 중에서 터가 제일 세다.

터가 세다보니 태종 왕릉 답사 때에는 다른 왕릉들과 달리 사전 안내 방송마저 특별히 곁들여야 했다.

태종 이방원의 헌릉. 아직까지 기기가 살아 있는 왕릉이다. 아래쪽 작은 석물은 **망료위(望燎位)**로서 철상(撤床) 때 축문을 태우는 곳이다. 뒤쪽 강에는 원훈 현상이 나타나고 있다. / 옆면

"여러분은 잠시 후 태종 이방원의 왕릉을 풍수 답사하게 될 것입니다."

호칭부터가 그렇다. 문종, 단종이라는 호칭들은 그렇게 불러야 제 맛이 난다. 그런데 세종이라 부르면 뭐하나 빠뜨린 것 같아 '세종대왕'이라고 부른다. 태종의 경우는 꼭 '태종 이방원'이라고 이름까지 달아야 제대로 부른 것 같다.

"태종 이방원의 왕릉은 터가 센 탓에 옆에 있는 제23대 순조 왕릉마저도 문간방 더부살이하듯 안방 눈치를 보고 있습니다. 여러분도 이곳에서 눈치를 보아야 할 사항이 있습니다. 안기부(국가정보원)가 그 옆에 자리하고 있으니까 카메라나 비디오를 그쪽으로 향하지 말아 주시길 바랍니다."

뜻밖에 안기부라는 용어가 튀어나오자 왕릉 답사 참석자들은 마치 국장도감 행렬처럼 썰렁했지만 인솔자로서는 불상사를 막기 위하여 재차, 삼차 주의하고 단속해야만 한다. 그런데 막상 차에서 내리고 나면 언제 그런 말을 들었냐고 지독히 말 안 듣는 것은 애나 어른이나 남녀노소가 똑같다. 참새 하면 쩩! 쩩! 오리 하면 꽥! 꽥! 소리를 지르며 발을 맞추는 유치원 아이들이 말을 더 잘 듣는다. 그날 안기부 쪽으로 카메라를 돌리자마자 얼룩덜룩한 방위복(필자의 눈에는 그렇게 보였다)의 경비원이 권총까지 옆구리에 차고 달려와 강압적으로 카메라를 압수해 갔다. 답사 후 카메라는 돌아왔으나, 부관참시를 당해 필름은 빠진 채였다. 터 탓일까, 아님 권력의 용에게는 이 정도의 신고식쯤은 치뤄야 하는것일까.

조선 최초의 왕릉인 태조 왕릉은 강 위에 봉분이 하나인 단릉(單陵) 양식이나, 이곳 태종의 능은 하나의 강 위에 두 개의 봉분으로 조성된 쌍릉(雙陵)으로 태종 이방원과 그의 비 원경왕후(元敬王后)가 영면하고 있다.

능원에 오르자마자 첫 질문은 어느 능상에 왕이 안장되어 있는가였다. 이 질문 속에는 중요한 의미들이 담겨 있다. 이때 가장 방해되는 것은 서구적 시각이다. 서구적 시각은 왕릉에 올라 관찰하는 이의 왼팔 쪽이 좌측이며, 오른팔 쪽은 우측이라고 단정해버린다. 그럴 경우 음양 관계는 모조리 틀려버린다. 우리의 시야는 언제나 혈자리를 중심으로 삼고 있다.

쌍릉인 헌릉. 우상좌하(右上左下) 매김질에 따라 **우측 능침**(사진 좌측)에는 태종이, 좌측(관 속에 묻힌 유해의 좌측 팔을 상상할 것)에는 태종비였던 원경왕후 민씨가 안장되어 있다.

조선 왕릉의 경우 혈자리는 능상이 있는 곳이며, 그 아래 석실에는 왕과 왕비의 유해가 누워 있다. 이때 유해는 반듯이 누워 잠을 자듯 안장되어 있으며 머리는 배산(背山)으로, 발은 임수(臨水)를 향하기에 민가 산소의 경우 제물을 차리는 상석(床石) 쪽이 시신의 발에 해당된다. 이와 같은 시신의 형상을 상상하면서 혈자리에 누운 시신의 왼팔 쪽이 좌(左)이며, 오른팔 쪽을 우(右)로 한다.

가옥인 양택(陽宅)의 좌우 개념 역시 대청에 주인이 앞을 향해 있을 때 주인의 왼팔과 오른팔에 따라 좌우가 정해지는 것과도 같다. 이러한 우리 시야를 모르고 서구적 시각으로 짚어간다면 우리 것은 모조리 주객이 전도되어 버린다.

이렇게 정해진 좌우에 따라 음양이 정해지고, 상하 관계까지 매김질된다. 좌는 좌청룡(左靑龍)으로, 청룡은 하늘로 솟구치는 동물이며 양(陽)을 상징한다. 우는 우백호(右白虎)이며, 백호는 땅에 사는 동물이니 음(陰)에 해당된다. 하늘과 땅은 지아

동산 가운데의 나무들을 베어내자 드러난 사초지 위에 매김질된 조선 왕릉

비와 지어미 관계에 놓이게 되어 상하와 주종이 정해진다. 좌측은 하늘, 남자, 양 그리고 상(上)이며 주(主)가 된다. 반면 우측은 땅, 여자인 음이 되고 하(下)에 놓이며 종(從)이 된다. 또한 이를 아랫목, 윗목 식으로 따질 적에는 좌상우하(左上右下)라 한다.

조선시대 의정부의 삼정승으로는 영의정, 좌의정, 우의정이 있었고 서열 역시 순서대로 매김질되어 있다. 가장 높은 가운데에 영의정이 앉으면 영의정 왼쪽에 좌의정이, 오른쪽에 우의정이 배석하게 된다. 조선 팔도 행정구역도 용상에 앉은 임금님 왼쪽이 전라좌도, 경상좌도이며 오른쪽은 전라우도, 경상우도로 정해진다.

그런데 죽은 자의 음택 서열인 상하는 양택의 좌상우하(左上右下)와는 정반대로 놓여지게 된다. 이 점이 이승〔陽〕과 저승〔陰〕의 차이이다. 제사상을 차릴 때 좌우 배치 기준은 제사의 주체가 되는 신위를 기준으로 한다. 당연히 신위 왼쪽이 좌, 오른

왕이 앉는 용상 뒷녘에는 언제나 일월오봉산도(日月五峯山圖)가 놓이게 되는데 일월은 음양을, 오봉은 오행을 상징하여 음양오행을 가리킨다. 또한 배산임수(背山臨水)에 따라 병풍 뒤쪽은 산이 있고 앞쪽은 물이 흐른다. 결국 산수회포에 음양오행이 통하는 명당을 용상이 차지하고 있는 것이다. 용상에 앉은 임금, 곧 명당 혈에 있는 사람의 좌측과 우측 팔로 좌우 방향 판단의 기준을 삼았다.

쪽이 우가 된다. 제사상에 절을 하는 후손의 좌우 팔과는 정반대다. 이승에서의 서열인 좌상우하가 저승에서는 반대로 우상좌하(右上左下) 라는 상하의 서열로 매김질된다.

제사상 차림에 있어서 가장 중요한 제물은 대추이다. 뼈대 있는 하나의 씨앗〔宗〕을 상징하는 대추는 종손(宗孫)을 으뜸으로 치는 제사상의 뼈대와도 같아 상(上)으로 친다. 제사상 차림에 있어 신위 맨 오른쪽에 대추가 놓여진 것만 보아도 음택의 우상좌하 매김질을 눈치챌 수 있다.

태종 이방원 왕릉에 놓여진 두 개의 봉분 역시 음택(陰宅, 무덤)에 속하기에 우상좌하 서열에 따라 상(上)에 속하는 오른쪽에 태종이, 하(下)에 속하는 왼쪽 봉분에 왕비가 묻혀 있음을 알게 된다. 헌릉의 석물들은 푸짐하며 당당하다. 곡장 안에 놓여진 석양(石羊)과 석호(石虎)가 무려 16개나 되고, 문·무인석과 석마(石馬)가 각각 8개씩이나 되어 조선 왕릉 평균치의 2배 이상의 각종 석물들을 보여주고 있다. 그날 무인석을 바라보던 일행 중 한 명이 웃었다.

51

조선 왕릉 평균치보다 2배 이상 많은 석물들이 있는 헌릉의 **석마(石馬)**와 문·무인석 / 왼쪽

곡장 안에서 능침을 지키고 있는 석양(石羊)과 **석호(石虎)**들 / 오른쪽

왜 그러냐고 묻자,

"조영무를 빼다 박았네요" 한다.

　조영무는 태종 이방원의 일등 공신으로 그것도 두 번씩이나 봉해졌다. 미천한 서얼 출신이었으나, 이방원의 명령에는 물불을 가리지 않았고 정몽주마저도 철퇴로 쳐 죽였던 장본인이다. 태종 때 두 번이나 우의정에 이르렀고 자신은 물려도 상대방은 절대 물릴 수 없는 기발한 규칙을 적용시킨 내기장기로 사대부의 재산을 몰수했는데도 이방원은 조영무의 일방통행만을 인정해 주었다. 힘은 있어도 전혀 머리를 쓰지 않았던 조영무는 충신의 표본이 되어 충무(忠武)라는 시호에 후일 태종의 묘정에 배향되기까지 했다. 세상사 인심이 왕릉의 석물에까지 이르렀나 보다. 아니 태종 이방원의 입맛이 당시 산릉제조 박자청 눈썰미에서 되살아난 것이다. 우리 역시 조영무를 본 적은 없지만, 어쩐지 조영무 같다.

　이것이 왕조의 왕심(王心)이었고 절대 권력의 왕 아래 있었던 신하들은 해바라기가 되어 오로지 왕심을 따라 움직였다. 승하한 선왕과 이를 장사치를 후왕이라는

태종 이방원의 명령이라면 물불을 가리지 않았던 일등공신 조영무를 빼다 박은 듯한 무인석들

태종은 재위 15년에 자신의 수릉(壽陵)을 이곳 대모산에 미리 잡아 놓았다. 당시 이곳을 택지한 사람은 좌의정 하륜 대감이었다. 사진 아래로 **헌릉**의 봉분 하나가 보이고 뒷산이 대모산이다.

두 왕심이 함께 왕릉에 투영되어 있는 것이 조선 왕릉이기도 하다. 이와 같은 왕심들을 석물에서 반추할 수도 있으나, 풍수 잣대로 재보면 더욱 뚜렷하게 그 눈금들이 드러난다. 조선왕조에 있어 왕심은 국사를 좌지우지하는 원동력이었기에 왕릉에서 풍수 잣대로 왕심을 재본다는 것은 하나의 유물 실측만이 아닌, 역사를 측정하는 것이나 같다.

왜 태종 이방원은 이곳 대모산(大母山) 아래에 능지를 잡았던 것일까. 풍수란 장풍(藏風)과 득수(得水)를 가리키는 말로 장풍의 역할은 혈에서 솟아난 생기를 산자락으로 감싸 보존 유지시키는 것이며, 득수의 역할은 땅속으로 흘러가는 생기를 물줄기로 멈추게 하는 일종의 바리케이트 역할을 한다.

태종 왕릉을 풍수 잣대 눈금으로 태조 왕릉과 함께 재보면 강한 의문이 제기된다. 먼저 이곳 헌릉의 신도비 음기(陰記, 비갈의 뒷면에 새긴 글)를 읽어 보면 다음과 같은 구절이 있다.

…이 산은 장백산(백두산)으로부터 내려와 남쪽으로 수천 리를 넘어 상주의 속리산에 이르고 이곳에서 꺾어져 서북쪽으로 수백 리를 달리다 과천의 청계산에 이르고 또 꺾여 동북으로 달리다 한강을 등지고 멈추었는데 이것이 대모산이다.

54

백두산에서 속리산까지는 백두대간에 속하며 속리산에서 안성의 칠현산까지 이어진 산줄기는 한남금북정맥(漢南錦北正脈)에 속한다. 칠현산에서 수원 최북단 백운산까지는 한남정맥으로 이어졌는데, 백운산에서 북쪽으로 뻗은 산줄기에 청계산이 있고, 청계산에서 S자를 그리며 치오른 산이 구룡산 그리고 그 다음이 대모산이라는 설명이다. 헌릉의 비음기를 산줄기 족보로 정리하자면 태종 왕릉은 백두문중에 한남정맥파인 셈이다.

반면 태조의 건원릉은 백두문중에서도 한북정맥파에 속한다. 결국 태조와 태종 왕릉들은 한북과 한남정맥으로 뼈대를 각각 달리하고 있는 셈이다. 게다가 한북(漢北), 한남(漢南)이라면 한강 북쪽에 태조 왕릉이, 한강 남쪽에는 태종 왕릉이 각각 물 건너가서 매김질되어 있다는 말이다.

여기까지 설명해주면 답사 일행 중에서는 이런 질문들이 당연히 나오기 마련이다.

"물 건너간 태종 왕릉은 누가 잡았나요?"

"그야 물론 태종 이방원의 왕심에서 잡은 것입니다."

그러자 수강생들의 얼굴들에는 공감대가 형성되었고, 그렇다면 무엇인가 있다는 표정들이 역력했다.

"기록에 의하면 태종 재위시였던 1415년에 이곳을 지관 이양달이 잡은 것으로 되어 있습니다."

1420년 7월 10일 태종비 원경왕후가 승하하자 미리 잡아 놓은 이곳에 안장시켰고 태종 자신의 수릉으로도 삼았다. 그러므로 태조 왕심과 비교하여 볼 수 있는 현장이 바로 이곳 헌릉이라고 할 수 있다.

임금이 승하하기 전에 내리는 유언을 고명(顧命)이라 한다. 고명은 선왕이 왕세자나 재위 왕에게 직접 전하나 왕통을 이을 왕세자가 너무 어릴 적에는 믿을 만한 대신들을 불러 고명을 내리기도 하였는데, 이를 받은 대신들을 고명대신(顧命大臣)이라고 불렀다. 보통 후계 문제와 장례 절차 그리고 왕릉 택지 선정 문제들이 주로 고

헌릉의 안대는 태종 재위시 벌벌 떨었던 신하들처럼 산들도 오금저린 모양을 보여준다. 능원 앞쪽에 박힌 돌은 **정중석(正中石)**으로, 그 용도는 아직 밝혀지지 않았다. 필자의 추측으로는 고려 왕릉 석등앞 배례석이 덩달아 붙어 온 것 같다. 이는 불교 양식이기에 태조, 태종 왕릉 이후에는 사라진 석물이다. 한번 박은 걸 빼내면 동티날까봐 못 뺀 것이 건원릉과 헌릉의 정중석들이다. / 위

헌릉의 **원훈**. 혈자리의 흙(穴土)에는 생기가 있어 나무가 더 잘 자라는 듯이 태극 운동 모양의 둥근 무리로 나타나는 인목(印木)현상을 원훈이라고 한다. 왕릉 답사시 몇몇 왕릉에서 계절마다 변화하는 원훈들을 자주 보았다. / 아래

명의 내용을 이룬다.

태상왕인 태조의 고명은 당연히 태종에게 전해졌을 것이다. 고명의 내용 중 후계 문제와 선정 문제에 있어서는 강력한 왕권 계승과 통치 기반을 다져 놓은 태종이기에 태조 역시 별 당부는 없었겠지만, 장례 문제만은 있었을 것이다.

"고명은 신하들에게 공시력이 되기에 기록에 나와 있는 것이 보통이지요. 태조의 고명 역시 그 중의 하나가 되는데, 그러나 억새풀 사건과 함께 택지고명은 기록에도 없었던 것이기에 풍수로써 재조명해 보자는 것입니다."

"사람은 죽을 때 바른말을 하는데 이것을 태조 왕심인 고명이라고 한다면 죽은 사람의 말은 잘 들어준다는 속담에 태종 왕심을 맞추어 봅시다."

다시 말해 태조의 바른말을 태종이 잘 들어준 것이 건원릉의 함흥 억새풀이라는 것이다.

태조와 태종 사이의 갈등이 완전히 해소되었다면 아버지 태조가 잠든 건원릉 주위를 버리고(이는 선산을 버린 격으로 조상을 욕되게 하거나 죄 지은 사람은 선산에 매장하지 못하는 민묘 풍습과도 같다) 그것도 풍수적으로 인연을 자르며 한강 너머로 줄행랑 칠 수가 있었겠는가.

태종에게 발목잡힌 건원릉! 태조에게서 줄행랑친 헌릉!

태조와 태종은 생전에 갈등을 풀지 않았다는 것을 여기서 또 한번 알 수가 있다. 선왕의 고명을 들어주지 못한 태종은 선산 격인 건원릉의 동구릉 지역으로 가지 못했고 이러한 왕심에 가장 걸맞은 능지가 결정된 것이라는 논리이다.

이러한 가설들을 헌릉의 좌향으로 풀어도 논증은 되지만, 그보다 후일 태종의 아들인 세종의 경우 광중(壙中)에 물이 차 있었는데 선영 옆에 장사 치를 것을 굽히지 않았던 행위에서도 왕들도 선산에 묻히는 걸 선호했음을 알 수가 있다.

"조선 왕릉에도 민가처럼 선산 제도가 있었습니까?"

"제도라기보다는 기왕이면 선영 곁에 묻히려는 선산 정서가 있었다고 보아야 옳겠지요."

"그런데 왜 조선 왕릉들은 서울 근교에 흩어져 있습니까?"

"핑계 없는 무덤 없다는 말에서 보듯 권력에는 더 복잡한 핑계가 있나 봅니다. 아무튼 왕릉들을 추적해 보면 원한 맺힌 왕릉들은 편을 가르고 있다는 걸 알 수가 있지요. 그 중에 하나가 이곳 태종 왕릉과 강 건너에 있는 태조 왕릉이라고 할 수 있습니다."

태조 왕릉이 있는 동구릉 내에는 당시 왕릉을 쓸 강(岡)들이 다수 있었다. 그런데도 동구릉 두번째 문종 왕릉 이후 156년이 지난, 그것도 임진왜란으로 능지 선택에 경황이 없었던 선조 왕릉에 이르러서야 비로소 장사를 치르게 된다.

더욱이 세조는 적통 왕통인 종(宗)들의 항렬을 무너뜨린 장본인이었다. 그래서 세조 자신은 북쪽 광릉으로 가버렸고 더불어 후손들을 위한 선산까지 만들었다. 재위시 잡아논 그곳에 세조의 큰아들이었던 의경세자 덕종릉과 둘째아들 제8대 예종 왕릉이 자리잡기 시작했고 오늘날 그곳을 서오릉(西五陵)이라 부른다.

조선 왕조의 역사는 선조 때 등장한 동서 당파보다 이미 그 전에 왕릉들이 동서로 분파되었던 셈이다. 인간사의 동서 당파는 처음에 서인이 우세하다가 동인 정권으로, 후일 인조반정으로 서인이 득세하였다. 이같은 와중에서 남인과 북인, 대북과 소북이 파생되었던 역사가 있었다. 조선 왕릉의 경우 처음에는 달랐으나, 나중에는 같았다. 세조 찬탈로 벌어진 동서 왕릉들의 경우는 처음부터 서릉이 득세하다가 150여 년이 지난 후에야 동릉이 조선 왕릉 대표로 부상하기 시작하였던 것이다. 그러나 동·서 왕릉 분당 또한 서삼릉, 선인릉, 태강릉, 융건릉 등 두세 개씩 파생되어 갔던 왕릉의 역사에서 우리는 어떤 의미를 반추할 수가 있을까.

다를 바가 없다. 인간사의 남인, 북인, 소북, 대북의 파당과도 말이다. 역사는 인간들의 이야기이며, 왕릉은 역사를 걸머진 왕들이 영면하고 있는 곳이지만 주체가 모두 인간이라는 점은 똑같다. 인간사 네 박자와 조선 왕릉 네 박자는 같은 욕망의 리듬들이다. 인하여 역사가 시끄러웠을 적에는 조선 왕릉들도 시끄러웠기에 오늘날 잠자고 있는 왕릉들을 깨워서 왜 그랬냐고 물어 볼 필요가 있다. 시끄러운 왕릉들을

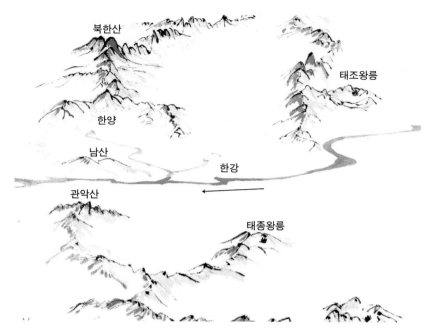

북한산

태조왕릉

한양

남산

한강

관악산

태종왕릉

한강을 사이에 두고 위쪽에 태조 왕릉이, 아래쪽에 태종 왕릉이 각각 자리하고 있다.

깨우면 시끄러운 핑계가, 다정한 왕릉들을 깨우면 정겨운 사연들이……. 이러한 핑계와 사연들은 모두 조선의 역사가 아니겠는가.

| 제4대 세종 왕릉, 영릉(英陵) |

무덤 구멍을 광(壙)이라 한다. 땅속에는 생기가 흘러가는 지맥(地脈)도 있지만 물줄기의 통로인 수맥(水脈)도 있다. 혈은 지맥과 잇대어 있으나 수맥은 범할 수 없는 곳에 있기에 정확한 혈을 찾아서 그 위에 적당한 깊이로 광을 파야 한다. 만약 혈을 찾지 못하고 수맥에 광을 팠을 경우 이는 우물구덩이를 만든 것과도 같다.

경기도 여주군 능서면 왕대리 산83-1에 세종대왕릉이 있다는 것 정도는 오늘날 대부분 잘 알고 있으나, 서울 서초구 내곡동 대모산 아래에 있는 태종 왕릉 오른쪽에다 첫 장사를 치른 것은 잘 모른다(정확한 지점은 오늘날 내곡동의 제23대 순조 왕릉인 인릉 자리임이 세종 27년 4월 4일 실록의 기록을 분석해 볼 적 새롭게 드러난다).

예종 1년인 1469년 2월 30일, 내곡동에 있던 세종대왕릉을 천장하려고 무덤을 파 보니 수의마저 썩지 않은 채여서 수렴(水廉)든 흔적이 역력했다. 19년 동안 세종대왕은 물구덩이 속에 있었던 것이다. 광에 수맥이 흘러들어오는 수렴은 일반 산소에서도 가장 금기시하는 무덤 현상중의 하나다.

여주 땅 영릉(英陵) 입구에 있는 세종대왕 동상

　　조선 팔도에 있어 가장 지엄하여야 할 왕릉에 수렴이 든다는 것은 생각할 수도 없었다. 택지 책임자는 능지처참에 삼족을 멸할 상황까지 몰릴 수도 있었는데, 문제의 왕릉을 택지한 책임자는 우의정 하연(河演)이었다. 그러나 수렴든 광을 잡았다고 밝혀진 이후에도 하연은 영의정에 오르고(1449년), 단종 1년(1453)까지 78세라는 천수를 누리다 문효(文孝)라는 시호와 함께 문종의 묘정에 배향되기까지 한다.

　　과연 이와 같은 일들이 어떻게 벌어질 수 있었을까.

　　조선 초기 왕실을 피로 물들인 태종 이방원의 숙청에는 언제나 목표가 있었다. 그것은 개국 공신 등 기득권 세력들을 제압함으로써 얻게 되는 권력 집중과 그로 인한 왕권 강화였다. 이러한 태종으로 인하여 세종은 막강한 왕권을 바탕으로 거침없이 문화와 번영의 꽃을 피워 후일 빛나는 업적을 쌓을 수 있었으나 골육상쟁을 일으켰기에 승하 후 선영(先塋)에도 장사 치를 면목이 없어 홀로 대모산 자락에 잠든 부왕의 한을 아들 세종은 잘 알고 있었다. 세종은 이같이 한맺힌 왕심에서 부왕의 헌릉 서쪽에 944자(수평거리 190미터) 거리를 두고서 자신의 수릉을 재위시 미리 잡게 한 것이다.

수릉 택지 1년후, 세종비 소헌왕후(昭憲王后)가 먼저 승하하여 장사를 지낼 때 수릉 자리가 물길에 불리하다는 것을 발견한 대신들은 일제히 대모산 불가론을 벌떼처럼 상소하였다.

그러나 태종 옆에 영면하려 했던 세종의 고집은 완강하였다.

"이곳 아닌 다른 곳에서 복지(福地)를 다시 얻는다 한들 어찌 선영 곁에 장사지내는 것만 하겠는가."

이미 왕위까지 누렸는데 그보다 더 큰 발복이 어디 있겠느냐는 논리로서 지관들의 풍수 흉당 거론마저 일축시켜 버렸다.

"발복설은 근심할 것이 아니다. 과인도 나중에 마땅히 이곳에 장사를 하되 봉분은 같이 하고 석실(石室)은 다르게 만드는 것이 좋겠다."

아예 이곳 대모산 수릉 자리에 합장릉(合葬陵) 양식까지 미리 유교(遺敎)를 내려 버린다. 덕분에 수릉든 수릉택지에 참여했던 우의정 하연, 예조판서 김종서, 우참찬 정인지 등은 참혹한 화를 면할 수 있었다.

당시 풍수 발복은 오늘날 우리가 상상하기 어려울 만큼 맹신적인 것이었다. 잘되면 제 탓으로 위세를 부리다가도 잘못되면 조상 탓으로 조상의 산소를 이장에 이장을 거듭했다. 이와 같은 시대 정서보다 세종은 인화(人和)를 더 중요하게 여긴 것이다.

제1대 태조 왕릉은 한양 동쪽에 있었고 태조의 정비 신의왕후 한씨 능은 한양 서북쪽 개성에, 태조의 계비 신덕왕후 강씨가 묻힌 정릉은 수십년 동안 주인 없는 무덤으로 버려져 있었다. 제2대 정종 왕릉의 경우 그것도 개성에 그리고 부왕인 태종 왕릉마저 한강을 건너갈 수밖에 없었다.

그래서 세종은 자신부터 선영을 따르는 왕릉 형식을 실천하여 왕실의 인화를 다져야겠다는 의지를 보였고 이를 위해 수릉마저도 일축시켰던 것이다. 태조의 천시(天時, 개국 시기가 적절했다), 태종의 지리(地利, 기득권자들이 송도에 머물기를 원했으나, 이씨와 인연이 있다는 한양 재천도로 왕권에 유리한 지리적 이익을 얻었다)

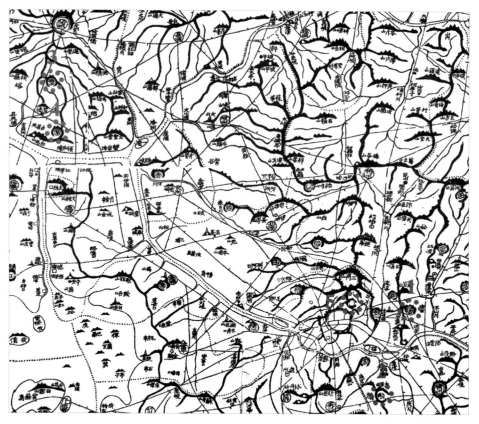

세종 재위시 조선 왕릉 분포도(1 태조릉, 2 태종릉, 3 정종릉, 4 생모릉, 5 계모릉) 같은 식구들이지만 사후에는 뿔뿔이 흩어져 있는 왕릉들에서 조선초기 격동의 역사를 짐작케 한다.

그리고 인화라는 순리에 따라 조선 왕릉의 뼈대를 잡아갔던 세종이었다. 인화를 위해 수렴든 대모산 영릉 물구덩이 속으로 세종 자신이 들어간 지 19년이 지난 예종 즉위년(1468년) 왕실은 극도의 불안에 쌓이게 된다.

조선 왕실은 초기의 혼란을 극복하고 나라의 기틀을 잡아가면서 왕실도 번성하는 행운을 누렸다. 태조는 8남 5녀를, 정종은 15남 8녀, 태종은 12남 17녀에 세종은 18남 4녀를 두어 조선 개국 이후 세종 승하시까지 약 60년 동안 왕실의 핏줄은 53남 34녀나 되었다. 이 중에서 적통 왕위 계승권 대상인 대군만 해도 19명에 달하는 등

합장릉(合葬陵)인 영릉의 봉분 앞에는 석상(石床) 두 개가 나란히 놓여 있다. 왕릉의 석상은 일반 무덤에서 흔히 보게 되는 제물을 차리는 상석(床石)과는 다른 **혼유석**(魂遊石)으로, 혼령이 앉는 자릿돌을 말한다. / 위

재위시 왕성한 문화를 꽃피웠던 대왕이기에 왕릉 들머리 역시 풍성한 업적물들이 조성되어 있다. / 아래

왕실의 번영은 4대왕의 계승 기간 동안 이어지고 있었다.

그러나 세종 승하 이후 문종, 단종, 세조, 예종에 이르는 4대의 경우 19년이라는 짧은 기간 재위에 있었고 게다가 문종은 1남 2녀, 단종은 후사마저 없었다. 세조는 4 남 1녀 그리고 예종은 2남 1녀를 두었을 뿐이다. 이러한 왕실 핏줄의 빈곤 속에서 더욱이 장남 단명이라는 불길한 일들이 계속 일어났다. 문종의 병사, 단종의 사사, 세조의 왕통을 이을 의경세자의 요절로 왕실의 앞날은 불안하기 그지없었다. 예종 즉위 초기부터 또다시 왕통 단절이라는 먹구름마저 몰려들었다. 예종의 첫째아들이었던 인성대군은 요절하였고 하나 남은 제안대군마저 왕통을 이을 재목이 되질 못하자 예종 즉위 초 잘못되면 조상 탓이라는 정서에서 대모산 영릉의 수렴 문제가 대두되었다.

이것이 조선의 첫 천릉(遷陵) 역사를 일으킨 이유였고 영릉 천장 이후 조선 왕릉의 천릉은 모두 17번이나 이르게 된다. 천릉은 국가대사며 역사(役事)였다.

세종대왕 천릉으로 역사 부역군 5,000명과 공장(기술자) 150명이 한 달 이상 강제 동원되었으나, 왕실에서는 단지 쌀 1,323석 5말과 소금 41석 3말로 생색을 냈을 뿐이다. 강제 부역에 소집당한 백성은 결국 자신의 양식을 2말 가량 짊어지고 가야 했고 만약 산릉의 역사와 농번기가 겹치면 그때는 농사를 짓지 않는 승려들을 수천 명씩 우격다짐으로 동원시키기까지 했다.

그뿐만이 아니다. 왕릉으로 택지되면 그 주변에 사는 백성들은 그야말로 죽든 살든 어디론가 떠나야만 했다. 흔히 좌청룡, 우백호라고 말하는 사신사(四神砂, 전 주작과 후현무를 합함) 구역 내에 한 발자국도 들어와서는 안 되었다. 지엄한 왕릉을 쳐다보는 그 자체가 천기누설 행위며 국가 일급기밀에 해당되기에 가옥은 물론이고, 이에 대한 사전 방지책으로 사신사 구역 내의 전답까지 모두 몰수해버렸던 것이다.

그것이 수만 평이건 수십만 평이건 아랑곳하지 않았다. 더불어 사신사 내에 있는 무덤들은 물론 주산 산줄기에 연결된 무덤들은 몇 십리 떨어져 있더라도 눈에 띄면 지맥(地脈) 보호상 강제 철거 대상이 되었다.

조선 팔도가 임금의 땅이라는 왕토사상(王土思想)에 비추어 보면 당연한 왕실의 권리사용권 발동이라는 일례로 영조 7년 인조 왕릉을 천장할 때 왕릉 내에 있던 무덤 756기가 강제 이장을 당했던 기록도 있다. 수렴든 대모산 영릉의 천장 택지가 경기도 여주 땅에 있던 이계전(李季甸, 1404~1459년. 세조 때 좌익 공신이며 경기관찰사를 지냈다)의 무덤 자리로 결정나자 예종 1년 3월 6일, 영릉의 천장 행로는 한강의 물줄기를 따라 여주까지 이르렀다.

오늘날 세종대왕릉은 누가 보아도 '명당은 저런 것이구나' 라고 한눈에 알아볼 수 있을 정도로 빼어난 조선 왕릉이기도 하다. 뒤쪽에서 들어오는 생기 지맥〔풍수 용어로 입수(入首)〕과 앞쪽에서 춤추듯 다가오는 주작상무(朱雀翔舞)에 탄성마저 절로 나온다. 앞쪽의 북성산 지맥이 이곳으로 뻗어와서 다시금 영릉이 정남향으로 이를 쳐다봄에 회룡고조형(回龍顧祖形)이라 했고 정작 영릉 자리의 강이 아주 단정하고 품위 있게 앉아 있어서 모란반개형이라 하기도 한다.

또한 주위의 산자락들이 봉황의 날개처럼 펼치고서 영릉을 품어 준다 하여 비봉포란형(飛鳳抱卵形)이며, 북성산이 봉황현상을 이루었기에 양봉상락형(兩鳳相樂形)이다. 또한 앞쪽 안대에 해당하는 산세들이 순하게 복종하며 이곳을 향하여 읍하기에 이를 군신조회격(君臣朝會格)이라 하며, 더 들추면 봉황포란형에 기치창검형(旗幟槍劍形)까지 튀어나온다.(대명당일수록 형국 또한 여러 개가 형성되어 있는 것이 상례다)

마치 산수 좋은 정자에 시인 묵객들이 무수히 붙여 놓은 시문들처럼 풍수 좋은 왕릉이기에 풍수 묵객 또한 그리 동했나 보다. 필자 역시 풍수객으로 이렇게 한 번 뱉어 본다.

'세종대왕릉은 조선 왕릉 중에서도 상감청자다.'

영릉 천장 1년이 지난 성종 1년 6월 3일 수렴청정하던 대왕대비가 정승들에게 이렇게 물었다.

영릉 앞쪽으로 보이는 **북성산**은 주작상무 모양을 보여주며 이곳 영릉 주산의 할배산[祖山]도 되고 남주작인 조산(朝山) 역할도 하여 회룡고조형(回龍顧祖形)의 풍수형국까지 보여준다. / 왼쪽

곡장(曲墻) 뒤쪽에서 풍부한 역량의 입수(入首) 지맥을 보여주고 있는 세종 왕릉의 내룡(內龍) / 오른쪽

"내가 부덕한 몸으로서 국사에 참여하는데 가뭄이 이와 같으니 재앙의 이유를 알지 못하겠다."

그러자 능성부원군 구치관(具致寬)이 아뢰었다.

"신 또한 그 까닭을 알지 못하오나 다만 영릉과 창릉의 왕릉 지역에서 많은 무덤들을 옮겼으니, 죽은 자들이 이를 알았다면 어찌 원한이 맺히지 않았겠습니까?"

왕릉 역사, 무덤 철거, 혼령들의 원한이 가뭄으로 이어졌다는 백성들의 시각에 귀기울였던 것은 이때뿐, 왕릉 조성과 천장 앞에서는 전혀 아랑곳하지 않았던 조선 왕조였다.

명종 때는 문정왕후가 목불인견 식의 천장마저도 주저하지 않았던 일까지 생기게 되었다. 공연히 풍수상 불길하다고 핑계를 대면서 천장한 곳은 정작 장마 때면 정자각까지 물이 차는 침수지였기에 문정왕후는 이를 보토(補土)한다며 매년 국고를 쏟아 부었고 백성들을 또다시 혹사시켰다. 그러나 정작 문정왕후가 세상을 하직하게 되자 모든 것은 물거품이 되어 버린다.

홍살문과 정자각 뒤쪽에 모란반개형(牧丹半開形)처럼 생긴 사초지 위에 매김질된 세종 왕릉

그렇게까지 기를 썼던 문정왕후는 중종 옆에 묻혔는가 하면 그렇지도 않다. 문정왕후 임종할 당시는 명종 20년으로, 엉뚱한 곳에 묻혔다.

인간이 잘되면 물구덩이에다 밀어 넣어도 명당되지만, 인간 못된 것은 아무리 명당 타령해도 명당은커녕 꼭 벌만 받는 것이 인간사라……

이런 까닭에 세종대왕릉을 더없이 눈이 부신 상감청자에 비유한 것이다.

"벌이다. 벌, 벌, 버얼!"

풍수 답사 도중 예기치 않은 사고와 사건들은 흔히 도사리고 있다. 젊은 학생들 서너 명을 데리고 답사하는 것이 가장 이상적이지만, 나이가 지긋한 중장년들을 그 것도 45인승에 가득 태우고 답사를 다니려면 신경은 배나 쓰이게 마련이다.

대학교 사회교육원에서 2, 3년씩 풍수 강의를 듣고 수차례 현장 답사를 겪어 본 수강생들의 경우 지긋한 연령이어도 괜찮다. 처음 풍수 답사에 참가한 일행은 출발 부터 엄한 조교 훈련 방식으로 군기를 잡아야 한다. 그러한 역할은 남에게 부탁할 수 도 없기에 직접 맡는다. 일행을 가득 채운 버스의 출발과 함께 이렇게 답사 첫마디가 시작된다.

"모두들 집에 가시면 귀여운 자녀들이 있습니다. 아이들이 학교 갈 때 길 잃어버 리지 말고 잘 갔다 오라고 하시죠. 그런데 여러분들이 오늘 답사 도중에 이 차를 놓 쳐 귀가하지 못한다면 어디 하소연할 곳도 없습니다. 파출소 가서 미아 신고도 할 수

없지요. 자녀들이 들을까 무서워 동네방네 방송할 수도 없습니다."

　　이러한 주의라도 주어야 휴게소 휴식 10분 약속은 지켜지게 된다.

　　출발부터 단추가 잘못 채워지면 그날은 풍수 답사가 아닌 풍류 놀이판으로 파장 판국을 맞이하게 된다(첫 답사 때 그런 경험을 한 적이 있었는데 엄격한 금주령 선포 와 함께 그때부터 독한 마음을 먹기로 작정했다).

　　그날은 필자의 정예 답사팀이라 할 수 있는 그들과 그것도 최대의 왕릉지인 동 구릉에서 말벌떼와 순식간에 조우하게 되었다. 동구릉 풍수를 한눈에 파악할 수 있

겉으로 보면 한없이 평온한 것처럼 보이지만 속사정은 우여곡절 파란만장했던 현릉 / 위

홍살문과 정자각 그리고 능원의 각도들이 특이하게 꺾어진 현릉은 적통이 꺾인 문종 왕통의 역사를 갖고 있다. / 옆면

는 관산점에는 비상용 망루가 있고 한시라도 최대의 조선 왕릉 풍수 세와 형과 혈을 직접 보려고 가장 먼저 망루로 올라갔던 두 사람이 그만 왕릉 벌통 속으로 들어간 격이 되어 버렸다.

문제의 망루는 개인적으로 수년 동안 수없이 이용했던 동구릉 관산점이기에 대수롭지 않게 보았는데 그 안에 왕벌들이 서식하고 있었던 것이다. 순식간에 당한 벌떼의 공격에 대처할 수 있는 것은 너나없이 담배를 피워 연기를 집단적으로 내뿜는 방법뿐 별 도리가 없었다. 그날의 피해자 중에는 대학박물관에 근무하는, 정년을 일년 앞둔 문화재전문위원이기도 한 연봉(蓮峯) 선생이 있었다. 신속히 종합병원 응급실로 수송하여 응급조치를 받아 다음날 답사에는 지장은 없었으나, 어찌되었건 그날 이후 인솔자로서 책임을 통감하고 송구하기가 이를 데 없었다.

그런 와중에서도 평소 과묵 대범한 연봉 선생은 한마디를 잃지 않았다.

"하하, 천하의 왕릉을 보려고 하는데 이 정도 액땜은 치러야지요."

71

역대 왕의 신위를 봉안한 종묘 역시 풍수 원리에 따른 세(勢, 뒤쪽 북한산), 형(形, 사진 중앙 왼쪽 봉우리가 응봉) 그리고 **혈**(穴, 종묘)의 매김질에 따라 조성된 것이다.

답사 이후 일주일이 지난 어느 날 안부 전화를 드렸더니 평소보다 스무 살은 더 젊어진 목소리가 들려왔다. 연봉 선생 본인이라는 데 더욱 놀라자 선생의 대답 또한 걸작이다.

"그렇지 않아도 제 목소리 가지고 다들 그래요. 조선 최고의 명당에서 그것도 왕릉 벌떼에 봉침 치료를 받았으니, 발복도 왕릉 발복이라고요. 하하하. 제 목소리 어때요. 하하."

한국인치고 명당 모르는 사람 없고 발복 싫어하는 사람도 없다. 게다가 명당 발복이라면 자다가도 벌떡 일어나는 민족이 바로 우리 민족이다.

조선왕조에서 풍수를 가장 신봉했던 왕을 들라 하면 서슴없이 태조 이성계를 들겠다. 풍수에 관심 있었던 왕을 묻는다면 역대 군왕 전부였고 특히 세종, 세조, 중종, 선조, 영조, 정조는 유난히 관심을 더 두었다고 말할 수가 있다.

그중에서도 풍수를 가장 잘 알고 있었던 군왕으로는 세조와 정조를 꼽을 수 있다. 세조의 등극 전의 이름은 수양대군으로, 의경세자 묘역을 결정할 때 국풍 못지않은 실력을 유감없이 드러냈다. 세조 즉위 3년에 국풍들이 잡은 명당을 직접 답사하고 난 후 주맥(主脈)이 산만하여 혈이 맺혀지지 않는다며 자신 있게 물리친 일이며, 당대 최고의 안목을 갖추고 있었던 국풍인 노목, 안효례 등이 추천한 택지를 좌청룡, 우백호의 회포는 좋으나, 탐탁지 않다고 물리친 사실에서도 알 수가 있다.

　제5대 문종이 승하하자 문종 왕릉을 본래 서초구 내곡동 대모산 아래쪽에 조성하려고 했다. 당시 그곳은 1422년에 안장된 태종 왕릉이 있었고 서쪽에는 1450년에 장사지낸 세종 왕릉이 있었기에, 문종 역시 할아버지와 아버지 곁에 선릉(先陵)을 갖추려고 세종 왕릉 서편을 능지로 택했던 것이다.(현장은 국가정보원 지역이어서 직접 답사를 할 수는 없으나 기록들을 풍수로 풀어보면 인조왕릉에서 서북서 방향으로 400m 거리에 있는 산등성이임이 새롭게 추정된다.) 문종 승하 당시 지관은 목효지, 이현로였으나 두 사람 모두 매질을 당하고 난 후 목효지는 노비로 예속되었으며, 이현로는 효수당했다. 당시 목효지를 국문에 부쳐 치죄하도록 상소한 것도 수양대군이었고, 이현로를 직접 매질하여 역적으로 몰아 효수케 한 장본인도 수양대군이었다. 또한 국풍 최양선 역시 파렴치한 행위로 삭탈관직에 유배를 당하게 된다.

　문종 왕릉 택지를 전후로 왜이런 일들이 벌어졌을까. 그것은 문종 왕릉의 천기누설을 입막음하려는 수양대군에게 눈길이 가는 대목이기도 하다. 그렇다면 문종 왕릉의 천기누설은 무엇이었을까.

　풍수 발복을 셈하는 법칙 중에는 방위를 논하는 좌향론(坐向論)이 있고 좌향 발복 가운데서 장생(長生)을 최고로 친다. 조선 왕릉 모두 장생 발복에 맞추어 놓았고 문종 왕릉은 그 중에서도 호순신(胡舜申)의 『지리신법(地理新法)』에 나와 있는 좌향론을 구사하고 있으며, 이러한 지리신법 좌향 거론은 『조선왕조실록』 태조 2년 12월 11일자에서 문제시되고 있는 계룡산 신도안 철회 논의에서도 재차 확인된다.

　문종 왕릉의 경우 44년 전에 이미 장사를 치른 태조 왕릉과 똑같이 매김질되어 있어서 이해하기 좋은 대상이기도 하다. 태조 왕릉과 문종 왕릉으로 들어오는 산줄기는 똑같이 북쪽에서 오며 매김질된 좌향마저 똑같은 계좌정향(癸坐丁向)이다. 그러므로 태조 왕릉과 문종 왕릉은 똑같이 장생 발복이라는 답이 나와야 한다.

　바로 이 점이다. 수양대군이 겉모양새만 갖고서 같은 장생 발복으로 눈속임한 것이다. 지리신법 좌향 법칙에는 좌선룡(左旋龍), 우선룡(右旋龍)이라는 것이 있다.

조선 왕릉의 명당(明堂)에 조성시켜 놓은 **장명등(長明燈)**은 장생(長生, 발복 기운 중에서 가장 좋은 것) 발복이 불길
[燈]처럼 일어나라고 세운 풍수 석물이다. / 위

사진 오른쪽이 **문종 왕릉**이고 왼쪽 가장자리가 태조 왕릉으로 두 왕릉의 산줄기와 좌향은 똑같은 매김질이 되나,
발복 계산을 헤아려 보면 뒷녘 산줄기 꺾임이 반대가 되어 명당과 흉당으로 뒤바뀌져 버린다. / 아래

곡장에 둘러싸인 문종 왕릉의 능침은 흉당 발복 기운을 오히려 가두는 왕릉이 되어 버린다.

왕릉과 잇대고 있는 뒤쪽 산줄기가 마지막에 어느 쪽으로 꺾어져 들어오느냐를 따지는 방법론적 차이다. 산을 주체로 해서 뻗어오는 산줄기가 좌측으로 꺾어져 들어오면 좌선룡, 오른 팔과 같이 휘어져 들어오면 우선룡이 된다.

이 점이 두 왕릉의 유일한 차이다. 태조 왕릉은 좌선룡의 산줄기에 걸려 있는 반면, 문종 왕릉은 우선룡 산줄기를 받아들이고 있다. 이때 태조 왕릉과 같은 좌선룡은 좌향론 술법상 시계바늘 순서로 구성(九星) 순서를 짚어가는데 우선룡의 경우 구성 순서는 한 칸 띄워서 역시계 방향으로 헤아리게 된다.

결론적으로 태조 왕릉의 계좌정향은 좌선룡에 걸려 발복향인 정향(丁向)은 탐랑(貪狼)이라는 생룡(生龍)의 장생 발복이 되지만, 우선룡은 역순으로 세어가기에 문종 왕릉에 있어 정향은 사룡(死龍)에 절명(絶命), 곧 명이 끊긴다는 대흉 중에서도 대흉에 속한다(초보자들에게는 무리한 풍수 좌향 설명이지만, 이후 사건들을 읽어보면 역사적 심증은 간다).

국풍들이 이러한 기본적 좌향을 실수할 리는 만무하다. 그러한 고의성을 실행할 수 있는 장본인은 단 한 사람 수양대군뿐이었다. 당시 문종 왕릉 택지에 관여했던 인물은 수양대군을 필두로 하여 황보인(皇甫仁), 김종서(金宗瑞), 정분(鄭苯), 이정녕(李正寧), 정인지(鄭麟趾), 이사철(李思哲), 민신(閔伸), 이사순(李師純), 이순지(李純之) 및 풍수학 낭관들이었다고 「단종실록」 즉위년 7월 24일자에 나와 있다.

문종 왕릉 택지와 안장 이후 이들의 번영과 몰락은 너무도 대조적이다. 정인지와 이사철은 계유정란에 가담하여 정란 공신이 되었고 이순지는 수양대군 풍수 참모로서 세조 치세하에 판충추원사에 이른다. 나머지 인물들은 모두 몰락의 길에 접어들어 그 중 황보인, 김종서는 계유정란 때 한명회의 살생부에 올라 참살당한다. 민신은 이조판서로서 문종 왕릉 조성을 감독하던 중 수양대군이 보낸 서조라는 자객에게 현장에서 참살되고 당시 환갑을 바라보던 우의정 정분의 경우는 하루아침에 수양대군에게 추탈되어 일개 관노로서 생명을 부지하다가 일년 후 사사를 당했다. 천기누설의 입막음치고는 너무도 살벌한 수양대군의 징계였으며, 문종 왕릉 전후의 국풍들의 죽음도 결국 수양대군의 으름장이었던 셈이다.

수양대군은 후일 조선 제7대 임금으로, 국풍 실력의 풍수술은 이미 진양대군(29세 이전에 불리던 수양대군의 이름) 시절인 26세 때 두각을 나타내고 있었다. 세종 24년 5월 25일 세종이 자신의 수릉 택지에 수양대군을 참여시켰던 기록을 보아도 알 수 있다. 당시 안평대군은 왕실 참여라는 머릿수 채우기 역할에 해당되었으나, 수양대군의 경우는 달랐다.

일년 후 수릉제도 조직이 갖추어지자 수양대군은 장사 때 왕릉의 광에 사용할 내부의 관과 석실 제조를 담당하는 수기색제조(壽器色提調)를 맡게 된다. 이러한 수양에게 두 번이나 있었던 국상(문제의 문종 왕릉 조성 이전의 국상들)은 풍수 실무를 접할 수 있는 좋은 기회였다. 상주였기에 앞에 나서지는 못하였으나, 부모인 세종과 세종비의 국장에서 수양은 자연히 풍수에 관심이 갈 수밖에 없었고 이때 등장한 지관들이 최양선, 이양달, 고중안, 어효첨, 문맹겸, 목효지 등이었다.

그 중 최양선의 풍수 발언이 흥미를 끈다. 세종의 수릉 택지 혈을 보고 난 후 최

생기는 물줄기를 만나면 멈춘다는 계수즉지(界水則止) 원리를 활용한 물줄기들이 동구릉 내를 흐르면서 각각의 왕릉들의 발복을 감싸고 있다.

양선의 주장은 서남쪽의 물줄기가 갈라졌기에 이곳에 장사를 치르면 절사손장자(絕嗣損長子)를 당한다고 했다. 후손 중에서 맏아들을 잃는다는 최양선의 발언에 이정녕, 정인지가 풍수서 어느 구절에 그런 말이 있냐고 윽박지르자 최양선은 내 마음으로 깨달은 거라고 대꾸하였다. 그 일로 최양선은 괘씸죄에 걸려 의금부에 하옥되니 세종 25년(1443) 1월 30일의 일이다. 문제의 절사손장자 혈에 세종이 안장되었던 것은 1450년이었다. 그러자 제4대 세종대왕의 장자인 제5대 문종은 재위 2년 만에 승하하였고(1452년) 문종의 장자였던 제6대 단종마저 17세 어린 나이에 죽임을 당하여 적자 왕통의 후손이 최양선의 예언대로 끊어졌던 것이다(1457년).

결국 장자가 아닌 수양대군이 제7대 세조로 등극했으나, 세조의 장자인 의경세자 역시 20세에 요절했다(1457년).

제8대 예종 역시 차남으로 왕통을 이었고 제9대 성종도 차남, 제10대 왕통에 이르러 비로소 장남 계승을 하였으나, 폐위당했던 연산군이기에 이 역시 장자 실격이

정자각 앞 주춧돌은 능지기가 능제를 위해 사용하던 **수복방**(守僕房)이 있었던 곳이다.

다. 차남으로서 반정에 의하여 등극한 제11대 중종 역시 잇달아 일어나는 왕실의 장자 비운들이 꺼림칙했던지 중종 8년, 세조에 의하여 시흥 군자 바닷가 십리 언저리에 내버려진 현덕왕후(顯德王后) 권씨 시신을 다시 챙겨 1513년 4월 21일 문종 왕릉 좌측 언덕〔岡〕 위에 왕비릉으로 천장해주었다. 사후 73년 만에 이루어진 부부의 만남이었다.

같은 능호 아래 각각 언덕을 다르게 하여 조성된 왕릉 양식은 동역이강(同域異岡)이다. 같은 능역(陵域)에 있지만, 언덕〔岡〕은 각각 다르기〔異〕 때문에 그렇다. 이러한 동역이강의 경우에도 혈자리에 안장된 시신의 좌우 팔을 기준으로 하여 상하질서가 매겨지게 된다. 살아 있는 자〔陽宅〕의 경우 상하 질서는 좌상우하(左上右下)가 되지만, 죽은 자〔陰宅〕는 우상좌하(右上左下)가 되어 문종 유해 좌하(左下) 자리에 현덕왕후가 매김질되었다. 이같은 우상좌하 원칙은 쌍릉이건 합장릉이건 삼연릉까지 조선 왕릉에서는 철저히 지켜지고 있다. 일반 무덤에서는 먼저 죽은 자를 상(上)이라 하여 시간적 서열을 매김질하기도 하지만, 오직 공간적 서열로서만 우상좌

사후 73년이 지나 이곳에 매김질된 현덕왕후(문종비)릉의 석물들 저편. 우측 능원에 문종 왕릉인 현릉이 있는데, 이는 어거지 동역이강(同域異岡) 왕릉이 된다.

하를 철저히 고수했던 점이 조선 왕릉의 특징이기도 하다.

동구릉 내에 있는 문종 왕릉의 동역이강 양식은 최초가 아니다. 1513년보다는 이미 30년 전 세조 왕릉의 광릉(光陵) 양식이 처음이었다. 제7대 세조 이전 조선 왕릉의 정형 양식은 단릉, 쌍릉, 합장릉을 원칙으로 한 병풍석 왕릉들이었다. 제1대 태조는 단릉, 제2대 정종과 제3대 태종은 쌍릉 그리고 제4대 세종은 합장릉이었으나 제7대 세조 때부터 왕릉 양식이 변모하기에 이른다. 제6대 단종 때까지는 선왕의 유교로서 왕통이 계승되었는데, 세조는 달랐기 때문이다.

자기 스스로 왕위에 올랐던 찬탈의 왕이기에 그래서 종(宗)이라는 묘호를 쓸 수가 없어 조(祖)라는 묘호를 가져다 붙인 것이 세조(世祖)였다. 곡필(曲筆)의 미덕을 알았던 사관들은 이를 양위라 했고 역사의 이목관(耳目官)들은 이것을 찬탈이라고 했다.

양위와 찬탈. 국사를 현실의 시야에서 보자면 양위가 통하고 이상론으로 따지면 찬탈로 기우는 차이일 뿐이다. 찬탈이라는 비난을 무마하고 정통성을 부각하려고 하니 무엇이 달라도 달라야 했다. 묘호가 달라지자 풍수 신봉 국가였던 조선왕조의 왕릉 양식들이 달라졌고 이것이 여지껏 볼 수 없었던 동역이강 양식으로 세조 이후 혈통들은 이를 충실히 따랐다. 제8대 예종 왕릉, 제9대 성종 왕릉들이 모두 동역이강을 계승하였고 제10대 연산군 폐위로 잠시 끊어졌으나, 제11대 중종 역시 동역이강으로 연결된 이후의 역사가 이를 증명하고 있다. 단종이 세조에게 찬탈당하지 않았다면 오늘날 동구릉의 문종 왕릉은 동역이강으로 조성되지는 않았을 것이다. 단종역시 한양 백리(능제 때 변고로 왕이 당일 한양으로 되돌아올 수 있는 거리)를 훨씬 넘는 영월 땅의 유배지에 외로이 남지는 않았을 것이다.

이렇게 문종 왕릉 이후 조선 왕릉들은 모두 세조가 이끌고 간 역사의 장이기도 했다.

| 제6대 단종 왕릉, 장릉(莊陵) |

홍살문은 왕릉 능역 입구에 세워지는 문이지만 영월의 홍살문은 소나기재에도 세워져 있고 거기서 십리도 못 가 발병날 자리에는 제6대 단종이 잠든 장릉이 있다.

세조 3년인 1457년 10월 24일, 영월의 동강으로 교살된 17살의 어린 시신 하나가 내팽개치듯 버려졌다. 살아서는 유교 족보로 신분을 내세웠고 죽어서는 풍수 족보를 따졌던 조선조였다. 왕들은 팔도의 국풍들을 불러 대명당 길지에다 왕릉을 썼으며, 사대부 양반들은 내로라 한 선산에다 선대 묘들을 더욱 치장하였기에, 선뜻 내세울 선산 하나 없는 집안은 멸시까지 당하던 시절이기도 했다.

유교 풍수의 무덤들이 곳곳에 들어서자 송곳 꽂을 땅 하나 없는 민초들은 난감했다. 글을 알아야 풍수를 배우지, 그렇다고 입에 풀칠하기도 어려운 처지에 보리쌀 몇 말씩이나 주고 풍수선생을 데려올 수도 없었다. 설령 명당을 차지했더라도 귀신같이 알아내는 풍수쟁이를 앞세운 권세가들에게 파묘 이장당하는 신세가 될 것은 불 보듯 뻔한 일이며, 그렇다고 섣불리 아무데나 무덤을 썼다가는 그곳이 집안 말아

암장(暗葬) 60년, 폐릉(廢陵) 200년 만에 장릉(莊陵)으로 추복되어 조성된 단종 왕릉

먹는 흉지일지도 모른다는 불안감에 정말 난감했다.

　게다가 매년 돌아오는 시제, 묘제, 성묘의 경비에 살림 거덜난다고 하늘이 보고 있는 대낮에 부모 시신을 내팽개칠 수도 없는 일. 어쩔 수 없이 민초들은 이런 처지에서 시냇가 모래밭에 무덤을 쓰는 청개구리 풍수 장법을 쓸 수밖에 없었다. 큰물이 나면 부모의 무덤은 떠내려갈 수밖에 없지만 이를 어쩌겠는가. 인명은 재천이라 하늘이 알아서 좋은 데로 모셔다 주시겠지, 하며 그렇게 위안을 삼고서 살아온 민초들의 한 많은 가슴에 못질마저 했던 것이 또한 풍수였기도 했다.

　세조 3년 동강에 버려진 17세의 시신은 이 땅에서 가장 지엄한 신분이었던 제6대 왕 단종의 옥체였다. 여기에 세조의 엄명이 내려진다. 누구를 막론하고 단종의 시신을 털끝 하나 옮길 경우 삼족을 멸한다는 풍수 신봉자 세조의 서슬 퍼런 엄명 아래 모두들 숨죽이고 있을 수밖에 없었다. 음력 10월 말은 가장 추운 계절로 동강이 꽁꽁 얼어 있을 때지만 이듬해 봄이 되어 얼음이 녹으면 단종의 시신은 실종될 처지

"밝은 달밤 두견새 울음 소리에…"로 시작되는 단종의 자규시(子規詩). 이로 인해 영월 관아의 매죽루(梅竹樓)는 자규루(子規樓)로 변경되었다. / 왼쪽

세조 3년 왕명으로 단종을 사사한 금부도사 왕방연이 망연자실 "저 물도 내 마음 같아 한밤중 애간장을 녹이며 울면서…"라며 읊조렸던 시비가 영월 청령포 물줄기를 마주 보며 서 있다. / 오른쪽

였다. 이때 영월 땅에는 엄흥도(嚴興道)라는 인물이 있었다. 그는 영월에서 존경받는 호장(戶長)이었다. 엄흥도는 으슥한 밤을 이용하여 아들과 함께 단종의 시신을 관에 담고서 십여 리 눈길을 헤치며 동을지산 줄기에 암장한 후 수십 명의 식솔들을 거느리고 어디론지 몸을 숨겨 버렸다.

그로부터 59년이 지난 중종 11년 지명수배령(?)이 풀렸으나, 아무도 엄흥도 식솔들의 행방을 찾을 수가 없었다. 노산묘(魯山墓)를 찾으라는 지엄한 왕명 앞에 별 수단들이 동원되었다. 엄주, 신귀손, 엄속이라는 영월의 고로(故老)들은 59년 전 기억을 더듬었고 관노의 신분인 이말손의 증언까지 존중하였다. 거기다 군수 박충원의 꿈자리까지, 점쟁이를 불러 현몽한 결과 단종의 암장 자리를 찾아냈다는 것이다. 암장은 평토장으로서 봉분은 없었다(만약 봉분의 표식이 있었다면 세조의 혈안에 성치 못했으리라. 중종 11년 12월 10일 신상은 노산묘가 2자 정도의 봉분을 하고 있었다고 중종에게 아뢰고 있으나 필자는 이러한 아부성 발언을 도대체 믿지 못하겠다).

1516년 12월 비로소 노산묘는 59년 만에 봉분을 갖춘 무덤이 되었고, 그뒤 1580

년(선조 13) 상석(혼유석이 아닌 상돌, 아직 능으로 추복되지 않아 정자각이 없었다)과 표석(비석), 장명등, 망주석을 세웠다. 1698년(숙종 24) 노산대군에서 추복되어 종묘에 올릴 묘호(廟號)가 단종(端宗)으로 명칭되었고, 묘는 장릉(莊陵)이라는 능호(陵號)를 갖추게 된다. 현 강원도 영월군 영월읍 영흥리 산121-1번지에 있는 장릉의 능역은 1791년(정조 15) 배식단(配食壇) 설치와 함께 각종 조성물이 들어섰고 엄흥도 정려각(嚴興道旌閭閣)도 함께 능역에 차려졌다. 추복 당시 엄흥도에게 증직된 공조 판서라는 직함이 재미있다. 왕이 승하하면 국장 절차상 산릉도감(山陵都監)이 설치되어 능지에서 관을 안장하는 등 모든 능역의 현장 일을 담당하는 산릉도감의 총책임자가 공조판서이다. 결국 엄흥도는 공조판서의 역할을 톡톡히 한 셈이다.

장릉의 능역은 홍살문과 정자각 그리고 능원의 구조가 여느 왕릉의 일자 구조가 아닌 특이한 직각 구조다. 그러나 지리적 문제로 야기된 이러한 양식은 풍수 답사시 별 중요한 점이 못 되며 풍수 답사의 묘미는 오로지 풍수로서 현장을 풀어보는 데 있다.

능원 앞에서 능침을 유심히 보고 있다가 입수맥 부위에 눈길이 멈추어졌다. 입수맥 부분에 불쑥불쑥 솟아오른 바위들은 장릉의 능침에 생기가 생동하며 들어온다는 하나의 풍수 논증이기도 하다. 그렇다면 장릉은 한갓 시신을 대충 피난시킨 암장지가 아니라, 풍수 명당이라는 충족 조건 하나인 '입수'(入首)를 갖추고 있음이 된다.

이번에는 입수맥으로 가서 능침과 앞쪽을 관산하여 보았다. 무엇이 연상되는가? 현장에서는 무엇인지 타고 있다는 느낌이 들었다. 산줄기 역시 길게 뻗는 능선 위에 장릉의 능침이 자리하고 있는 광경이었다. 이런 광경이라면 여지껏 풍수 답사 경험에서 볼 때 하나의 형국을 잡을 수 있다는 자신감마저 들었고 만일 장릉에 이미 논증된 입수맥의 생동감과 함께 풍수 형국마저 성립된다면 이는 명당이라는 풍수 판정이 된다.

찬탈의 역사에 시달림을 당했던 **장릉**은 능침 옆구리에 절을 하는 유일한 조선 왕릉이다. / 옆면

85

550여 년 전 암장된 뒤쪽에 불쑥 튀어 나온 검은 바위들은 **잉**을 논증하고 있다. / 위

잉은 앞녘의 **혈(穴)**에다 생기를 공급하는데 멈추지 않고 아랫녘으로 뻗어가는 산줄기에 눈길이 갔다. / 아래

이제는 장릉의 능침을 여러 각도에서 살펴보려고 앞쪽으로 관산점을 잡아 보았는데 형국은 첫판부터 싱겁게 드러나 버렸다. 용의 머리를 보여주는 용두혈(龍頭穴). 배식단 아래쪽에서 보아도 용머리임이 드러났다. 장릉의 능침은 용이마 중앙에 자리 잡았기에 정중(正中)을 얻어 명당, 명혈에 모두 합격이 된다(참고로 용두혈의 명혈은 이마 중앙과 감싸주는 귀가 되고, 얄팍한 용의 입술은 흉당이라고 전해져 내려온다).

용두혈을 보고 언덕을 내려오다 이제 막 출근한 장릉관리소 직원을 만나 혹시 이곳 장릉에 전해 내려오는 풍수 형국설이 없느냐고 물어보니 이곳저곳을 뒤지다가 그것도 승용차 트렁크 바닥에서 종이 한 장을 꺼내 펼쳐 보이며 무언가 어물거렸다.

"글쎄요. 듣긴 들었는데 하도 어려운 말이 돼나서……."

종이에 적힌 국한문 혼용체를 이리저리 해석과 분석을 가해 보니 다음과 같은 형국을 적어 놓은 글이었다.

목마른 용이 물을 마신다는 갈룡음수형(渴龍飲水形)이 바로 그것. 순간 풍수와 민초의 한이 같이 어우러진 독특한 영월의 풍수 정서가 물씬 풍겨왔다. 영월읍 들머리에는 홍살문이 서 있고 그곳을 소나기재라고 부른다. 중종 11년 노산묘를 찾으라는 왕명을 받들고서 우승지 신상과 승지 이해수 등이 이곳 영월을 왔다갔다 했는데, 이 고개에 당도할 때마다 꼭 때아닌 소나기를 만났다 한다. 영월 사람들은 단종의 원혼이 소나기를 뿌린다고 믿었고, 그곳을 소나기재라고 불렀다.

그러므로 갈룡음수형은 용두혈의 산천 정기와 소나기재라는 민초 정서가 어우러진 청산 녹수에 한 많은 민초들의 가슴과 한 맺힌 단종의 응어리가 어우러진 풍수 형국의 한마당이다. 장릉은 갈룡음수형이다. 이곳 영월에서만 말이다.

단종은 어린 나이에 부인과 생이별을 했다. 단종의 나이 17살, 단종의 비 정순왕후(定順王后)는 18살이었다. 몇 개월 후 단종이 목졸려 죽었다는 소식을 들은 정순왕후는 폐서인의 신분이 되어 초막집에 기거하며 동냥과 염색일을 하면서 끼니를 이었다. 한 많은 여생을 보내다가 춘추 82세로 운명하였다.

형국을 잡기 위해 뻗어 가는 아랫녘 산줄기로 이동하여 살펴보자 용두혈(龍頭穴)임이 드러났다. 89페이지 그림과 함께 사진을 비교하면 이해할 수 있다.

이후 180년이 지나 단종과 같이 복위되어 현 경기도 남양주시 진건면 사릉리의 사릉(思陵)에 영면하고 있다. 살아 생전에 생이별하였는데, 죽어서도 영영 이별함에 영월 사람들은 둘의 인연을 맺어 주자며 이장(천장)으로 합장하자는 운동까지 벌였으나, 문화재(사릉 사적 제209호)는 원형 보존되어야 하기에 장릉과 합장은 곤란하다는 반박의 주장도 있었다고 한다.

사견이지만 태종의 함흥 억새풀 묘수처럼 사릉의 봉분을 열고 정순왕후의 유체(흙만 남았을 경우 그 흙이라도 가능하다)를 장릉에 합장시켜 한을 풀어 줄 수도 있다. 그렇게 합장시킨 봉분을 다시 치장하면 현 사릉의 조성물 역시 온전하게 보존되어 문화재 관리에 하자는 없다(서울 동대문구 청량리동에 있는 홍릉처럼 말이다).

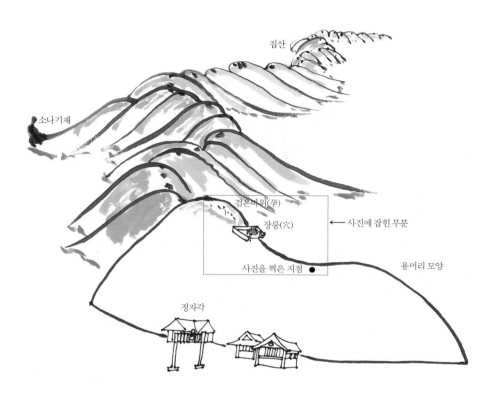

단종의 장릉 풍수형국도. 갈룡음수형(渴龍飮水形)

단종의 유배지였던 청령포(淸泠浦) 물가에 숙박지를 정하고서 그곳을 바라다 보았다. 삼면이 강물로 둘러싸여 있는 데다 뒷면은 높은 산과 벼랑으로 막힌 천연의 감옥 같은 지세는 영화 〈빠삐용〉에 나오는 천연감옥을 연상케 한다. 풍수적으로 청령포를 관산할 때 산은 꽉꽉 막히고 물은 산을 가두며 차갑고 냉랭한 기운으로 흘러가 버리는 광경을 연상시킨다.

풍수서 『청오경(靑烏經)』의 한 구절이 떠올랐다. "산수수류(山囚水流)." 물이 흐르면서 산을 가두어버린다는 뜻이다. 바로 청령포의 무정(無情)한 광경을 그대로 드러내는 대목이기도 하다.

이러한 대목의 풍수 발복에 대해 『청오경』은 다음 네 글자로 결론을 내리고 있었

서강 물줄기 건너편 단종의 청령포(淸泠浦) 유배지는 산들로 막힌 섬처럼 생겼고 이를 감싸는 물줄기마저 차갑게
지나치는 흉지중의 흉지였다.

다. "노왕멸후(盧王滅侯)." 주위의 신하들은 멸망하고 결국 왕은 포로가 된다는 뜻

이다.

　그날 달빛에 취했던지 뭇새 울음마저 더욱 크게 들리던 그곳에서 소줏잔을 기울

였다. 물론 청령포 유배지를 향해 고수래를 먼저 했다.

| 제7대 세조 왕릉, 광릉(光陵) |

제7대 세조의 왕릉은 서울 북쪽 경기도 남양주시 진접읍 부평리 247번지에 소재하고 있다. 서울에서 의정부를 거쳐 포천으로 가는 43번 도로를 15분 정도 승용차로 달리다가 광릉이라는 도로 표지판을 보고서 우회전하여 다시 314번 지방도로를 구불구불거리며 그러나 뼈대 있게 직진, 10분 정도 따라가면 갑자기 도로를 점령하고서, 일단정지! 그대로 달리면 받아버릴 듯 웅장한 활엽수 숲들을 만나게 되는데, 그곳이 광릉이다.

2백4십9만 4천8백 제곱미터로 약 70여 만 평에 이르는 광릉 숲은 우리나라에서 생존하는 천연기념물 제11호 크낙새의 서식지이며, 자생 식물만 790종 이상이 보존되어 있는 경이로운 자연산림지역이기도 하다.

광릉 숲이 이와 같이 잘 보존된 이유는 세조 왕릉인 광릉 조성 이후 460여 년 동안 그의 혈통들이 왕위를 계승하였기에 벌목은 물론 땅 위에 떨어진 낙엽 조각 하나도 주울 수가 없었기 때문이다.

울창한 숲길 끝에 얼굴을 내민 광릉의 홍살문과 정자각 / 왼쪽

사초지 위에 또 **하나의 사초지**가 있는 유두혈(乳頭穴) 형국의 세조 왕릉 풍수 / 오른쪽

　　광릉을 고속도로로 접근할 경우 중부고속도로 또는 경부고속국도에서 서울 외
곽 순환고속국도로 연결되어 더 달리다가 퇴계원에 이르러 그곳에서 북쪽으로 내지
르는 47번 도로를 타고 진접읍을 지나 조금 가다 보면 작은 다리를 만나게 된다. 이
때 다리를 건너기 전 왼쪽으로(엄밀히 이야기하자면 직진) 작은 도로가 있는데, 이
곳만 잘 들어가면 질러가든 모로가든 광릉 입구에 닿는다. 거기서부터 광릉까지는
외길이기 때문이다.

　　광릉 숲은 정말 살맛 나는 숲이다. 화탕지옥 같은 한여름 매표소를 지나 숲에 들
어서면 에어컨에 지친 창백한 얼굴에도 화색이 돌고 마음마저 평안해짐을 느낀다.
들머리도 제법 길어 걷고 나면 숲속길 여운마저 일어날 때 숲에 걸린 홍살문이 보이
고 엄숙한 정자각도 만나게 된다.

　　정자각 뒤쪽 좌우로 두 개의 왕릉이 매김질된 광릉은 최초의 동역이강(同域異
岡) 왕릉이기도 하다. 우상좌하 매김질에 따라 우측에는 세조 왕릉이 자리 하고 좌
측에는 세조비인 정희왕후(貞憙王后) 윤씨 능이 눈에 들어온다. 특히 세조 왕릉의

사초지는 처음 보는 사람에게는 경이로운 기분까지 들게 한다. 자세히 관찰해 보면 사초지 위에 또 하나의 사초지가 올라타고 있는 모양은 풍수상 어떤 의미를 갖고 있는 것일까.

풍수에 있어서 땅은 만물을 키우는 어미로서 이를 지모사상(地母思想)이라 하는데 세조 왕릉의 경우 지모의 젖가슴이 일차 사초지이고 이차 사초지는 젖꼭지라는 풍수 형국적 의미를 갖는다. 이를 풍수 용어로 유두혈(乳頭穴)이라 한다.

유두혈 젖꼭지에 그것도 젖이 나오는 구멍을 혈로 삼고서 땅기운인 생기를 어미 젖처럼 빨아먹으려는 우측 젖무덤 위에는 세조 능이, 좌측 젖무덤에는 세조비〔정희왕후 윤씨〕의 능이 각각 자리한 이곳 정자각은 사람 인체 중에서 명치 부위에 해당된다. 지모가 젖을 물릴 때는 두 팔로 아이를 감싸주어야 한다.

왕릉이 자리한 젖가슴과 그리고 안고 있는 두 팔의 좌청룡 우백호 대비들을 명치에 매김질된 광릉 정자각 바로 앞에 서서 하나씩 맞추어 보면 어미의 품안에 안긴 광릉이 연상되어 새삼 감탄사마저 터져 나온다. 이것은 현장 풍수 답사만이 가질 수 있는 묘미이기도 하다.

이와 같이 기이한 유두혈의 광릉 명당은 어떻게 그리고 누가, 언제 잡았던 것일까. 『조선왕조실록』의 기록을 정리해 보면 다음과 같은 상황들이 드러난다.

1468년 9월 8일 제7대 세조가 승하하자 차남인 제8대 예종은 즉위한 이튿날 신숙주, 한명회와 영의정 등 46명을 담당자로 한 국장도감, 산릉도감, 대전관(代奠官, 빈전도감)을 설치했고, 9월 10일 세조의 부음을 종묘와 사직에 고하였다.

9월 12일 예종이 한양 근교 경기 지방 역졸들을 9월 20일까지 모으기를 의논하며 9월 13일 세종 왕릉(당시 대모산 남쪽인 서초구 내곡동)의 택지를 논의하였으나, 그곳을 답사한 정인지 등이 쓸 만한 혈이 없다고 아뢰었다.

9월 17일 정인지, 정창손, 신숙주, 한명회, 구치관 등 14명을 몇 개조로 나누어 왕릉 택지를 살피게 한다. 그날 한양 동남쪽 죽산(竹山) 양지(陽智) 산세를 그려 와서 "이곳에 왕릉을 쓰면 복을 대물림할 것입니다"며 올렸던 한귀(韓貴)의 풍수도를 분

조선 왕릉 최초의 동역이강 양식을 보여주는 광릉. 정자각 좌하 자리에 **세조비**가 매김질되었고, 우상 자리에는 세조가 매김질되어 있다.

석한 결과 흉지라고 판명되자, 한귀는 즉시 왕명으로 추핵당했다.

　왕릉 후보지가 9월 18일부터 9월 28일까지 속속 보고되었고, 임금이 지켜보는 어전회의에 붙여지게 되어(도중 9월 24일 세조라는 묘호가, 25일 광릉이라는 능호가 결정되었다.) 갑론을박 끝에 택지는 세 개의 후보지로 압축되어 갔다.

　가장 먼저 광주 땅 이지직(李之直)의 선산이 거론되었으나, 정흠지(鄭欽之)의 선산이 더 낫다는 것에 중론이 모아졌다. 연희궁 뒷산(연세대학교 동북쪽 산 아래)이 세번째로 거론되었으나, 서거정이 왕릉 풍수의 특성을 들어 합당치 못하다고 주장하여 제외되었다. 산 모양이 기이하고 빼어났다는 품평에 따라 정흠지의 선산이 채택되었던 것이다.

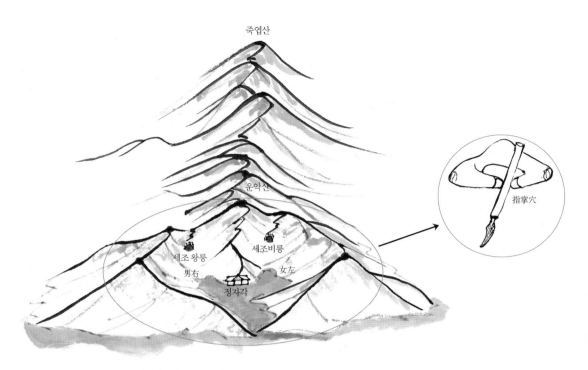

죽엽산

운악산

세조 왕릉
男右

세조비릉
女左

정자각

指掌穴

세조 왕릉의 형국은 지장형(指掌形)이면서 혈은 유두혈이다. 게다가 지모(地母)의 젖무덤까지 연상케한다(명치 부위는 정자각 자리)

9월 28일 지관 안효례와 경기도사 박숭질을 보내어 정흠지 선산을 살필 수 있게 주위의 나무들을 베도록 하였다. 9월 30일 왕실의 종친들과 대신들 그리고 지관들이 정흠지의 선산으로 몰려가서 혈자리를 찾아 서로 의견들을 논의했다. 정흠지의 무덤은 명혈이지만 단정치는 못하다는 의견도 있었으나, 지관들이 땅을 다지는 적당한 보토(補土)로서 왕릉을 쓸 수 있다고 하자 중론은 그리로 모아졌다. 이때 최호원이 왕릉지 불가론을 주장하다가 후일 추국(推鞫)을 당하는 등 택지 논쟁은 진지했다.

다시 종친과 대신들이 임금과 어전회의를 거친 10월 2일 드디어 예종이 거동하여 앞산까지 오르면서 안산(앞산)과 산줄기의 내맥(來脈, 혈자리로 직접 들어오는

위의 사진에서처럼 앞산들이 밀치고 들어오는 광경들을 두고서 무덤 풍수들은 발복이 빠르다고들 말한다. 믿거나 말거나 그러한 무덤 발복 정서에 비추어보아도 당시 조급했던 세조 왕심을 읽을 수 있다.

뒤쪽의 산줄기)들을 살폈다. 이때 광릉 택지의 형세 파악에 발군의 풍수 실력을 발휘했던 안효례는 지관 신분으로 일약 정3품인 당상관(堂上官)에 올랐고 정흥지의 선산에 있던 무덤들은 강제 이장을 당하게 되었다.

　정흥지의 아들은 정창손(鄭昌孫)으로 세조 때 영의정을 지냈고 당시 광릉 택지 시 좌익 공신에 봉원군으로 시퍼렇게 살아 있었으나, 이러한 문중의 선산도 실세인 후손이 쳐다보는 앞에서 뿌리 채 뽑히는 일이 벌어진 것이다. 그러나 어찌하겠는가.

그보다 더한 왕비의 친정 선산도 하루아침에 날아가는 조선 왕릉 날벼락을 피하려면 오직 한양 백리 너머에 문중의 선산을 쓰면 된다. 조선 왕릉의 한계선이 한양 백리이기 때문이다. 그래서 '용인 땅에 명당 있다'는 풍수적 속담마저 생겨나게 되었다. 정확히 말하자면 용인 땅에 명혈이 몰려 있다는 것이 아니라, 한양 백리 밖에 해당되기에 왕릉 택지로 파묘나 이장당할 걱정 없는 왕릉 마지노선 밖이라는 의미이다.

10월 4일 8개의 무덤이 매김질된 선산을 송두리채 이장당한 정창손을 달래기 위해 예종은 호조에 전지했다.

"정창손에게 관곽 8개와 유둔(油芚, 기름칠한 천막) 8개, 종이 100권, 쌀과 콩을 100가마 내려주어라."

또 승정원에 하교하여 경기관찰사는 정창손의 선산 이장에 필요한 인원 50명을 뽑아 보내게 했고, 그 덕택에 행호군이라는 관직에 있던 유군의 선산 이장에도 국물이 있었다.

성종 왕릉을 조성하면서 백성의 무덤 한 기를 이장할 때 쌀 2가마와 콩 1가마(된장, 간장을 담그는 부식 용도가 콩이었다)를 지급한 적은 있었으나, 이것은 특별한 경우이고 어림잡아도 500여 기에 달하는 민초의 무덤들은 맨입에 개울가로 내몰릴 수밖에 없었다.

조선왕조는 고려왕조와 달리 강력한 중앙집권 체제로서 왕실을 중심으로 권력을 장악해 나갔다. 군신 관계에 있어서도 신권(臣權)은 힘을 잃고 오로지 군주의 권력만이 존재하였다. 군왕과 신하의 권력 견제와 대립이 조선왕조 개국 초에는 존재하였으나, 이를 뿌리 채 뽑아 버린 이가 태종 이방원이었다.

태종은 정신적으로 군왕의 조건을 갖추지 못한 양녕을 폐세자하여 삼남인 충녕에게 왕위를 물려준 결단성마저 있었다. 그러나 세종은, 장남이라는 이유 하나에 얽매여 신체적으로 나약한 아들에게 보위를 물려주니 이가 재위 2년 3개월 만에 병사했던 제5대 문종이다. 태종과 같은 과감한 왕심이 세종에게도 있었다면 당연히 차남인 수양에게 왕위를 계승시켰을 것이다.

문종 재위 당시 수양대군의 나이는 성년을 넘은 23세로서 넘치는 정력은 조선왕조 역사를 경륜하기에 손색이 없었다. 결국 성군으로 불리던 세종대왕이었지만, 왕통 대물림에 결정적 오판을 하게 되자 이제껏 일방통행이었던 왕권에 적신호가 켜졌다. 황보인, 김종서라는 고명대신 세력들이 제6대 단종 때 왕권에 대립할 수 있는 신권 세력으로 부상하기 시작했던 것이다. 이때 왕실의 선두 주자인 수양대군이 나섰다. 수양은 김종서를 집에서 타살하고 황보인은 궁궐에서 죽여 고개를 들기 시작한 신권의 싹을 잘랐다.

이후 국정은 수양대군 손에 들어갔으나, 아직은 어려서 나약한 12세의 단종 주위에는 언제 고개를 들지 모르는 신권 요인들이 항상 잠복하고 있었기에 단종을 상왕(上王)으로 밀치고 자신이 직접 주상(主上) 자리를 차지했다. 형식상은 양위였다. 이와 같은 세조 양위는 조선왕조 통치 철학인 주자제일주의 명분론에 모순이 되는, 세조 찬탈이라는 시각들이 여기저기서 불거져 나오자, 세조는 17세인 단종마저 죽여 버렸다. 찬탈의 시각들이 불거져 나왔다가는 경우에 따라서 신권 세력화로 왕권이 밀릴 수도 있었기 때문이다.

왕권과 신권의 각축장이었던 조선왕조 구조상 조선 왕릉들은 신권들을 누르는 강력한 왕권 강화책이기도 했다. 세조 왕릉의 장사 때도 그랬지만 세조 왕릉 장사일 바로 다음날 논의되었던 세종 왕릉 천장 때도 여주 땅 이계전(李季甸) 선산이 거덜났다. 그뿐인가. 그 옆에 있었던 이인손(李仁孫)의 선산도 초토화되기는 마찬가지였다.

묻은 지 5년(이인손 묘), 10년(이계전 묘)이면 육탈의 우려가 있는 생무덤이나 마찬가지였다. 더구나 이계전은 세종 때 좌부승지, 문종 때는 도승지, 단종 때 정난 일등 공신 그리고 세조 때 좌익 공신으로 경기관찰사 시절 사망하였기에 경기도에서 가장 좋은 명당을 잡을 수 있었다. 그렇지만 결과적으로 너무 욕심낸 대명당은 오히려 파묘 이장당할 수밖에 없는 흉당과도 같았다. 이인손 역시 당당한 조선왕조의 신

겨울날의 세조 왕릉. 강건한 땅기운과 세조의 카리스마가 잘 어울린다.

하로 태종 조정에서 등과하여 세종 때 대사헌(검찰총장), 단종 때 호조판서, 세조 때에는 우의정에 오른 인물이었다. 그러나 조선 왕릉 앞에서는 공신 직책도 추풍낙엽에 불과하며, 오직 이장만이 후손을 살릴 수 있는 길이었다.

만일 불거진 기색이라도 보였다가 왕릉 발복의 풍수 잣대 눈금에 매김질될 경우 삼족까지 모두 멸문지화로 치닫게 된다. 조선 왕실은 툭하면 왕릉으로 신권을 눌렀다. 신하들을 군기 잡는 방법중에 왕릉 점령보다 더 막강한 특효약은 없었다.

이장을 전제로 한 왕릉택지에는 이런 의문이 들 것이다. 일반적으로 일단 파묘 당한 자리에다 다시 무덤을 쓰지 못하는데 어떻게 지엄한 왕릉을 파묘 자리에 쓸 수 있는가? 결론부터 말하자면 가능하다.

조선 왕릉과 민묘의 수치가 다르기 때문이다. 민묘의 경우는 광을 팔 때 상투 끝

이 보일락 말락 파 내려가라고 했다. 이는 약 5자 정도로 1미터 50센티미터에서 1미터 60센티미터 정도에 해당된다. 그런데 조선 왕릉은 배가 되는 열 자를 팠다. 열 십(十) 자 위아래에 각각 한 일(一) 자를 그으면 임금 왕(王) 자가 되어 임금의 왕기는 열 자를 판 그곳에서 받을 수 있다고 믿었던 것이다.

조선 왕릉의 경우 왕기는 지하 열 자 아래 있다 하여 민묘를 이장시킨 자리에 약 3미터 이상의 광을 팠기에 왕기는 고스란히 보존될 수 있다는 풍수 수치적 논리에서 민묘가 이장된 자리에 왕릉을 쓸 수 있었던 것이다. 즉 파묘(破墓)는 되었으나, 왕기는 파혈(破穴)되지 않았다는 풍수 시각의 수치였다.

왕릉의 열 자 깊이 수치는 천기누설에 해당되어 조선왕조 500년 간 철저한 비밀에 붙여져 있었다. 백성들도 무덤은 오직 상투 끝에 맞추어 파는 줄만 알았으며 혹 왕릉 조성 때 도감제조로 참여하여 왕릉의 깊이를 알고 있었다 해도 왕릉이 아닌 경우 열 자를 팔 수 없는 일이었다. 만약 열 자를 팠을 경우 그 자체가 왕위를 찬탈하려는 역모 행위에 해당되기 때문이다.

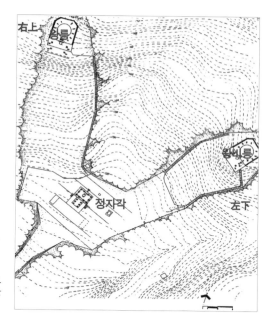

최초의 동역이강 양식(1483년)에 우상좌하 매김질을 보여주는 광릉배치도 / 옆

유두혈의 젖가슴에 안긴 세조왕릉을 산들이 감싸고 있는 듯한 능원 아래로 살짝 보
이는 정자각. 앞쪽 안대로 다가드는 **주작상무의 산**. 세종대왕릉 안대였던 북성산
과 흡사하다. / 옆면

이러한 금기에서 조선 왕릉이 베일에 싸이게 되자 허황된 풍수 이야기들이 난무
했고 세조 왕릉 또한 마찬가지였다. 광릉은 원래 신숙주가 잡아 놓은 신후지지였는
데, 세조 재위시 '신정승, 구정승' 이라는 재치로 자신의 신후지지로 삼았다는 허황
된 이야기가 그것이다.

광릉이 신숙주의 신후지지였다면 이곳에 정흠지 무덤과 선산(7기의 무덤)은 세
조 장사 때 존재할 수가 없다. 세종 때 당상관이었던 정흠지의 선산을 40년 후배에
해당되는 신숙주가 자신의 신후지지로 삼을 수 있다는 착상 역시 상식 밖의 일이다.
더욱이 당사자인 신숙주 역시 문제의 광릉 지역을 왕명으로 수차례 다녀온 사실과
『조선왕조실록』의 기록을 상세히 살펴보면 이곳 광릉이 세조 승하 후 새롭게 거론
되어 택지되었던 것이 확실하다.

태종 18년 명나라 사신 기보(祁保)는 최초의 조선 왕릉인 태조릉을 보고서 탄성
을 자아냈다.

101

"어찌 이와 같이 하늘이 내린 땅이 있겠는가. 반드시 인공적으로 만든 산일 것이다"라고 하였다.

기보는 조선 왕릉의 특징인 사초지 강(岡)을 보고서 그렇게 말한 것이다.

그러나 조선 왕릉의 사초지는 절대 인공적인 것이 아니다. 정확히 말하자면 9할은 자연적이고 단지 1할 가량이 보토(補土)로 조성하였다고 할 수 있다. 만약 인공적인 사초지일 때에는 풍수상 문제가 발생하게 된다. 매립지의 경우 생기가 통하지 않기 때문이다. 풍수서에 "부토자기지체(夫土者氣之體)요, 유토사유기(有土斯有氣)"라는 구절이 있다. 흙은 생기의 몸이기에 흙이 있는 곳에 생기가 있다는 말이다. 사초지인 강은 생기의 몸이며, 생기를 저장하고 있는 탱크라 할 수 있다. 이러한 역할을 하는 강을 인공적으로 조성할 수는 없다. 생기가 발하는 지점을 혈(穴)이라고 한다.

왕릉의 능침은 이러한 혈 바로 위에 걸려 있어야 한다. 그래서 생기를 얻는다는 풍수 목적의 표현을 득생기(得生氣)라 하지 않고 승생기(乘生氣)라 말하고 있다. 시신은 생기 위에 타〔乘〕야 하기 때문에 이는 생기 발생 지점인 혈 위에 자리하고 있어야 한다는 의미인 좌혈(坐穴)과도 통한다.

좌혈과 승생기는 풍수 목적이 통하는 대단히 중요한 풍수 용어가 된다. 좌혈은 혈에 앉는다는 표현이고, 승생기는 좌혈을 하는 목적이기도 하다. 결국 승생기를 하려면 좌혈을 하여야 하며 이러한 혈이 매립지에서는 성립되지 않기에 강은 생토여야 한다는 성립조건을 여기서 알 수가 있다.

세조는 다음과 같은 유명(遺命)을 남겼다.

"죽으면 속히 썩어야 하니 석실(石室)과 석곽(石槨)을 마련하지 말라."

뒤쪽 산줄기로 들어온 생기가 강에 저장되어 있다가 혈자리에서 발하는데 이때 좌혈한 세조의 유해는 생기를 타게 된다. 이러한 승생기와 좌혈 관계에 있어서 흙이 아닌 돌덩어리 석실과 석곽은 생기 전달을 더디게 한다. 그래서 세조는 이것들을 쓰지 말라는 유명을 남겼던 것이다.

세조 왕릉 사초지에서 볼 수 있었던 **청맥돌**. 생기를 전달하는 전력 동선과도 같다.

세조의 그와 같은 풍수 관계 터득은 그의 나이 28세 때인 진양대군 시절 수기색 제조 때 훤히 알고 있었다. 당시 왕릉 중에서도 좌혈에 놓을 관(棺)을 연구하는 일이 수기색제조의 주요 임무였기 때문이다. 기실 세조 왕릉 조성 당시인 9월 22일 어전 회의에서도 승생기 할 지맥과 좌혈에 놓일 세조 유해에 대한 석실 관계가 진지하게 논의되었다. 그리고 세조 유명에 따라 석실과 석곽 그리고 병풍석까지 금지시켰다.

음택 풍수의 경우 묻힌 시신의 살은 속히 썩어야 하며, 반면 뼈는 오랫동안 보존 되어야 한다. 우주를 음양으로써 설명하는 동양사상은 집과 사람 등 모든 개체들을 소우주로 정립시켜 놓고 있다.

집을 보는 양택 풍수나 무덤을 보는 음택 풍수 모두 음양 관계를 가지고 판단하 며 사람도 역시 마찬가지이다. 사람의 경우 인체 부위에 따라 음양이 정해진다. 왼

팔은 양이며, 오른팔은 음 그리고 혼(魂)은 양, 백(魄)은 음, 남자는 양, 여자는 음에 해당한다. 혼백이 붙어 있을 때 이는 살아 있는 사람이며, 혼과 백이 떨어지면 이를 죽은 사람으로 여긴다. 죽음이란 결국 혼백 분리를 말하는 것이며 죽음으로 분리된 혼은 천기의 고향인 하늘로 돌아가고 음인 백은 지기(地氣)인 땅으로 돌아가기에 죽음을 돌아가셨다고 표현하기까지 한다.

이러한 혼백 분리 현상에 있어 백에 해당되는 살은 속히 썩어야 한다. 만약 살이 썩지 않으면 하늘로 돌아갈 혼이 아직 멀쩡한 자신의 육체를 보고서 착각을 일으킨다는 것이다. 이럴 때 저승길도 가지 않고 이승에서 떠도는 잡귀가 되어 조상이 시끄럽고 후손이 시끄러운 집안이라는 것이다. 그러나 땅에 남은 뼈는 땅속의 생기를 계속해서 흡수하여 생기가 가득 차면 이것을 발(發)하게 되고 이러한 뼈대 발신 기운은 후손에게 전달되어 복(福)을 준다는 정서가 소위 무덤 발복(發福)의 정체이다.

발복을 위한 혼백 분리에 있어 좌혈과 승생기는 원활한 교통을 이루어야 한다. 그래서 세조는 돌덩어리인 석실과 석관을 쓰지 말라고 했던 것이며 이러한 유교에 따라 세조 때부터 조선 왕릉들은 병풍석마저 쓰지 않는 양식을 계승하게 되었다.

좌측 세조비는 그냥 봉긋하게 솟은 젖무덤 위에 매김질되어 있다. / 위

세조비 능침 뒤쪽에서도 잉 현상을 볼 수 있다. / 아래

세조 이전의 왕릉들은 병풍석을 쓰는 것이 원칙이었기에 이러한 병풍석 원칙에 어긋나게 조성되어 있는 왕릉들은 언제나 시끄러운 역사와 연관되어 있다. 병풍석을 쓰지 않은 왕릉은 태조의 계비 신덕왕후릉, 세종 왕릉, 문종비 현덕왕후와 단종과 단종비 등 이렇게 다섯 기이다.

신덕왕후의 정릉은 태종 이방원 때문에 시끄러웠고, 세종의 영릉은 수렴으로 시끄러웠고, 현덕왕후릉은 세조의 행패로 시끄러웠으며, 단종과 단종비 역시 기구한 사연과 원한으로 시끄러웠다. 반면 별 탈없는 왕릉들은 전부 병풍석을 썼다.

그러나 세조 이후 오히려 병풍석을 쓴 선조 왕릉과 인조 왕릉은 임진왜란과 병자호란이라는 전란을 겪었고, 사도세자는 뒤주에 갇혀 질식사했으며, 성종 왕릉의 경우에도 시끄러운 살(殺)이 끼어 갑자사화까지 당했다.(제9대 성종 왕릉편 참조)

중종과 명종 왕릉의 경우는 문정왕후가 엄청나게 시끄러웠기 때문이다. 조선 왕릉과 조선 역사와의 이러한 대비 관계는 왕릉의 석물 조성에까지 그 영향을 끼쳤다. 이후로 병풍석을 쓰지 말라고 했던 세조의 승생기 발복 유교에는 어떤 왕심이 숨어 있었던 것일까. 세조의 왕심을 읽기 위해서는 장남이었던 의경세자 덕종릉, 곧 경기도 고양시 용두동에 있는 서오릉 내 경릉(敬陵)을 당연히 짚어보아야 한다.

| 세조의 왕심과 경릉(敬陵) 풍수 |

세조가 집권한 지 3년 만인 1457년 9월 2일 왕세자가 20세의 나이로 갑자기 요절하여버린다. 그날 당장 좌의정 정창손을 중심으로 한 신숙주, 권남, 한명회 등 쟁쟁한 대신들로 도감들이 설치된다.

등극한 왕이 아닌 왕세자이기에 전(殿)자를 사용할 수 없어 빈전도감(殯殿都監) 대신 염빈도감(斂殯都監)이 그리고 능(陵) 자를 붙일 수가 없자, 조묘도감(造墓都監)이 산릉도감 역할을 맡아 국장도감(國葬都監)과 함께 설치된 다음날 9월 3일 종친과 문무백관들이 모여 왕세자 장례에 대한 논의와 함께 소렴(小斂)을 하고 9월 4일 대렴(大斂)을 하였으나, 재위를 마친 왕이 아니었기에 종묘사직에 고했다는 기록은 없었다.

9월 5일 세조는 왕세자 묘지를 택지하라는 어명과 함께 오늘날 서울 노원구 공릉동 지역으로 한성판윤(현재의 서울특별시장)과 세자의 스승에 지관들을 붙여 보내니, 9월 6일 과잉 충성을 마다하지 않던 한성판윤 이순지(李純之) 팀은 경기도 광

경릉은 조선 왕릉 중에서 가장 소박한 양식이지만 어쩐지 정서적으로는 가장 친근하다. / 위

"무덤 안의 일은 마땅히 한껏 후하게 하라"는 세조의 어찰에 따라 택지한 경릉이기에 뒷녘 **입수(入首)**는 어느 왕릉보다 출중하다. /
옆면 왼쪽

"무덤 밖의 모든 일들은 비록 과인의 장자라 할지라도 반드시 소박하게 하여야 한다"는 세조의 어찰 또한 있었기에 경릉은 소박한
왕릉을 보여주고 있다. / 옆면 오른쪽

주와 과천까지 행보를 넓히면서 상지(相地)를 열심히 다녔다.

9월 7일 국장도감에 내린 세조의 어찰을 보아도 그때의 열성이 어느 정도였는지 짐작이 가고도 남는다.

"이번 장례는 임금의 장례가 아닌데 모든 일이 정도에 지나친 것 같다. 그 무덤 안의 일은 마땅히 한껏 후하게 할 것이지만 무덤 밖의 모든 일은 비록 과인의 장자라 할지라도 반드시 소박하게 해야 한다……."

어찰 내용들을 눈여겨보면 무덤 안과 밖의 왕심이 대조적으로 다르다는 걸 눈치 채게 된다. 무덤 밖을 소박하게 하라는 어찰에 따라 의경세자의 덕종릉(후일 추승 됨)은 병풍석과 난간석 그리고 망주석에 무인석마저 생략된 채 오직 문인석만 서 있 는 소박한 정경을 보여준다.

이것과는 대조적으로 마땅히 한껏 후하게 하라는 무덤 안의 세조 왕심은 무엇을 말하고 있는 것일까. 그것은 세조가 언제나 집착했던 풍수였고 구체적으로는 승생기 (乘生氣)와 좌혈(坐穴)이 된다. 무덤 밖의 일인 석물들은 소박하게 할지라도 무덤 안 의 승생기를 위한 좌혈 상지는 한껏, 곧 최고 명혈을 택하라는 추상 같은 엄명이었다.

조선초기의 군왕 중에서 태조와 세조의 풍수 신봉은 지나칠 정도로 심했다. 지

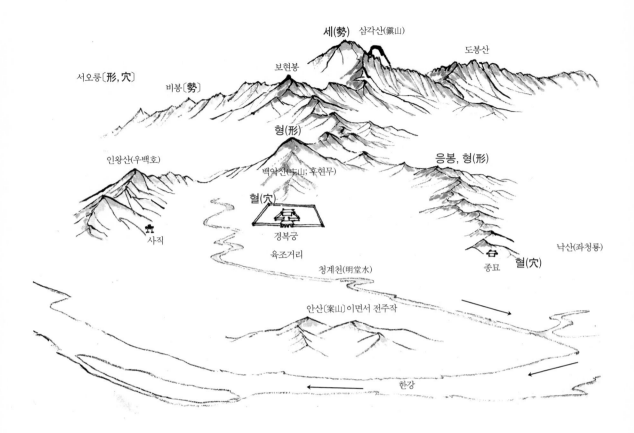

세(勢) 삼각산(鐥山)

도봉산

서오릉[形,穴]

비봉[勢]

보현봉

형(形)

인왕산(우백호)

백악산(北山; 후현무)

응봉, 형(形)

혈(穴)

경복궁

낙산(좌청룡)

사직

육조거리

청계천(明堂水)

종묘

혈(穴)

안산[案山]이면서 전주작

한강

한양 풍수 설명. 태조는 양기(陽基) 풍수로 한양을 잡았고 세조는 음택(陰宅) 풍수로 오늘날 서오릉을 잡았다.

나친 행동들은 오히려 콤플렉스에서 그 원인을 찾아볼 수가 있다. 태조는 고려 왕실에 쿠데타를 일으켜 개국한 왕이며, 세조는 왕통을 찬탈하여 등극한 왕으로 이러한 쿠데타와 찬탈에는 정통성 결핍이라는 콤플렉스가 꼬리표처럼 따라붙는다. 두 사람 모두 정통성 결핍에서 같은 행동을 유발시켰는데, 태조가 건목득자(建木得子)에 홀려서 한양으로 천도했던 것은 양기풍수(陽基風水)에 속한다. 그러한 태조보다 더 절박했던 것이 세조였다.

고려왕조는 불교와 풍수를 신봉했던 불교 풍수 국가였던 반면, 조선왕조는 숭유배불만 개조한 유교 풍수 국가였다. 조선 개국 초기 강력한 중앙집권 체제는 왕통으로 모든 권력을 집중시켰고 이같은 왕권 유지에는 두 개의 강력한 제도가 있었다. 그 중 하나가 향교, 성균관 그리고 과거제도로 이어지는 유교국가 체계였으며 다른 하나는 바로 조선 왕릉이라는 강력한 실력 행사로서 이는 조선왕조가 풍수국가였음을 여실히 보여주는 광경이기도 하다. 태조는 정통성 결핍을 유교와 풍수에서 모두 채울 수 있었지만, 세조의 경우 유교에서는 채울 수 없었다.

단종 찬탈이라는 낙인에 유교가 등을 돌리자, 세조는 정통성의 결핍을 오직 풍수에서 찾으려 들었다. 이같은 제일인자의 고독은 더욱 풍수 신봉자로 몰고 갔고 세조에게 있어 유일하게 비빌 언덕이었다.

27세 때 수릉 택지에 참여하여 풍수 실무를 접했고 28세 때는 수기색제조로서 왕릉 내부 구조 전문가로 30세, 34세 때는 두 번의 국장을 경험했고, 36세에 문종 왕릉 택지 조성에 있어서는 실질적인 풍수 결정권자였다. 이곳 덕종릉을 택지했던 당시 세조의 나이는 41세로 왕릉 풍수 연구 15년의 실력을 유감없이 드러내고 있다.

9월 8일 한성부윤 팀이 강남의 풍수도를 가져왔고 9월 10일에는 대신 9명에 국풍 4명으로 구성된 막강한 정인지 풍수 팀이 강력한 명당 후보지를 천거하자, 세조는 자신이 직접 가서 보겠다며 앞장 섰다.

9월 12일 국풍 4명이 상지했던 현장에서 풍수를 직접 살핀 세조는 쥐고 있던 부채를 내저으며 불가 이유를 이렇게 결론지었다.

"산줄기가 엉성하니 생기가 모여들지 않기에 명혈이 아니다."

자신 있게 천거했던 대신들과 국풍들이 그만 풀이 죽자, 그런 그들에게 술을 내려 위로하며 다시 내린 세조의 어명 또한 걸작이었다.

"정인지, 신숙주, 한명회 등은 국풍 안효례, 원구, 조수종 등을 거느리고 태종 왕릉으로 가서 풍수 공부를 더욱 하라" 하며 세조 자신은 우의정 강맹경 등 대신들과 국풍 노목을 데리고 태조 왕릉으로 가서 풍수를 살피며 환궁하였던 것이다.

9월 13일에도 세조는 과천으로 거동하여 국풍들이 천거한 택지를 좌청룡, 우백호는 자못 쓸 만하다며 모두들 다시 광주 땅으로 가서 상지해 보라는 어명까지 내린다. 한 팀은 고양 땅으로 몰려갔고 다른 한 팀은 양주 땅으로 갔던 9월 14일 광주와 원평 두 곳의 택지가 올라오자 9월 15일 당장 세조의 거동이 시작되었으나, 그곳에서도 양은 차지 않았다.

환궁한 세조가 경회루 동쪽 방에서 대신들과 국풍들을 모아 놓고 풍수 논의를 하였던 16일 세조의 풍수 질문에는 이런 것이 있었다.

"과인은 이른바 주산(主山)이라는 것을 잘 모르는데, 왕릉 뒤쪽에 산줄기가 떨어진 부분이 주산이 되는가, 아니면 더 뒤쪽 십리 가량 떨어진 높은 봉우리가 주산이 되는가?"

그러자 국풍들은 두 패로 나누어져 임원준·노목은 전자를, 이순지·안효례는 후자를 주산으로 단정지었다. 세조의 이러한 질의에 대한 정답은 오늘날까지 단정 내리지 못하고 있다. 혹자는 가까운 전자를 주산이라 하기도 하고 현무정(玄武頂)이라 하기도 하며 혹자는 후자의 산봉우리를 주산이라고 한다.

필자 역시 사견에서는 후자를 주산으로 생각하고 있기도 하지만 이를 백악산과 북한산으로 대비할 적에는 전자설을 따를 수밖에 없을 정도로 그만큼 세조의 풍수 안목은 깊은 것임을 알 수 있다.

9월 17일 택지 천거가 봇물처럼 쏟아지자, '상중하(上中下)로 구별하여 올려라'는 어명과 함께 능률적인 풍수 현장 답사를 위한 통행 계획까지 짠다. 19일 양근, 미원, 교하, 원평, 용인 땅을 상지시켰고 21일 동소문 밖을 거동하여 살폈고 22일 금천, 인천, 광주, 김하, 고양 땅을 상지케 했다.

달을 넘긴 10월에도 택지 작업은 계속되어 10월 4일 양주, 분양을 상지케 했고 6일에는 세조의 직접 확인 거동까지 있었다. 11일부터 13일까지 풍양, 교하, 교양 땅을 세 팀으로 나누어 돌아다니던 중 드디어 우의정 강맹경(姜孟卿) 팀이 한양 땅 서쪽에서 개가를 올렸다. 명혈을 발견한 강맹경이 당시 얼마나 감격했던지 13일 밤 자정임에도 불구하고 세조에게 전하자 자다가 벌떡 일어난 세조 역시 14일 날이 새자

잠자던 세조를 벌떡 일어나게 한 풍수혈. 이후 왕릉의 족보를 바꾸고 적통의 역사에서 물 건너간 왕통 계승을 19대로 이어 놓았던 역사 풍수의 뼈대있는 현장인 경릉. 200m 동편에는 경릉과 형혈이 흡사한 **순창원의 혈**마저 보여 주는 것이 또한 서오릉 풍수였다.

마자 그곳으로 거동을 했다. 이곳이 오늘날의 서오릉이다.

　그곳에는 도총제 정이(鄭易)의 무덤이 있었으나, 그것이 무슨 소용이 있겠는가. 일례로 세조는 제9대 성종에게 할아버지가 된다. 또한 세조의 넷째동생이 광평대군 이다. 그러므로 광평대군은 성종에게는 작은할아버지인 셈이다. 그런데 성종 왕릉 을 쓰기 위하여 그곳에 있던 광평대군의 유택을 이장시켰다. 왕릉 앞에서는 작은할 아버지의 선영도 일개 무덤에 불과했던 것이 조선왕조였다.

　세조 역시 개인적으로 보면 기구한 팔자에 풍수 살이 단단히 끼어 있었다. 아버지 였던 세종 왕릉을 잡으러 다녔고, 형 문종의 능을 그리고 이제는 자식 무덤마저 잡아야 하는 기막힌 팔자였다. 후일 며느리 무덤까지 관여했던 것이 세조의 풍수 팔자다.

　　그날 현장에서 세조는 정이의 무덤 관산을 시작으로 국풍인 지관들에게 뜬쇠를 놓아 좌향(坐向)을 잡게 한 후 대신들에게 혈로 이어지는 산봉우리로 올라가게 했다. 주산 봉우리에 오른 대신들이 서남쪽으로 뻗어내리는 산줄기에 맞추어 동북으로 좌혈를 잡아야 한다는 의견을 이구동성으로 내자 세조는 맞다는 좌향 판정까지 했다. 인하여 의경세자의 덕종릉은 동북좌혈에서 서남쪽을 바라보는 간좌곤향(艮坐坤向)으로 매김질이 정해지게 된다.

　　다시 세조가 앞쪽에 있는 산에 올라 산세를 관찰하자 지관 방문중(房文仲)이 세조의 기분을 거들어 주었다. 3년행 1보법(三年行一步法)이 어쩌구, 순산순수지세(順山順水之勢)가 저쩌구 하면서 산세와 수세가 가히 평온하고 뒤쪽 내맥의 줄기 한 발짝이 3년 발복을 하므로 발복이 연달아 일어나는 등 하면서 입에 침이 마르도록 아부를 하자 이를 듣고 있던 세조 역시 기분이 몹시 좋았던지 일개 미관 말직 방문중을 당시 왕세자 장례 총책임자였던 수묘관(守墓官) 하원군 정수충(鄭守忠)에 못지않다고 격찬을 했고 시위했던 군사들에게까지 술을 내렸을 정도였다.

　　10일 후인 10월 24일 세조가 왕세자 무덤에 세울 석물과 그에 관한 조성물의 전지(傳旨)를 상세히 내린 이날, 유배지 영월에서는 교살당한 단종의 시신이 동강 어느 구역에 내팽개쳐져 하늘만이 이를 내려보고 있었다.

　　단종 승하 한 달 뒤인 11월 24일 세조의 장남 의경세자는 이곳에 장사를 지냈다. 결국 의경세자의 요절이 단종의 죽음을 몰고 갔다고 볼 수도 있지만, 세조의 무덤 풍수 신봉은 실로 광기에 가까웠다.

　　풍수 신봉자 세조와 관련하여 당시까지 조선 왕릉들을 정리해 보면 하나의 공통점을 발견할 수 있다. 당시 대모산에 있었던 세종 왕릉은 수렴이 든 흉당이며, 문종 왕릉은 세조가 좌향을 엇바꾸어 놓은 흉당 발복에 매달려 있었고, 더불어 문종비 능마저 파묘를 당했다. 단종 또한 동강의 모래밭에 나뒹굴고 있었다.

　　천명(天命)은 땅으로 내려지게 되고 그것은 무덤을 통해서 인간에게 전달된다는

경릉은 1504년에 동역이강의 형식을 갖추게 되나 **덕종릉**은 좌하로 매김질된 특이한 왕릉이기도 하다.

조선조 풍수 정서에 있어서 왕릉은 곧 천명을 담은 그릇이기도 했다. 그래서 왕통 이외의 어떤 자에게나 이것은 천기누설 죄에 해당되는 것이었다.

"좋은 시절입니다. 이렇게 앉아서 천기누설 강의를 들어도 역모죄로 잡아가는 사람 하나 없지요."

"네, 좋은 시절입니다. 당시만 같았어도 우리 모두 의금부에 끌려가서 국문을 당했을 겁니다. 다음 사진은 경릉의 전경입니다. 자세히 보시길 바랍니다."

경릉 시청각 영상들이 하나씩 나타나자 강의실은 다시 조용해졌고 몇 분 뒤에 가벼운 혼돈마저 일어났다.

"경릉은 보시다시피 동역이강입니다. 음택 원리에 따라 우상좌하의 왕릉 매김질을 철저히 했던 조선왕조였는데, 덕종릉 우측에 또 다른 능이 하나 있습니다. 이럴 때 우상이 되어 덕종보다 더 높은 사람이 되는데, 과연 그는 누구일까요?"

덕종비라는 답이 뻔한 질문에 대개의 한국인은 감히 답하지 않는다. 아마도 남

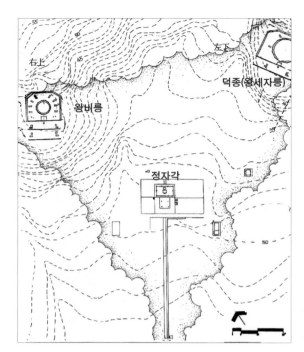

남존여비의 유교사상보다 군신 관계를 더 중요시했던 우상좌하(右上左下) 매김질의 경릉배치도에서 조선 왕조 통치술인 왕릉의 예제관계를 알 수가 있다.

존여비라는 유교 정서 때문이 아닐까 싶다. 조선 왕릉 중에서 지어미가 지아비보다 더 높은 우상(右上) 자리에 매김질되어 있는 유일한 풍수 현장이 이곳 경릉이기도 하다. 석물도 지아비보다 더욱 풍부하게 지어미 쪽이 잘 차려져 있다. 지아비인 덕종은 1457년 20세로 요절하였고 당시의 신분은 왕세자였다. 그런데 지어미인 덕종비는 48년이나 더 살다가 1504년 춘추 69세로 승하하였던 것이다. 지아비보다 한 살이 더 많았던 지어미는 한창 나이 21세에 과부가 되었으나, 아들 하나는 정말 잘 낳았다.

　지아비가 죽기 한달 전에 탄생한 차남 자을산군(者乙山君)이 정말 잘난 아들이었다. 21세의 과부는 그뒤 일들이 정말 잘 풀려 갔다. 32세 때 제7대 세조가 승하하였고 제8대 예종이 보위를 이었는데, 예종의 나이가 겨우 19세로 왕위를 어림잡아도 32세 과부가 먼저 가기 전까지는 끝날 것 같지가 않았다. 그런데 재위 1년 2개월 만에 예종이 요절하여 버린 것이다.

당시 왕위 계승자를 교지할 결정권자는 세조비였던 정희왕후 윤씨였다. 왕통 계승 후보자는 3명이 있었고 그 중 1순위는 제안대군으로 예종의 직계 장남, 2순위는 과부의 장남인 16세의 월산군, 3순위에 13세인 자을산군 순위로 매겨져 있었다. 그런데 세조비는 막무가내 제3순위 자을산군의 등극을 전격적으로 결정해버린다.

조선 역사상 왕이 승하한 다음날 바로 즉위시킨 유래는 없었기에 이는 명백한 절차상의 하자라며 조정 대신들은 논란을 일으켰다. 세조비는 세조의 유명(遺命)이 있었다고 우겼지만 이를 나도 들었소 할 대신도 없고, 못 들었소 할 내시도 없어 대신들에게는 복장 터질 일이었지만 34세 과부는 신바람이 났다.

15년 간 달고 다녔던 왕세자비라는 딱지가 떨어졌고 13년 간 사가살이 설움도 끝나면서 존엄한 궁궐로 모셔져 당장에 인수대비〔소혜왕후(昭惠王后)〕로, 5년 후에는 왕대비로 올랐던 것이다.

후대 역사가들은 이러한 성종 즉위 결정에 한명회, 신숙주라는 인물이 정치적으로 결탁한 것으로 보고 있으나, 왕릉 풍수에 집착했던 당시 조선 왕실의 정서로 셈하면 이와는 다른 시야가 잡힌다. 당시 세조비 윤씨 입장에서 보자면 왕실의 번영은 왕손의 다산에 있었으나 덕종, 예종 등이 하나같이 모두 20세에 요절을 당했으니 기이한 생각마저 들었을 것이다. 그러던 중 비록 13세에 불과하지만 자을산군의 튼실함을 알았던 것이다. 게다가 장남 무발복이라는 소문(지관 최양선이 떠들다 수양대군에게 얻어맞았던 일도 있었다)에 걸리더라도 자을산군은 차남이기에 풍수 입맛에도 맞았다.

이러한 성종의 등극 이유를 후일 역사 역시 뒷받침하고 있는데, 먼저 제5대 문종은 1남을 두었고 제6대 단종은 후사가 없었다. 제7대 세조에게는 4남이 있었는데, 왕위에 접근하면 모두 요절해 버렸다. 제8대 예조 역시 1명으로 후사를 마쳤다.

그런데 자을산군이 제9대 성종으로 등극하자 완전히 판세를 바꾸어 놓는다. 재위 25년 1개월 동안 12명의 여자들에게 비(妃, 중전), 빈(嬪, 정1품), 귀인(貴人, 종1

조선 왕릉에서 유일하게 우상(右上) 자리를 차지하고 있는 소혜왕후릉. 지아비에게는 생략된 무인석, 망주석 등이 보인다.

품), 숙의(淑儀, 종2품), 숙용(淑容, 종3품)이라는 각종 명칭을 내리면서 정력을 쏟아 붓더니 자녀가 무려 16남 12녀에 도합 28명을 생산하였던 것이다.

제9대 보위에 오른 자을산군의 어미는 후일 당당한 대왕대비까지 이르렀다. 그러나 투기하는 며느리 중전 윤씨를 폐비시킨 사건으로 손자 연산군의 헤딩(박치기)에 졸도 승하하였다. 대비 신분이었던지라, 왕세자에 불과했던 지아비보다 더 높은 우상 자리에 능이 매김질된 것이다.

"왕릉 장법에는 매김질의 원칙이 분명히 정해져 있지요. 이때 남존여비보다 군신 관계가 우선이 됩니다. 종묘사직을 위한 조선 왕릉이기에 군신 관계를 더욱 중요시했던 것입니다. 따라서 왕세자인 지아비보다 왕대비인 지어미를 높이 쳤던 조선 왕릉 장법을 우리는 경릉의 매김질에서 알 수가 있습니다."

갑자기 때아닌 박수 소리가 요란스럽게 터졌다. 여자 수강생들이 일제히 박수를 친 것이다.

제8대 예종의 창릉(昌陵)과 조선 왕릉의 분가, 서오릉(西五陵)

　　조선 왕조 왕들을 두 명씩 짝지어 본 적이 있다. 반정으로 폐위된 연산군과 광해군, 전쟁 등살에 피난 다녔던 선조와 인조, 20세 성년으로 자녀를 전혀 생산하지 못한 인종과 경종, 또 세종과 정조는 문치를 가장 꽃피운 임금들이라 할 수 있다.

　　권력을 가장 막강하게 휘두른 임금은 태종과 세조임을 아무도 부인하지 못한다. 덕망 있는 왕과는 어쩐지 어울리지 않는 태종을 태종 이방원이라 부르고 세조를 수양대군이라 할 때 비로소 제 맛이 나는 그들은 제4대, 제7대라는 조선 초기의 왕에 해당된다.

　　이후 그들만큼 강력한 군주는 찾아볼 수가 없었던 조선 초기의 역사는 왕권이 신권을 제압했고 정국을 압도하며 역사를 만들어 갔다. 제1대 태조에게는 개국이라는 천명(天命)의 카리스마가 있었고, 제2대 정종은 나약하였으나, 제3대 태종 이방원이 내뿜는 여세가 제4대 세종대까지 왕권의 역사를 창출하고 있었다. 그러나 제5대 문종 때부터 왕실이 나약해지더니 제6대 단종 때는 강력한 신하들이 머리를 들기 시

서오릉 가장 깊숙한 곳에 매김질된 예종 왕릉으로 인하여 오늘날 서오릉은 조선 왕릉의 분가로 매김질되어 갔다.

작했다. 이러한 신권들을 누른 것이 제7대 세조였고 이후 역사를 주도하면서 왕권의 정점에서 군림하고 있었다.

　태종과 세조의 카리스마에는 독특한 특징들마저 있다. 태종의 경우 무인 기질로서 1인 권력주의며 이는 항우, 맥아더, 스탈린의 카리스마를 연상케 하고 세조는 문인 기질에 측근 합의제 그리고 유방, 아이젠하워, 흐루시초프의 카리스마를 연상하게 한다. 또한 무인 기질인 태종이었기에 세종의 대리 청정 기간에도 병권만은 내놓지 않았던 반면 보다 문인 기질에 가까웠던 세조는 한명회, 신숙주라는 두뇌집단을 남겼다.

　세조 이후 제8대 예종 재위시 왕권은 또다시 위기를 맞게 되었으나, 왕권의 위기는 승하 후에도 여전히 남아 있던 세조의 카리스마를 배경으로 극복될 수가 있었다.

　당시 예종은 허약했고 단명하였으나, 세조비였던 정희왕후가 한명회와 신숙주를 밑천으로 삼아 정국을 주도했던 것이다. 그것은 조선 왕조 최초의 수렴청정(垂簾

聽政)의 시작이기도 했다. 청정(聽政)은 신하들이 아뢰는 말을 군주가 듣는다는 뜻이다. 그런데 보위에 오른 군주가 아직 어린 까닭에 사리 판단이 미숙했을 경우 국사와 통치에 문제가 생긴다. 대리청정(代理聽政)은 군주 세습제의 구조상 조선 왕조의 경우 주로 어린 군주의 모후인 왕대비가 맡았다(그러나 보위에 오른 왕이 경륜할 능력이 있으면 숙종처럼 14세에도 친정을 했다).

이러한 대리청정은 유교적 관습에서 볼 때 문제가 있었다. 『예기(禮記)』에 나와 있는 남녀칠세부동석(男女七世不同席)이라는 도덕의 문제로 왕대비 역시 선왕이었던 지아비와 어린 재위 왕인 자기 자식 이외 외간 남자와는 대면할 수 없기에 대리청정하는 자리 앞에 발을 내렸던 수렴(垂簾)에서 이를 수렴청정이라 하는 것이다.

세조의 둘째아들인 제8대 예종은 1468년 9월 7일 보위에 올랐고 그때 나이 19세로, 이제 일년만 있으면 왕대비의 수렴청정은 끝나고 친정이 시작될 수도 있었으나, 운명과 역사는 그렇게 흘러가지 않았다.

몸이 허약했던 예종은 재위 1년 2개월 만에 단명했고 제9대 성종 역시 13세의 어린 나이로 보위에 오르자 정희왕후의 수렴청정은 7년이나 더 연장되었던 것이다. 왕대비의 수렴청정이 어명으로 발동된다고 하더라도 일개 아녀자가 국사를 8년 동안 주도할 수 있었던 실체에는 세조의 카리스마가 있었기에 가능했다.

정희왕후는 세조가 일으킨 계유정란 이전부터 세조 치세 때까지 곁에서 중대사를 결정한 경험이 있었다. 당시 수양대군 충복이었던 한명회, 신숙주, 구치관 등을 이미 꿰뚫고 있었으며 승하 후에도 세조의 카리스마는 여전히 남아서 힘을 더해 주었다. 세조는 신숙주, 구치관, 한명회를 나의 위징, 나의 만리장성, 나의 장량이라고 격찬하면서 순서대로 영의정 자리까지 올려 주었으나, 이시애 난 때는 반역 음모죄를 들어 한명회와 신숙주의 군기를 섬뜩하게 잡기도 했다.

승하하면서 세조는 이들에게 왕실을 보좌하는 원상제(院相制)를 유명으로 남겼다. 세조의 유교 때문인지 예종 때 수렴청정에는 영의정 자리에 한명회가 버텼고 성종 초기에는 신숙주가, 게다가 영상까지 지낸 한명회는 병권을 쥐기 위해서 병조판서도 마다하지 않았고 구치관 역시 이조판서 자리도 사양치 않았다.

단명한 예종은 이렇다 할 업적을 남기지 못했다. 오히려 병약한 정신에서 기껏 저지른 것이 남이의 역모사건으로 30명을 죽였고, 그 가족들을 노비로 전락시키는 옥사까지 일으킨 제7대 세조에서 제9대 성종 재위로 넘어가는 과도기 정권에 불과했다. 후사로 왕위 계승 제1순위인 제안대군 하나를 남겨 놓았으나, 수렴청정의 목소리에 밀려났기에 왕통도 이어놓지 못했다.

예종이 승하하자 왕릉 택지는 12년 전 장사를 치렀던 덕종릉(친형) 오른쪽 산 하나 너머에 자리잡게 된다. 창릉(昌陵)은 오늘날 서오릉 입구에서도 가장 깊숙한 곳에 자리한 비공개 왕릉이기도 하다.

조선 왕릉(재위왕) 중에는 비공개 능이 몇 기 있다. 현재 동구릉 내에는 선조 왕릉과 현종 왕릉이, 서오릉에는 예종 왕릉과 숙종 왕릉이, 서삼릉의 인종 왕릉 그리고 공릉동에 있는 명종 왕릉과 파주에 있는 인조 왕릉 등 이렇게 7기다.

일반에게 공개되지 않는 왕릉들은 단지 예산 부족에 따른 관리의 어려움 때문에 공개되지 않고 있다. 그러나 비공개 왕릉일지라도 문화재 관리 보수는 하고 있다. 가령 현종 왕릉의 정자각 완전 개축을 답사 때 보았고 인종 왕릉의 참도 공사와 인조 왕릉 개보수 공사도 현장 답사 때 직접 목격하였다.

조선 왕릉들은 1970년 5월 26일 태조의 건원릉을 사적 193호로 하여 일제히 사적지로 지정을 받게 되었으나, 그 이후에도 서울 시내 중·고등학교 봄가을 소풍의 단골 메뉴는 여전히 동구릉과 서오릉이었다. 뼈대 있는 유교 정신 교육을 시키려고 조선 왕릉 능역을 소풍 지역으로 삼았던 것은 아니었다. 그것은 동구릉 57만 9,557평과 서오릉 55만 3,616평이라는 풍부한 야산 지역에 한 학교당 수백 명에 이르는 학생들을 수용하기 편리했기 때문이었다.

경복궁을 중심으로 동쪽에 있는 학교들은 동구릉으로 몰려갔고 서쪽에 있는 학교들은 서오릉으로 소풍을 갔던 탓에 필자 역시 서쪽에 학교가 있던 인연으로 서오릉을 뻔질나게 다녔다. 당시 포장도 안 된 길을 흙먼지를 뒤집어쓰며 걷다 보면 소나

비공개 왕릉인 창릉의 참도 또한 **신도**와 어도의 구분이 여실히 드러난다. / 위

창릉은 광릉 양식 16년 후에 조성된 두 번째 동역이강 왕릉이다. / 아래

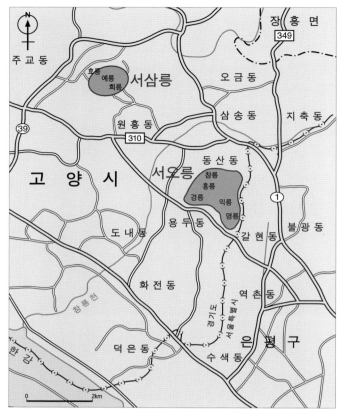

무와 잡목들 사이로 왁자지껄 떠드는 인파 소리만 가득했던 기억들이 아직도 선명하다.

기억을 더듬어 보면 서오릉에서 정자각과 곡장을 본 적은 없었던 것 같다. 설령 그것들이 당시에 있었다고 해도 별 관심조차 없었기에 그랬는지는 몰라도 아무튼 지금의 기억에는 없다. 왕릉 앞 석상 위에다 미군 모포를 깔고서 화투를 치던 사람들도 있었고 홍살문 정도의 거리에서 능원 위에 있는 왕릉의 봉분을 돌고 오는 경주를 했던 기억은 있다.

해가 중천에 이르면 수천 명이 일제히 제법 잘 싸온 도시락을 먹었는데, 그게 문

124

제였다. 네댓 명씩 모여 잘 차린 밥상에는 출처 불명의 물통에서 알코올이 대령했고 그 나이에 객기 부리면서 마신 취기가 오후에는 집단 살풀이를 일으켰다. 여학교 1개와 남학교 2개의 소풍이 겹치기라도 하는 날은 젊은 혈기 때문에 남학교 학생들간의 집단 패싸움. 그것은 불 보듯 뻔한 당일 발복으로 번졌던 기억이 오늘날 50대 전후에 해당되는 당시 서울 학생들에게는 추억으로 남아 있을 것이다.

이러한 서오릉 내 창릉 정자각 우측 강에 1470년 2월 3일 새벽 5시에 하현궁(下玄宮, 하관)한 예종릉이 있고(당시 부역군 7,000명) 좌측 강에는 예종의 계비(繼妃) 안순왕후(安順王后)가 1499년 2월 14일 안장되어 우상좌하(右上左下)라는 예제에 따른 동역이강 양식을 갖추게 된다.

「인조실록」을 들춰보면 1625년 봄에 창릉에 때아닌 불이 나서 인조는 3일 동안 백관들과 함께 소복(素服)을 입었다는 기록이 있다. 그런데 이듬해인 1626년 봄에 또 창릉에 화재가 발생하여 인조는 또다시 3일 동안 소복을 입었다. 연달아 일어난 왕릉의 화재에 불길했는데, 다음해인 1627년 봄에 정묘호란이 터졌고 게다가 1626년에 일어난 화재와 1627년 인조가 강화도로 피난간 날은 날짜마저 똑같은 1월 26일이다.

창릉의 불길한 화재 사건과 정묘호란. 정말로 묘한 일치가 아니겠는가. 정묘호란 때 놀란 인조와 임진왜란 때 기겁한 선조의 왕릉은 아직까지도 놀랐는지 둘 다 비공개인 채 꼭꼭 숨어 있다.

병살(兵殺)에 역마살까지 끼었던 것일까? 승하 후에도 두 왕릉 천장 행로와 재위 당시 피난갔던 방향마저도 똑같다. 1630년 북쪽으로 천장했던 선조 왕릉, 1731년 남쪽으로 천장했던 인조 왕릉, 임진왜란 때 왜놈들은 남쪽에서 쳐들어 왔고 정묘호란 때 돼놈들은 북쪽에서 밀고 왔기에 제대로 매달린 피난살 천장쯤 된다.

태조, 태종, 세종, 세조, 정조는 뼈대 있는 왕들로 역사를 주도했다. 동구릉의 아홉 능 중에서도 가장 당당한 상석에서 호령하듯 굽어보는 태조 왕릉, 강기의 자리에 올라타서 풍성한 석물들을 매김질해 놓은 위풍당당한 태종 왕릉, 조선 역사 460년간 75만 평 능역을 차지하면서 풀 한 포기도 못 건드리게 했던 세조 왕릉, 엄숙하지

서오릉은 터가 넓다 보니 광주군 오포면 문형리에 있던 장희빈 묘까지 1970년 이곳으로 이장시켰다. 왕릉이 아닌 묘이기에 **망주석**이 곡장 밖으로 나와 있다.

만 온화함을 잃지 않고 그리고 한없이 지혜로움마저 풍기는 정조 왕릉.

아무리 보아도 대왕은 역시 세종대왕이다. 영릉만 보아도 그렇다. 가장 많은 참배객과 관람객들이 몰려 여기서 나온 입장료 수입으로 오늘날 가장 많은 왕릉관리소 직원들을 챙기고 있는 영릉은 역사가 바뀌어도 빛마저 바래지도 않는 상감청자다.(이들은 또한 각각 한 살림을 차린 왕릉들이기도 하다)

예종은 재위 14개월 만에 20세로 단명하여 이렇다 할 치적은 없었지만 승하 후 업적을 하나 남기게 된다. 그것은 공교롭게도 자신의 왕릉으로 인한 것이다. 그가 안장된 남쪽으로 600미터에는 이미 13년 전 조성된 의묘(懿墓), 후일 경릉으로 추숭되었던 예종의 친형 의경세자의 능이 있었다.

세조가 친히 거동하여 잡았던 의묘는 하나의 무덤에 불과했지만, 동생인 예종 왕릉을 북쪽에 쓰기로 결정되자 살아 있던 세조의 충신들은 예종 장사 3개월 전인 1469년 12월 21일 이곳을 엄숙한 왕릉지로 정하여 어림잡아도 오늘날 서오릉 구역의 배가 되는 백만 평이 넘는 왕릉 구역을 낳게 한 것이다.

제8대 예종 왕릉의 사초지는 길게 뻗은 **수유혈(垂乳穴)**의 강으로 이는 제9대 성종 왕릉에서도 여실히 드러난다.

　　서오릉 풍수 역시 동구릉 풍수와도 같은 형세론으로 족보를 잡고 있다. 북한산 비봉의 바위들을 세(勢)로 삼아 이를 소조산(小祖山)으로 그리고 형(形)은 서오릉의 배산(235.7미터 고지)을 주산(主山)으로 정하여 풍수 맥점들이 정해지게 된다. 이러한 풍수 맥점들이 풍수 혈자리며, 여기에 매김질된 것들이 오늘날 서오릉의 다섯 왕릉이기도 하다. 동구릉과 서오릉의 풍수 형세론은 같으나, 바람을 감추는 장풍(藏風) 국면은 차이를 두고 있다.

　　장마가 유난히 극성을 부리던 1997년 여름 답사 때 동구릉 장풍의 기승은 가히 살인적이었다. 산줄기들로 겹겹이 둘러싸여 장마철 습기는 빠져나가지 못해 그대로 차곡차곡 쌓였고 온도마저 높아 우리는 이를 왕릉 사우나탕이라고 불렀고 그야말로 비몽사몽간에 동구릉 답사를 당일에 모두 강행하였으니 그날 밤은 탈진 상태였다.

　　다음날 무더위 속에서 강행하여야 했던 서오릉 풍수 답사는 어제 동구릉에서 겪

문인석과 무인석은 **장대석**으로 상하 차별을 두고 있는데 이는 조선 왕조가 문치주의를 내세웠기 때문이다. 건너편에는 예종비 능원도 보이고 주위녘 산세들을 보아도 이곳 서오릉은 동구릉과 다르게 터진 장풍국면임을 알 수가 있다.

었던 고행이 뇌리에 박혀 있었으나, 이게 웬일인가. 같은 장풍 국면이지만 서오릉 구역은 제법 시원하기까지 했다. 그것은 같은 장풍 국면이더라도 동구릉은 한곳으로 꽉 조여주는 닫힌 장풍 국면이고 서오릉은 품어주는 장풍 국면으로 적당한 통풍을 허용하고 있기 때문이었다.

또한 동구릉이 중앙집권적이라면 서오릉은 지방자치적이다. 제5대 문종 왕릉, 제14대 선조 왕릉, 제18대 현종 왕릉, 제21대 영조 왕릉 그리고 제24대 헌종 왕릉을 태조 왕릉이 한 방에 집합시켜 놓은 것이 동구릉인 것에 반해 서오릉은 경릉을 사이에 두고 제8대 예종 왕릉은 북쪽에, 제19대 숙종 왕릉은 남쪽에 있는 등 게다가 옆구리 빠진 홍릉(弘陵)까지 쳐다보면 이건 완연한 자유분방주의 지방자치 왕릉들이다. 이러한 동구릉과 서오릉의 특색들이 어떻게 그곳에 안장된 왕들의 인격까지 닮았을까 하는 생각은 왜 자주 생기는 것일까.

| 제9대 성종 왕릉, 선릉(宣陵) |

서울 지하철 2호선이 지나가는 선릉역(宣陵驛)의 문패는 성종 왕릉인 선릉(宣陵)에서 유래가 되었다. 이러한 선릉역에서 내려 북쪽으로 뻗어 있는 선릉로를 조금 걷다 보면 오른쪽으로 삼릉공원 입구가 나온다. 삼릉(三陵)은 성종 왕릉과 성종 계비릉 그리고 중종 왕릉 이렇게 세 왕릉을 가리키는 명칭이며, 그 중 성종 왕릉과 성종 계비릉은 부부이기에 같은 능호를 사용한다.

삼릉공원은 삼성동(三成洞)에 있고 삼성이란 봉은사(奉恩寺), 무동도(舞童島), 닥점의 세 마을로 이루어졌다 하여 붙여진 동명이다. 삼성이 지리적 명칭이라면 삼릉은 풍수 명칭이 되나, 오늘날 삼성동에서도 삼릉 풍수는 실종되어 있었다.

어느 해 겨울, 건축풍수반 중에서 10명을 한 팀으로 구성하여 렌트카를 몰고서 부산에서부터 신나게 올라갔다. 첫날은 광릉 숲에서 묵고 이튿날 아침 광릉에서 부터 남쪽 길에 배열된 왕릉들을 차례로 답사하면서 내려가다가 삼성동에 들어서자 짧은 겨울 해 때문에 주위는 벌써 어둑어둑해 왔다.

사초지 정면이 아닌 측면에 놓인 정자각은 동역이강의 양식 배치에 따른 것이다. 정자각 지붕위로 보이는 것들은 잡상(雜像)으로 사악한 기운을 지키는 역할을 한다. 언제나 꾀 많은 **손오공**이 선두에 있다.

기왕이면 아침 답사 대상지인 삼릉공원 가장 가까운 여관을 찾아보자는 의견에 따라 삼성동 뒷길을 헤매다 지나가던 고등학생에게 힘차게 선릉을 물어 보았더니

"선릉역이요?"

"아니, 역이 아니고 선릉, 커다란 조선 왕릉 말이다. 조선 9대 성종 왕릉 말이다."

그러자 학생은 자신있게 대답하는 것이었다.

"그런 것은 이 동네에 없는데요. 한번도 본 적이 없어요."

이에 운전하던 훈규의 말이 걸작이다.

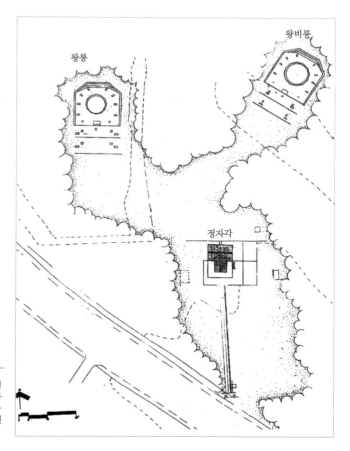

선릉배치. 동역이강 양식의 정자각 배치는 능제 용도상 능침 사이에 두고 있다. 이는 아버지 제사 때 고인이 된 어머니가 있을 경우 제사상에 밥그릇 두 개를 놓는 배치와도 같다. 두 개의 밥그릇이 봉분들이고 제사상을 정자각으로 대비시키면 이해하기가 쉽다.

"국사 공부도 안 했냐. 그래 가지고 수능시험 어떻게 칠래."

물론 수능시험에 선릉길 찾는 문제는 어디에도 나오지 않는다. 차라리 이 동네 공원이 어디에 있느냐고 물어 보았다면 그 학생이 훨씬 잘 알아들었을 것이다. 학생 어깨 너머로 삼릉공원 철조망이 바로 붙어 있었으니까 말이다.

성종(成宗)은 묘호 그대로 성종이었다. 『동국여지승람』, 『동문선』, 『악학궤범』 그리고 『동국통감』을 완성시켰기에 집대성(集大成)의 성(成) 자를 따서 성종(成宗)이라는 묘호가 붙게 된 조선 제9대 왕은 자식 생산에서도 대풍작을 이루었다.

조선 왕조에 있어서 다산을 이루었던 왕들은 모두 장남이 아니라는 공통점이 있다. 태종은 5남, 성종은 차남, 선조는 3남, 정종은 차남, 세종은 3남이었다.

27대 왕 중 자녀를 생산하지 못하여 절손시킨 왕은 4명으로 단종, 인종, 경종, 순종으로 이들 모두가 장남인 것은 우연일까. 세습 왕조 속성에 있어서 일찍이 왕세자가 책봉되어 있지 않았을 때 왕위 계승 쟁투로 국사는 흔들리기 십상이었기에 왕실의 대군 출산은 그 무엇보다 더 큰 경사였다.

재위 왕의 무자녀 현상에는 왕실의 종묘사직이라는 막중대사가 걸렸기에 바짝 긴장할 수밖에 없었는데, 장남 왕통 불길이라는 소문은 오래 전부터 왕실 내에서도 떠돌고 있었다.

단종 즉위년인 1452년 7월 15일 실록에도 그러한 풍수설은 나와 있다. 일찍이 풍수지리에 밝았고 승문원교리(종5품, 외무부 서기관급)였던 이현로(李賢老)와 수양대군의 대화 중에 경복궁은 백악산의 정룡(正龍)이 아닌 방룡(傍龍)의 기세를 받기에 정룡에 해당되는 장자는 쇠하고 방룡에 해당되는 장자 이외의 왕들이 크게 일어난다는 것이 그날 기록의 해석이다. 이같은 풍수 해석을 도선(道詵)의 글에서 보았다고 수양대군은 분명히 밝히고 있다(어거지를 부리는 세조의 속셈은 알다가도 모를 일이다).

세종 때에도 그랬다. 세종이 원인 모를 병환으로 차도가 없자, 당시 영의정 황희 등 대신들이 백악산에서 보현봉까지 산줄기의 이상 유무를 조사한 적도 있었고 세종은 자신의 부왕인 태종에게서 피접지(避接地)로서는 창덕궁이 제일 좋다는 말을 들은 적도 있었다.

세종 이후 경복궁에서 군림했던 제5대 문종이 아들 하나만 남기고 단명했고 제6대 단종의 비극 그리고 제8대 예종 역시 20세 요절로 왕통의 불길이 연달아 일어나자, 제9대 성종은 경복궁을 떠나서 창덕궁에 눌러앉게 되었다. 이후 창덕궁은 줄곧 정궁 역할을 하게 되었고 오히려 경복궁보다 조선 왕들의 정사가 이곳에서 더 많이 이루어졌다. 창덕궁으로 이궁한 성종의 정력과 여자 복은 다사다난 그 자체였다. 할머니에 해당되는 세조비 정희왕후와 예종비 안순왕후 그리고 생모인 소혜왕후까지

3대 과부 대비에 둘러싸여 18살 이후 20년 동안 28명을 출산시킨 성종 곁에는 세 명의 과부 대비와 언제나 배부른 여자가 주변에 있었던 셈이다.

국사와 야사에 있어서도 집대성의 성종이었지만 운명은 짧아 38세의 젊은 나이로 1494년 12월 24일 창덕궁 정침에서 승하하였다. 승하 당일 국장도감들이 설치되어 이튿날 오후 1시에 소렴을 했고, 12월 28일 오후 1시 대렴을 그리고 29일에는 제10대 왕이 등극하였으니 이가 연산군이다. 이듬해 1월 10일 성종 왕릉 택지가 결정되었는데, 승하 후 보름만에 택지가 결정된 것은 선례에 없는 빠른 결정이었다.

왜 그랬을까? 서둘러 택지가 결정되자 왕릉을 조성할 부역군 수천 명이 동원되었고 보름 후 다시 3,000명의 부역군을 더 충당시킨다. 동년 4월 2일 0시에 창덕궁에서 발인하여 500명이 밝히는 싸리횃불의 장관과 함께 성종의 상여는 동틀 무렵 돈화문을 빠져나가 동대문을 거쳐 광나루에서 배 네 척을 연결하여 강을 건넜는데 이는 오늘날 영동대교를 따라 건너간 셈이다.

일단 강을 건너자, 십리 길 안팎에 성종을 장사지낼 왕릉 택지를 향한 상여 행렬은 한성부판윤을 길잡이로 하여 판서들이 그리고 군사와 만장 행렬이 앞서고 유해를 떠맨 대여는 800명의 상여꾼들에게 매여 양쪽의 500개 횃불의 호위 속에 싸인 뒤쪽으로 왕실의 종친과 지엄한 어가의 행렬이 군사들에게 겹으로 둘러싸인 채 꼬리에 꼬리를 물고 있었다.

성종의 국장 행렬이 오늘날 청담동을 거쳐 삼성동 삼릉공원 내에 있는 장지에 도착한 시간은 그날 정오였다. 이렇게 도착한 재궁(梓宮)은 이미 정해 놓은 길일 길시에 따라 4월 6일 묘시(오전 5~7시)에 비로소 하현궁(下玄宮)을 하였다.

세조 혈통으로 당연히 세조 유교에 따라야 했던 성종 왕릉의 경우 왕릉 장법상 기이한 것이 있다. 제7대 세조 왕릉과 제8대 예종 왕릉의 경우 전부 사대석(沙臺石)인 병풍석이 생략되어 있다. 게다가 세조 왕심에서 의경세자 능과 소현왕후 능 그리고 세조비, 예종비, 예조 계비의 능, 심지어 후일 조성된 성종 계비의 능까지 병풍석은 찾아볼 수가 없다. 그런데 성종 왕릉에는 병풍석이 버젓이 조성되어 있다는

것이다.

왜 그랬을까? 이상한 일은 또 있다. 당시 태종 왕릉을 제외한 모든 왕릉들은 강북에 자리잡고 있었는데도 불구하고 더욱이 한강을 건너는 수고까지 인내하면서 성종 왕릉이 강남에 택지된 이유와 함께 불쑥 튀어나온 병풍석은 무엇을 뜻하는 것일까.

성종 왕릉의 이러한 의문들을 제시한 시각과 자료들은 어느 곳을 찾아보아도 전무하다. 『조선왕조실록』을 추적하여 성종 왕릉의 의문점을 하나씩 논의해보자. 『조선왕조실록』에 실린 성종 왕릉의 국장에 관해 발췌한 A4용지 35장 분량의 내용들을 상세히 읽어 보면 국장 절차가 너무 무성의하다. 천하의 왕릉 택지인데 성종 왕릉은 단 한번의 택지 천거에서 결정해 버렸음을 알 수 있다.

왕릉 택지는 대렴이 끝난 직후 본격적으로 시작되는데 이때 동원된 인원은 전 조정을 망라한다. 풍수를 잘하는 지방관의 경우는 왕릉 후보지로 승진시키는 인사 이동까지 불사했다. 새 임금의 첫 국사인 국장 업무에서 눈도장을 받으면 조정에서 실세로 떠오를 수 있었기에 벼슬은 유교 공부로 입신했지만, 출세는 오히려 풍수 공부가 등용문이었던 당시 벼슬아치들은 너나 할 것 없이 알게 모르게 풍수 공부를 했다. 이런 현상을 우리는 강의때 '주유야풍(晝儒夜風)'이라고 불렀다. 이들은 과거 시험의 필수 과목이었던 『주역』을 읽었기에 주로 역풍수 시야에서 수파장생(水破長生)이니 연극(年克)이니 하면서 주로 이기론(理氣論) 운운 하는 특성마저 보여준다.

실록의 자료를 하나씩 풀어가면 연산군 등극 3일째에 해당되는 정월 초하루의 발언이 정말 기이했다.

연산 1년 1월 1일, 산릉도감에서 세조의 유교에 석실을 설치하지 말라는 내용이 있었다는 상소를 연산군에게 올렸는데, 느닷없이 윤필상과 노사신이 이러한 유교와

다사다난했던 여복(女福)의 재위왕. 왕릉 역시 오늘날 호텔 하나를 주산처럼 끼고 있다. / 옆면 위

국장대열이 장관을 이루면서 오늘날 **영동대교** 쪽에서 한강을 건넜던 성종 왕릉은 아무런 연고도 없이 물을 건너간 의문의 왕릉이기도 하다. / 옆면 아래

는 모순되는 사대석(병풍석)을 만들자는 발언으로 윤허를 벼락같이 받아버린다.

윤필상과 노사신은 왜 병풍석을 설치하자고 그랬을까? 이러한 윤필상 등의 행적은 10일 후 다시 왕릉 택지 결정에서 어느 한 곳을 강력하게 밀어부치고 있었다. 그날 택지 후보지는 세 곳이 천거되었는데, 두 곳이 강북이며 한 곳은 강남이었다.

그러나 윤필상은 강북은 풍수상 불리하고 오직 강남의 광평대군의 묘가 첫째라는 주장을 끈질기게 펼치더니 풍수지리에 능통하다며 병환중에 있던 임원준(임원준의 아들이 연산군 재위시 국사를 어지럽힌 임사홍이다)까지 끌어들여 전격적으로 광평대군의 묘를 왕릉 택지로 결정하는 데 성공한다.

당시 택지 논의에서 윤필상은 이미 강남 땅 광평대군 묘를 결정한 상태였고 단지 강북 두 곳은 들러리로 둘러대고 있었음을 알 수가 있다. 윤필상의 이와 같은 강남 결정이 이튿날 말짱 도루묵이 될 뻔한 일이 벌어졌다. 그것은 대왕대비(덕종비인 소혜왕후로서 연산군의 친할머니)의 반대론이었다.

왕이 다른 택지를 구하라 전교하자, 윤필상은 광평대군 무덤을 다시 고집하고 그래도 왕의 윤허가 없자 이번에는 최호원이 노원구 공릉동 지역을 차선책으로 내놓으나, 윤필상은 즉시 그곳 택지는 흉지라며 묵살시켜 버린다.

그러자 대왕대비 반대에는 다음과 같은 두 가지 이유가 있었음을 왕이 직접 전교하였다. 첫째 광평대군 묘는 그 자손이 병들고 혹은 요사했다는 점, 둘째 그곳에는 종실의 무덤이 많이 있으니, 이장시킬 비용이 족히 들거라는 이유였다. 그러나 두 번째 이유인 경제적 문제는 왕릉 택지의 불가 사항이 될 수 없다. 왕릉 조성에 있어서 주위 무덤의 강제 이장은 국토 수용령보다 더 초월적인 권력이었던 왕명 하나면 발휘되었기 때문이다.

대왕대비의 반대 이유는 당연히 첫번째 광평대군 무덤과 그 후손들의 발복 현상이 불길하다는 데에 있었다. 조선 왕릉 택지 결정에 있어서 이와 같이 이장할 무덤 발복까지 우려하여 조사까지 한 예는 없었다. 아니 조사할 필요가 없다는 것이 풍수 논리이기도 하다. 보통 무덤은 5척, 6척을 파나 왕기는 10척 깊이의 땅속에 뭉쳐 있

면석(面石)에 사람 모양을 조영한 성종 왕릉의 병풍석

다고 믿었기 때문이다. 광평대군 역시 10척 깊이에 누울 수는 없었다.

결국 광평대군의 발복이 어찌되었건 광평의 땅기운과 성종의 왕기는 그릇이 다르고 품질이 다르기에 아무 상관없다는 풍수적 논리가 성립되지만, 그런데도 대왕대비는 이를 우려하여 철회를 내렸던 것이다.

왜 그랬던 것일까? 윤필상은 대왕대비의 마음을 잘 알고 있었다. 그래서 윤필상은 광평대군 묘자리에 성종 왕릉을 쓸 수 있다는 이유를 다음과 같이 둘러댔다.

"광평의 묘는 건해좌(乾亥坐)로서 수파장생(水破長生)이므로 흉하지만 지금 그 위에 예정된 임좌(壬坐) 왕릉이 정해지면 이는 수파문곡(水破文曲)이니 이보다 더 좋을 수가 없습니다."

연산군은 이를 대왕대비에게 알렸고 그러자 대왕대비의 전교에는 언제 반대했느냐는 듯 180도로 태도가 바뀌어 환영 내용이 즉시 내려왔다.

"처음에는 광평의 자손이 일찍 죽고 병들었기에 의심하였는데 이제 좌향을 고쳐서 정한다 하니 무슨 의심이 있겠는가. 광평대군 묘의 이장을 국가에서 치를 수는 없으니 그 대신 목면 1천 필, 정포 750필, 쌀 200석, 황두 100석을 예장을 갖추어 내려라."

　그날의 『조선왕조실록』에 실린 윤필상의 발언은 대왕대비의 가려운 데를 시원하게 긁어 주었는데, 사실은 둘러댄 핑계로서 속된 말로 풍수로 뻥을 친 것이었다. 그가 말한 광평대군 묘의 수파장생의 수파(水破)는 나가는 물줄기[水口]가 무엇을 파괴[破]하는데 그 무엇은 장생(長生)이라는 뜻이다. 여기서 장생이란 생룡(生龍), 총명성, 문장, 번영과 벼슬 발복이 된다는 가장 좋은 기운들을 말하므로 결국 광평대군 묘는 이러한 좋은 발복들을 파괴시키니 불리하다는 내용이었다.

　그러나 그 위에 조금 올려서 택지될 성종 왕릉의 좌향인 임좌(壬坐)는 수파(水破)가 문곡(文曲)을 파괴하나 문곡은 무기력, 음란, 패가망신 등 나쁜 기운에 해당된다. 이와 같은 나쁜 기운들을 안장될 성종 왕릉의 물줄기가 빠지면서 모조리 부수고 퍼버리니 오히려 좋게 된다. 수파장생은 조선 초기 도읍을 잡는 데 사용되었던 호순신의 『지리신법』에 실린 방위론에 윤필상의 위와 같은 논리는 백번 맞는 말이 된다. 그런데 성종 왕릉 현장에서 직접 호순신의 방위론을 맞추어 보면 이는 윤필상이 연출한 풍수 사기극임이 확연히 드러난다.

　이 점 풍수 기본인 방위론을 조금만 알아도 누구나 알 수 있는 대목이기도 하나, 이를 설명하자면 다음과 같은 내용이 된다.(태조 왕릉과 문종 왕릉의 풍수 계산과도 같다) 성종 왕릉 산줄기는 북쪽에서 들어오는 좌선룡이기에 포태법 왕(旺)에 십이지 자(子)와 임좌(壬坐)가 걸린다. 여기서 왕(旺)은 왕성한 기운과 부(富)가 걸려 좋으나, 결론적으로 윤필상이 주장하는 문곡이라는 방위는 십이지 배열상 유(酉)와 술(戌)에 걸린다. 그러므로 유와 술 방위로 수파를 뜻하는 물줄기가 빠져나가고 있어야 한다. 유와 술은 서쪽과 서북쪽 방향으로 이곳 성종 왕릉의 서쪽인 선릉빌딩과 서북쪽인 동양빌딩 쪽으로는 예나 지금이나 절대 물줄기가 빠져나가지 못하는 막힌 산줄기 지세가 된다.

　성종 왕릉은 단지 동남쪽으로 빠져 탄천으로 흘러 들어가는 물줄기가 존재할 뿐이다. 그러나 대왕대비에게는 이런 거짓 풍수 논리가 충분히 통했다. 설령 내전에

윤필상이 주장했던
물줄기 방향

에나 지금이나
유일하게 흐르는
물줄기

성종 왕릉

「대동여지도」에 나타난 성종 왕릉과 수파장생을 살펴볼 수 있는 물줄기와 산줄기

앉아서 국풍에게 윤필상의 풍수 논리가 맞는지 판단하여 보라고 해도 국풍들은 맞다고 했을 것이다.

대왕대비나 국풍일지라도 모두 현장 한번 보지 못한 방안 풍수에 불과하였고 이런 것들이 탁상공론의 한계였다. 대왕대비의 신경과민과 윤필상의 풍수 억지에는 양자간 똑같이 통하는 공통점이 있었고 바로 그 점이 통했다. 그것은 과부와 홀아비의 심정이라고도 할 수 있다.

성종 왕릉의 두 가지 의문점인 어거지 강남 자리와 때아닌 병풍석 매김질은 풍수상 중요한 작용을 하고 있는 것이기도 하다.

성종 왕릉 사초지 위에서 건축풍수반 반장인 김영 소장에게 성종 왕릉 풍수와 한강이라는 물줄기 관계를 질문해 보았다.

"물 건너간 것이지요. 한마디로 인연을 끊어버리자는 것 아닙니까."

그렇다. 풍수에서 물 건너갔다는 것은 인연을 끊자는 것과도 같다. 제1대 태조와 끊어진 인화 관계에서 골육상쟁의 태종 이방원 왕릉이 한강을 건너갔고 이에 인연을 잇대려고 다시 물 건너온 것이 세종 왕릉(천장 전 왕릉)이었다. 게다가 발복을 더디게 한다고 해서 세조는 병풍석을 쓰지 못하게 했다. 이를 정리해 보면 윤필상이 밀어부친 성종 왕릉은 무발복 논리에서 병풍석이 제기되었고 무인연에서 강남 자리로 물 건너간 것이다. 이것이 윤필상의 심정이었고 과부인 대왕대비의 심정은 한 술 더 떠 혹시나 하는 풍비박산 발복을 심히 두려워하고 있었다. 미스터리 성종왕릉의 두려움은 두 사람만의 문제가 아닌 당시 왕실과 조정대신들 모두의 공포였다. 『조선왕조실록』을 보면 국장 도중인 연산 1년 3월 16일 우려했던 공포의 전주곡이 서서히 나타나고 있었음을 알 수 있다.

장례를 치를 때 새기는 묘지(墓誌)에는 죽은 사람의 이름과 생몰년 행적 그리고 무덤 좌향들을 새겨 무덤 앞에 묻는다. 왕릉은 묘가 아닌 능이기에 이를 지석(誌石)이라 하며 왕릉 앞 2미터 전방에 1미터 50센티미터 깊이를 파서 정성껏 묻는다. 이때 지석에 새기는 지문은 추호도 속임이 없이 사실대로 쓰여지게 된다.

그날 연산군은 지석 내용 중에서 이런 구절을 읽었던 것이다.

"……성종께서……숙의 윤씨를 올려서 왕비를 삼으니 바로 판봉상시사 윤기무의 따님인데 연산군을 낳았다. 또 숙의 윤씨를 올려 왕비로 삼으니 바로 영돈령부사 윤호의 따님이다……."

연산군은 당장 승지들에게 전교를 내렸다.

"지문에 나온 판봉상시사 윤기무란 이는 어떤 사람이냐? 혹시 영돈령 윤호를 기무라고 잘못 쓴 것이 아니냐?"

지문에 나온 숙의 윤씨가 동명이인인 줄을 모르고 한 사람으로만 알고 있던 연산군이 그렇게 따지자, 승지들은 사실대로 아뢸 수밖에 없었고 그 내용에 연산은 충격을 받았다. 왕은 자신의 생모인 윤씨가 죄로 폐위되어 죽은 줄을 그때 알았고 그날 저녁 수라를 들지 않았다. 이것이 그날의 실록 기록이다.

바로 이 점이 대왕대비와 윤필상의 두려움이었다. 연산군의 생모였던 윤기무의

성종 왕릉의 무인석. 역사의 낙조를 바라보는 퇴역 장군의 상념! 노병은 사라져도 사라질 수 없는 것이 역사일 것이다.

딸 윤씨를 폐비시킨 장본인이 대왕대비였고, 당시에 이를 막지 못했던 대신중의 하나가 윤필상이었기 때문이다. 성종은 폐비 윤씨의 사사에 대해 앞으로 100년 간 누구도 거론치 말라는 엄명을 내렸기에 연산군은 성종 장사 때까지 모르고 있었던 것이다.

그러나 사실대로 쓸 수밖에 없었던 지석문으로 인하여 연산은 폐비 사사를 비로소 알게 되었고 그 사건에 연루되었던 대왕대비는 1504년 4월 27일에 참변을 당한다. 연산군이 폐비 사사를 따지면서 직접 머리로 대왕대비를 받아 버린 것이다. 윤필상 또한 1504년 유배지에서 연산군의 사사 명령에 스스로 목을 매었다.

왕릉 택지 때부터 무성의한 상지가 시작되더니(당시 지관들이 직접 현장을 갔는지, 안 갔는지 실록에 쓰여있지도 않았다) 결국 화만 자초했던 조선 왕릉 중에 하나가 이곳 선릉이기도 하다. 후일 임진왜란 때 왜병들에 의하여 파헤쳐지고 재궁(梓宮)이 불태워져 오늘날 이곳 성종 왕릉 능침 안에는 성종의 유해마저 없다. 게다가 인조 3년 11월 15일 불이 나서 정자각 일부가 불타 버렸으며, 이듬해 2월 4일과 2월 15일 또다시 화재가 발생하여 봉분까지 불타 버렸다. 탈 많은 국장의 탈 많던 왕릉에 탈난 역사라 할 수 있다.

　성종 왕릉 좌측의 강에는 폐비 윤씨 이후에 혼인을 한 계비 정현왕후(貞顯王后) 윤씨의 능이 있다. 성종 장사 35년 뒤 같은 능역에 묻힌 성종 계비로 인하여 선릉은 동역이강 양식을 갖추게 되었다. 성종 왕릉의 병풍석이 떳떳하다면 성종 계비릉 역시 병풍석을 조성했을 터이나 그렇지가 못하다.

　조선 왕릉의 석물 조성과 역사의 함수관계는 언제나 그 이유를 덧달고 있었다. 왕릉 곡장 안에 조성되어 있는 석호(石虎)와 석양(石羊)들도 그렇다. 곡장 안은 풍수상 혈장(穴場)에 해당되고 인간사로 칠 적에는 능침(陵寢)은 왕실 안방에 해당된다. 왕과 왕비의 내실에 들어갈 수 있는 인간사 인물들은 내시(內侍)들 뿐이다. 석호는 가장 가까이에서 모시는 경호 내시쯤 된다.

　그렇다면 석양은 아마 채홍사였던 임사홍 역할의 내시가 아니었겠는가. 진(晉) 나라 무제(武帝)가 그랬다. 양을 따라가다 양이 멈춘 그곳의 후궁방으로 들어가 동침을 했다는 고사가 얼핏 생각났다. 그런 채홍 내시격인 석양의 엉덩이를 보면 불두덩이가 두 개 붙어 있는 것이 있고, 없는 것도 있는데 모두가 제각각이다. 혹자는 왕릉 석양의 불두덩이를 수컷의 그것(?)으로 해석하기도 하지만 실은 정반대다. 그러

성종 왕릉의 석양. 수컷이다. / 옆

성종 계비(정현왕후)릉은 성종릉과 동역이강 양식이 되나, 병풍석을 두르지 않았던 점에서 보아도 성종 왕릉의 병풍석은 더욱 의아스러운 석물임을 알 수가 있다. / 옆면

니까 불두덩이 두 개를 매달고 있는 것이 암컷이고 없는 것이 오히려 수컷이다.

연봉 선생이 어렸을 때 집에서 양떼를 길렀는데 다년간 양의 물건을 관찰했다 한다. 이러한 양치기 소년의 관찰로 불두덩이 두 개 붙어 있는 것이 확실히 암컷이라는 사실을 우리는 100퍼센트 믿는다.

| 제10대 연산군 묘와 망주석 세호(細虎) |

망주석(望柱石)은 뼈대 있는 가문의 무덤 앞에는 빠지지 않고 세워져 있으며 우리 주변에서도 심심치 않게 눈에 띄는 석물이다. 하지만 정작 망주석이 무엇에 쓰는 물건이냐는 답변에 시원스럽게 말해주는 사람을 본 적은 없다.

변강쇠 양물처럼 불뚝 솟은 그것은 시신의 무덤(음물)과 음양 조화를 이루기 위해 세웠다든지 또한 무덤을 잠시 외출한 유령이 제 무덤 찾아올 때 식별하기 위해 문패를 세운 것이라고 말하는 사람도 간혹 있지만, 그런 것들은 어디까지나 주워들은 풍월풍수에 불과하다.(망주석이 양물이라면 양수에 따라 1, 3, 5, 7, 9로 세워야 하고, 문패라 한다면 망주석이 없는 경릉의 덕종은 집 잃은 혼령이 된다는 모순에 걸린다) 수차례에 걸친 조선 왕릉 현장 답사에서 얻은 수확 중에 하나가 이러한 망주석 정체였고 조선 왕릉에서는 그 용도까지 드러내고 있었다.

왕릉의 망주석들이 능침을 감싸는 곡장 안에서 석호, 석양과 함께 조성된 이러한 능원 양식은 제1대 태조 왕릉에서부터 제25대 철종 왕릉까지 철저히 지켜져 내려

조선 왕릉의 곡장 안에 한결같이 매김질
되어 있는 **망주석(望柱石)**을 모르는 사람
은 없다. 그런데 망주석을 제대로 아는 사
람 또한 없다.

온 조선 왕릉의 정형 양식이었으나 제26대, 제27대 고종과 순종 왕릉은 이와는 다르
게 배치되어 있다.

　조선 말기의 두 왕릉의 석물들이 능원 아래로 내려간 경우에도 망주석만은 원래
대로 제자리를 고수하고 있는 것이다. 무슨 이유에서 조선 왕릉에 저와 같은 변화가
생긴 것이며, 그러한 변화 속에서도 한결같이 그 자리만을 지켜야 했던 이유는 무엇
일까.

　주지하다시피 조선 왕조는 유교 풍수국가였기에 조선 왕릉의 경우에도 유교와
풍수라는 두 가지 시각에 있어서 예외일 수는 없다. 먼저 고종과 순종의 왕릉의 석물
들이 능원 아래로 내려갔다. 이는 황제릉 양식을 따랐기에 왕릉 양식과는 차별을 두
어야 하는 유교적 이유에서 능원의 석물들이 사초지 아래로 내려간 것이다. 이럴 경
우 능 양식의 변화에도 불구하고 망주석만이 요지부동하게 자리 매김질하고 있는
원인을 풍수적 이유에서 찾아보아야 한다는 생각이 들었다.

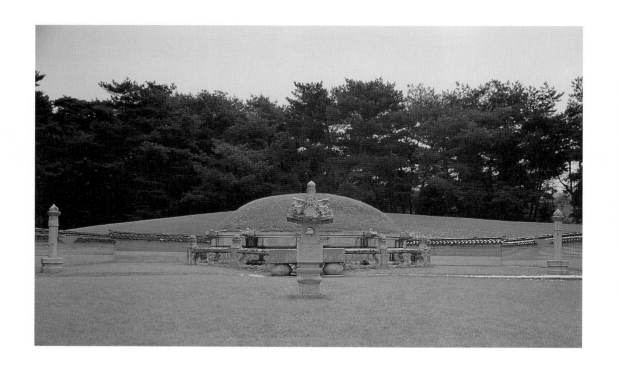

　망주석이 풍수적 기능을 담당하고 있다면, 그 구체적인 역할은 무엇일까. 왕릉에서 가장 중요한 곳은 생기를 받아야 하는 능침이며, 이를 둘러싼 곡장은 능침의 생기를 보존하려고 둘러친 벽인 셈이다.

　그러자 삼면의 곡장 중 한 면은 터져 있기에 능침의 생기가 터진 그곳으로 빠져 나가게 되므로 이를 방지하기 위한 풍수의 수구(水口)막이 용도가 망주석이라는 풍수 가설이 세워졌다. 망주석이 수구막이 기능을 담당하고 있다는 이같은 가설은 연산군 묘에서 검증되었다. 조선 10대 왕 연산군(燕山君)은 중종반정으로 폐위되어 강화도 교동의 유배지에서 졸하였고, 7년 후 1512년 12월 12일에 오늘날 서울 도봉구 방학동 산75번지로 이장을 했다.

　당시 이장을 해달라는 연산군 부인 폐비 신씨의 상언에 중종은 폐군일지라도 왕실의 왕족이었던 연산군을 저렇게 내팽개친다는 것은 자신에게 아무런 덕도 안

쌍봉에 곡장과 석물, 게다가 망주석까지 조성된 연산군 묘 / 위

연산군 묘는 언제나 을씨년스럽다. 또한 정북에서 정남향으로 매김질되어 이럴적 무덤들이 가장 꺼리는 동남 방향이 트이고 물줄기마저 빠져나가니 수파장생보다 더 무서운 황천살(黃泉殺)까지 맞는 곳이기도 하다. / 아래

고종과 순종 왕릉은 황제릉 양식에 따라 유교예제의 석물들은 능원 아래쪽으로 내려갔으나, **망주석**만은 요지부동이다. / 옆면

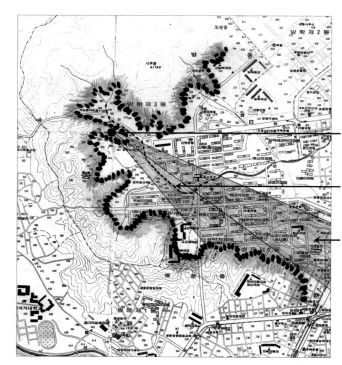

연산군 묘는 정남향으로 매김질되어 있다.

빠져나가는 물줄기

정남향으로 쓴 무덤의 경우 동남방이 터져 있거나 물줄기가 빠져나가면 황천살에 해당하는데 연산군묘 주위넠은 물줄기가 빠져나가고 게다가 산자락도 터져 있다.

연산군 묘의 황천살

되고 또한 군자의 덕을 보여주기 위해 연산군의 개장에는 왕자군의 예에 따르라는 어명과 함께 이장 경비마저 하사하였다(콩 100섬, 면포 150필, 정포 100필, 꿀 2섬, 참기름 2섬, 밀가루 4섬, 활랍 28근). 그러나 연산군을 풍수 명당 혈에는 절대 묻어줄 수 없었다.(무덤 밖은 후하게 하여도 무덤 안의 일은 박하게 하여야 하는 연산군 묘는 경릉과 정반대다)

그래서 연산군 묘가 있는 이곳은 겨울에 보면 더욱 을씨년스럽기도 하지만 여름철에도 우중충하긴 마찬가지다. 먼저 연산군 묘는 왕자군의 예를 갖춘 석물들이 그럴 듯하게 문인석, 장명등, 향로석, 상석, 혼유석(상석 뒤쪽에 있다), 비석과 망주석 외에 곡장이 무덤의 봉분 주위를 치장하고 있지만, 이러한 무덤 구조 기능 중 가장 중요한 곳은 역시 봉분(왕릉의 경우 능침)이며 혈장의 작용을 북돋아주는 곡장과 수

옆에서 보면 곡장과 망주석 사이를 인위적으로 벌어지게 조성시켜 놓았음을 알 수 있다. 이 점 망주석의 기능과 용도를 알게 하는 풍수 단서다.

구막이 역할을 하는 망주석 역시 주요 부분이 된다. 봉분과 곡장 그리고 망주석의 관계를 연산군 묘 정면에서 보면 아무런 하자가 없어 보이나 자세히 들여다보면 분명히 문제가 발생하고 있다.

상석과 비석 사이에 혼령이 앉는 혼유석이 보이고 그 뒤로 시신이 안장된 봉분도 약간 보이며, 이러한 봉분의 주위 풍수 혈장을 감싸는 곡장도 양편 모두 다 보이지만, 다른 조선 왕릉에서 볼 수 있는 망주석과는 다르게 곡장과 망주석의 사이가 양쪽 모두 벌어져 있는 것이 연산군 묘다.

왜 망주석을 저렇게 위치시켰을까. 망주석은 혈장의 생기를 막는 수구막이 역할을 하기에 곡장과 망주석 사이가 벌어지는 불량 수구막이 역할로 김 빠진 맥주처럼

최초의 조선 왕릉인 태조 왕릉의 망주석 **세호**는 그
저 뭉뚝하게 만들어 놓은 형상이다. / 옆

97년 여름 서삼릉 관리사무소 김소장의 특별 안내
로 깊은 숲속에 감추어진 폐비 윤씨 묘를 볼 수 있었
던 것은 정말 행운이었다. / 옆면

생기가 빠져나가 버리라는 의도에서였다. 즉 혈장의 생기 기운들을 빼버리기 위하
여 연산군 묘의 망주석을 일부러 저렇게 입지시켜 놓은 것이며, 이러한 연산군 묘의
석물 설치는 중종의 입장에서는 연산군의 발복을 막기 위해 아주 당연한 것이기도
했다. 아울러 이러한 대목에서 우리는 망주석은 혈장의 수구막이 역할을 하고 있음
을 더욱 확신할 수도 있지만, 연산군의 망주석에는 조선 왕릉 망주석에 꼭 붙어 있는
세호(細虎)가 없다는 것도 눈에 띄인다.

『한국민족문화대백과사전』에 의하면 이러한 망주석을 화표주(華表柱)라고 불
렀다고 한다. 화표(華表)는 이미 알려진 대로 풍수 용어의 하나다. 화표란 수구막이
역할 중의 하나로, 수구 지점에 특이하게 생긴 산을 뜻하며 그 모양이 보통 해와 달,
거북과 뱀, 기와북[旗鼓] 사자와 코끼리 등을 닮고 있을 때 수구막이 역할을 더욱 강
하게 해주며 이를 한문(捍門)이라고 분류까지 한다. 이처럼 화표는 수구막이 기능을

150

더욱 강하게 해주는 역할의 산을 뜻하고 더욱이 그 모습이 거북, 뱀, 사자, 코끼리 등의 온갖 동물을 닮고 있을 때 강력한 위력을 발휘한다. 혈장의 생기가 터진 곡장 부분으로 빠져나가려 할 때 망주석은 생기를 정지시키는 제동 장치이며 화표의 한문 형상을 망주석에 새겨 놓았을 경우에는 더욱 강력한 장치가 된다.

망주석에 세호가 붙은 최초의 조선 왕릉은 태조 건원릉으로 구멍 두 개만 뚫어 놓았으나, 망주석의 세호를 머리와 꼬리로 구별되게 드러내고 있는 최초의 현장을 답사 도중 우연히 알게 되었다.

1997년 무덥던 여름 답사 때 서삼릉관리소 김소장의 도움으로 귀중한 현장을 보게 되었던 것은 정말 행운이었다. 그곳은 철저한 비공개 구역으로 깊숙한 숲속에 가려져 있었으나, 학술 조사차 대학교의 협조 공문서를 발송, 지참하고서 수시로 다녔던 답사 덕분에 익힌 친분으로 가능했다.

폐비 윤씨 묘 망주석에 붙은 세호 아래쪽으로 꼬리 모양처럼 새겨 놓은 **흔적**이 보인다. 조선 왕릉 최초로 진행되는 세호의 운동이었다 (연산군 10년인 1504년). / 옆

상행(上行)하는 현종 왕릉 망주석의 세호 / 옆면 왼쪽

하행(下行)하는 영조 왕릉 망주석의 세호. 오늘날 흔히 다람쥐라고 잘못 불려지고 있는 망주석의 세호는 양쪽 모두 상행(上行)운동성을 보여주어야 맞다. 잘못 하행시켰다가는 우리 문중은 첩의 후손들이며, 여자가 시끄러운 집안이라는 욕이 될 수도 있다. / 옆면 오른쪽

사진에 나온 석물 양식과 배치 등은 영락없는 조선 왕릉 중에 하나일 것 같으나 왕릉이 아닌 묘일 뿐이다. 이와 같은 일이 벌어질 수가 있겠는가! 그것도 서슬퍼런 조선왕조 시절에 말이다. 그러나 껍데기는 왕릉이지만, 알맹이는 분명히 묘다.

이런 현장의 묘 주인은 바로 폐비 윤씨, 그는 연산군의 생모였다. 폐비 윤씨 묘는 원래 경희대학교 자리에 있었으나, 학교 공사 때 이곳 서삼릉 자락으로 그대로 이장했다.

폐비 윤씨는 성종에게 사사당했고 성종은 사후 100년 간 폐비 윤씨를 거론하지 말라는 유명까지 남겼지만 연산군은 갑자사화를 일으켜 윤씨 폐출에 관여한 궁실의 인물과 수많은 대신들을 잔혹하게 처단한 후 폐비 윤씨를 더없이 추숭하였던 것이

다. 폐비 윤씨에게 연산군은 제헌왕후(齊獻王后)라는 시호를 올리고 무덤에 불과한 윤씨 묘를 왕릉처럼 격상시키기까지 했다.

　연산군 실각 후 폐비 윤씨는 왕릉에서 다시 묘로 격하되었지만, 그 당시 왕릉 형식의 윤씨 묘의 석물들이 실물 그대로 오늘날까지 현존하고 있으니 학술적 가치는 더욱 높다(후일 덧붙여져서 원본이 왜곡될 우려는 적어도 없었기 때문). 이러한 폐비 윤씨 묘의 양편 망주석의 세호를 유심히 관찰해 보면 세호가 분명히 모두 올라가는 운동을 하고 있는 광경이 드러난다.

　무려 5백 년 전 석물이기에 세호의 형상이 분명하지 않지만 희미하게나마 아래쪽 꼬리 모양이 감겨져 있다. 꼬리가 아래쪽에 있으니 세호는 올라가는 형상이며, 이는 격상(格上)에 해당된다(연산군이 왕릉으로 격상시켰던 폐비 윤씨의 묘를 보더라도 추숭의 역사와 세호의 격상은 서로 통한다). 즉 조선 왕릉 망주석의 세호는 폐비 윤씨 묘에서부터 운동성이 시작되고 있었던 것이다. 이러한 폐비 윤씨 이후 최초로 조성된 왕릉은 10년 후에 해당되는 1515년 제11대 중종의 계비 장경왕후 희릉(禧陵) 으로 헌릉(태종릉) 부근에서 이곳 서삼릉 지역으로 천장한 희릉의 망주석 세호 역시 폐비 윤씨 묘의 세호처럼 좌우 모두 올라가고 있었다.

둘 다 모두 격상을 하고 있음이다. 이러한 세호의 문양들은 이후 조선 왕릉에 있어 독특한 양식이 되는데 점점 그 모습이 다양해져 갔다. 그런데 세호 형상 문양들이 퍽 재미있다. 호랑이 모양은커녕 도대체 무슨 동물인지 종잡을 수 없는 형태들이다. 하긴 한문(捍門)의 상징인 거북, 뱀, 사자, 코끼리를 한 동물로 합해 보라.

무슨 형상이 될까? 그것이 무엇인지는 각자의 상상에 맡길 수도 있지만 보이는 만큼 헷갈리게 하는 동물은 한문임이 상상되는데 이는 세호라는 것을 상상시키기에 충분하다. 이렇듯 오리무중 형상의 세호가 될지라도 확실한 작용은 하나 있다. 세호의 운동, 즉 세호가 망주석 위로 올라간다는 운동성은 명확히 표시해 놓아야 했다. 그래서 이후 세호는 머리와 꼬리가 유난히 식별되는 모습으로 왕릉의 망주석에 붙게 되었는데 문제는 모든 세호가 올라가는 운동만 하는 것이 아니라, 사진에서 보듯 내려가는 운동도 하고 있다는 점이다.

왜 그럴까? 망주석을 잡자 이번에는 세호의 꼬리를 밟은 격이 되어 버렸다. 이들의 움직임에서 역사의 이야기들을 들어보기 위한 조선 왕릉 답사는 한참 동안 더 길어지게 되었다.

제11대 중종 왕릉, 정릉(靖陵)

제11대 중종 왕릉은 제9대 성종 왕릉과 함께 서울 강남구 삼성동 소재 삼릉공원 안에 있다. 선릉(성종과 정현왕후)과 정릉(중종)이라는 능호에서 이곳 삼릉공원의 왕릉 관리사무소가 선정릉 관리사무소라는 문패를 달고 있는 이유이기도 하다.

성종과 정현왕후 사이에서 태어난 아들이 중종이기에 언뜻 보면 부모와 자식 무덤을 모아 놓은 최초의 선산 양식이 이곳 삼릉공원이라는 생각을 할 수도 있지만, 그러나 속사정을 알게 되면 그런 생각은 들지 않고 군이 갖다 붙이자면 어거지 선산쯤 된다.

조선왕조에 있어서 왕실의 번영 밑천은 왕자 생산에 있었으나, 왕세자에 책봉되어야 했고 또한 왕위에 오른다 하더라도 재위를 무사히 마쳐야 비로소 왕릉에 묻힐 수가 있었다. 이러한 코스에서 탈락한 왕위 대상자들은 자칫하였다가는 목숨마저 잃게 되어 항상 불안 속에서 살 수밖에 없었으며 이들을 낳은 어미들은 더욱 불안했다. 왕비가 오직 하나인 경우에는 안심이 되나 정비(正妃, 첫째부인), 계비(繼妃, 둘

단릉 양식의 중종 왕릉과 **맞배지붕의 정자각.**

째부인), 제2계비(第二繼妃, 셋째부인)로 이어질 때에는 불안은 가중된다.

　하루라도 왕위를 비워 둘 수 없는 왕조 권력 구조상 중전 자리 또한 마찬가지였다. 사대부 집안의 단속은 안방마님이 하듯 궁궐 내에서 수백 명에 이르는 내명부 사람들을 단속하는 최고의 자리는 왕비이며, 그래서 중전(中殿)이라 불렀다.

　영조의 경우 66세에도 51년 연하의 어린 15세 중전을 맞이했으며, 중전을 가장 많이 두었던 제19대 숙종은 4명을 그리고 제9대 성종은 3명, 제11대 중종이 3명을 두었고 중전이 많았던 왕실의 경우는 유독 시끌벅적했다. 모두 폐비가 하나씩 있었으며(폐비 윤씨, 폐비 신씨 그리고 폐출된 장희빈) 또한 장자 계승을 시켰으나 한결같이 불우한 왕들이었다(연산군 폐위, 후사 없이 생을 마감한 인종과 경종). 그만큼 왕

정릉의 정자각과 빌딩 숲의 안대들. 정자각 **좌측 계단**은 역시 2개다.

통의 자식 농사는 별들의 전쟁보다 치열했고 마지막 남은 과부 대비들이 배후 세력으로 버티고 있었던 양상마저 보여주었다.

배후를 버텨주던 가장 막강한 대들보는 왕릉이었고 각축을 벌이던 중전들 중에서 누가 왕 옆에 묻히느냐에 따라 자신이 퍼트린 자식들의 대우는 보장받게 되었다. 합장릉, 쌍릉, 동역이강과 동원상하봉 그리고 삼연릉이라는 조선 왕릉 양식을 통하여 왕의 왼팔을 베고 잠들어야 그 중전의 후손이 시끄럽지 않았기 때문이다. 삼릉공원 내에 있는 중종 왕릉은 이러한 중전 왕릉 쟁탈전을 가장 치열하게 치렀던 대표적인 현장이었다.

폭정으로 치닫던 연산군 12년 어느 날 밤, 우의정 강구손은 반정 이후 중전 문제

157

중종 왕릉의 문인석은 코가 크다. 문정왕후와 연루된 왕릉의 석인들의 코들은 이상하리 만치 크다. 또한 중종반정 이후 문인을 중심으로 한 신하들의 목소리에 제법 무게가 실렸다.

가 걱정되어 좌의정 신수근에게 이런 질문을 은밀히 던져 왔다.

"좌상 대감께서는 누이와 딸 중 누구를 더 중하게 여기십니까?"

그러자 좌상은 누이 편을 들며 황급히 자리를 떴다. 며칠 후 연산군을 폐위시킨 중종반정은 신수근을 길거리에서 살해함과 동시에 시작되었고 그의 형제들도 살해되었으며 신수근의 누이와 딸들 역시 중전 자리에서 모두 폐출, 멸문지화를 당했다.

신수근의 누이가 10대 연산군의 부인(중전)이었고 딸은 11대 중종의 부인[단경왕후(端敬王后)]이었던 것이다. 당시 신수근이 딸 편을 들었더라면 누이(제10대 연산군 부인)만 잃었을 뿐 딸을 확고한 중전 자리에 두고서 자신은 일등 반정 공신에 왕의 장인으로 그리고 동생들마저 정승 반열을 이루며 부친 때부터 누려 온 영의정 문중의 광영은 대대로 이어질 수도 있었을 것이다. 순간의 판단이 십년을 좌우한다고들 하나 신수근의 그날 밤 한 순간은 후세 족보까지 매장시켜 버렸던 것이다.

중종의 등극에는 이미 정비 폐출이라는 담보 조건이 있었고 정비 폐출 직후 계비 자리를 장경왕후(章敬王后) 윤씨가 이었지만 계비는 세자를 생산하면서 산후병을 얻어 6일 후 1515년 3월 2일 경복궁 별전에서 승하하였다. 그날 즉시 좌의정 정광필을 삼도감총호사(三都監總護使)로 삼아 빈전도감, 국장도감, 산릉도감이 설치됨과 동시에 의관들의 추문 또한 같은 날 시작되었다.

3월 3일 소렴과 대렴을 마친 9일 후 두 곳의 택지가 풍수도와 함께 올라오자 중종은 자신의 수릉과 더불어 합당한 쌍릉 터를 원했고, 헌릉 지역(태종 이방원 왕릉)이 중종 계비 왕릉으로 정해졌다. 석달 뒤인 윤 4월 4일 계비 장경왕후 윤씨 장사는 헌릉이 있는 대모산 아래에 조성되어 능호를 희릉(禧陵)이라 하였다.(63년전 문종왕릉 택지가 철회된 지점으로 보는 것은 필자의 추론이다)

국장 당시 중종이 자신의 수릉이 들어설 수 있는 쌍릉 텃자리를 지관들에게 최우선적으로 물었던 그것 자체가 계비 몸에서 막 태어난 어린 핏줄을 왕세자로 봉하겠다는 것이나 마찬가지였기에 그때부터 권력의 눈길은 비록 강보에 쌓여 있으나 자연히 어린 고아에게로 향하게 되었다.

계비 장경왕후는 일찍이 딸을 출산했고 이가 효혜공주로서 어린 왕자와는 남매였기에 여기에 편승했던 원흉은 김안로(金安老)였다. 조광조 일파의 몰락이라는 반대 급부에서 이조판서에 올랐던 김안로는 그의 아들 희가 효혜공주와 혼인을 하자 이를 남용하다가 남곤(南袞)과 심정(沈貞)의 탄핵으로 유배지로 떨어졌으나, 심정을 교활하게 탄핵하고서 풀려 나와 이듬해 우의정을, 또 그 이듬해에는 좌의정까지 이르렀던 인물이다.

159

그 당시 1530년 유배에서 도총관으로 재서용된 김안로가 얼마나 보기 싫었던지 적극 반대하던 회재 이언적은 낙향한 채 자옥산 독락당에서 문을 꼭꼭 닫고 책만 읽었다. 복권된 김안로는 정적을 제거하려고 옥사를 일으켰지만, 영의정 경력의 두 거물 정광필과 남곤에게는 아무래도 역부족이었다. 그러자 중종 계비 국장 당시 삼도 총호사에 정광필과 남곤이 산릉도감제조였다는 점을 이용하였다.

중종 32년 4월 23일 김안로는 대모산 희릉 능침 안이 돌에 깔려 물에 젖어 있으니, 이는 국장의 하자였다며 천장을 강력히 주장했고, 이에 대한 중종의 전교는 22년 동안 편히 있는 계비를 옮김으로 인한 백성들의 피해를 우려하여 천장불가론을 내렸다. 그러나 김안로와 그의 사주를 받은 작당들은 끈질기게 희릉 천장론을 들고 나왔다. 그래도 중종이 요지부동 천장불가론을 고수하자, 김안로는 풍수 발복 문제를 들추면서 풍수 지관들을 시켜 조선조 지관 등용 시험의 텍스트이기도 한 풍수 원전인 곽박(郭璞)의 『금낭경(錦囊經)』 글귀 등을 뽑아 올렸다.

… 땅속을 흐르는 생기는 흙을 몸으로 하고 있는데 … 그러므로 돌산에는 장사를 치를 수가 없다. 만약 석산에 묻으면 생신흉이소이복(生新凶而消已福, 흉이 생겨나고 이미 받고 있는 다른 발복도 소멸된다)이라.

풍수 신봉자였던 조선 왕들은 이런 구절 앞에서 당해낼 재간이 없었다. 더욱이 『금낭경』은 지관을 뽑는 시험 과목 중에서도 달달 외워야 하는 최고 풍수 권위서이기도 했다.

이 구절을 본 중종은 즉시 전교하기를,

"앞서 대신들이 아뢰었고 나 역시 온당하지 않게 여겼으나, 다만 길흉에 구애되어 20여 년이나 지난 능을 갑자기 옮기는 것은 합당치 못한 것 같았다. 그러나 모든 사람들의 의심 또한 그러하니 능을 옮겨라."

중종 32년 4월 25일 중종의 천장 윤허가 떨어지자, 김안로는 '목표 앞으로'였다.

4월 27일 가장 먼저 지관들의 죄를 물었고 4월 30일 희릉 관련자 처벌 상소가 시작되었다. 그런데 그게 쉽지만은 않았다.

'돌산의 발복이 흉하다는 것은 지관들이나 알 수 있는 일이지, 당시 정승 판서들이 어찌 알았겠느냐. 정승 판서들도 지관들에게 속은 피해자이기에 죄를 물을 수 없다'는 논리를 중종은 폈다.

이에 대한 김안로의 처벌 논리는 정말 교묘했다. 22년 전 계비 장경왕후가 승하할 당시 어린 왕자는 강보에 싸여 있었기에 그 당시 임금의 총애를 받고 있던 경빈 박씨가 자기 소생 복성군을 어떻게 해서든 왕세자로 삼으려고 돌이 깔린 흉지를 대신들과 통모하여 고의적으로 잡은 것이 대모산 희릉이라며 기묘한 풍수 발복에다가 역모죄까지 걸어버렸다.

그러자 6월 29일 추상 같은 어명이 산천 초목을 얼어붙게 했다.

"마음들을 따져보면 극히 흉악하다. 반역의 마음이 환히 들여다보이고 불충죄 또한 모면하기 어려우니 연루자는 생존자, 사망한 자를 따지지 말고 처벌하라."

결국 생사람 잡으려고 죽은 사람까지 파헤쳐 천장한 왕릉이 오늘날 경기도 고양시 원당동 산37-1에 소재하고 있는 서삼릉의 희릉인 것이다.

왕릉 천장까지 불사하면서 정광필을 죽이려 했던 김안로는 쾌재를 불렀을 것이다. 그러나 어찌 알랴. 9월 9일 희릉 천장 한 달 뒤 운명은 180도 뒤바뀌어 있었다.

계비 왕릉을 파 뒤집고 제2계비 문정왕후(文定王后)마저 폐위를 기도하려던 김안로는 중종의 밀령을 받은 대사헌에게 체포되어 유배 사사를 당했고, 정작 정광필은 곧 풀려나 영중추부사에 이르렀으며 사후에는 중종 묘정과 회덕서원에 배향, 향사되었다.

정유삼흉(丁酉三凶)의 하나인 김안로는 멀쩡한 왕릉을 파헤쳤으니, 결국은 자기 초상이라는 동티를 만난 격이다. 계비 왕릉 천장 7년 후 중종의 유교에 따라 희릉에서 조금 떨어진 오른편 강에 장사를 치르니, 원래 정릉은 경기도 고양군 서삼릉 능역 내에 동역이강 양식을 갖추고서 희릉으로 불려지다가 한 달 뒤 왕비 문패 아래 왕이

중종 계비릉인 희릉(禧陵). 신하들의 논쟁에 서삼릉으로 천장당했고 집안 싸움으로 후일 지아비까지 빼앗겼기에 저런 만추(晩秋)와도 같은 광경의 심정으로 아직까지 영면하고 있는 것은 아닐까.

있을 수는 없다 하여 정릉(靖陵)으로 능호를 바꾸었다. 그런 중종 왕릉이 무슨 사연에서 느닷없이 한강을 건너 이곳 강남구 삼성동 삼릉공원에 있게 된 것일까.

　　그것은 김안로보다 더 지독한 인물인 중종 제2계비 문정왕후(文定王后) 때문이었다. 문정왕후는 영돈령부사(領敦寧府事, 왕실 복지 사무국의 정1품 관직) 윤지임(尹之任)의 딸로 1501년에 태어나서 15살이 되던 해 중종과 혼인하였으나, 삼취 자리였고 평생 구중 궁궐에서 소리 한 번 내지 못할 처지였던 것은 재취(장경왕후)에게서 태어난 아들이 이미 왕세자로 책봉되어 있었기 때문이다. 이러한 문정왕후 배후에 정1품 영돈령부사인 아비가 있었으나, 이것도 빛 좋은 개살구에 불과했다. 딸이

순전히 한 여자의 투기 때문에 멀쩡한 서삼릉에서 이곳 삼성공원으로 천장당한 중종 왕릉은 당시 장마 때만 되면 정자각까지 물이 한강을 이루던 애물단지 왕릉이었다.

왕과 혼인을 하면 의례 붙여주는 겉치레 관직이 영돈령부사. 아비의 성품 역시 탐욕과 무절제가 지나쳐 주위에는 그를 따르는 인물이 없었다.

이에 비하여 왕세자(후일 제12대 인종)의 외가 집안은 뼈대 있는 집안으로 성종 때 영의정 윤필상을 필두로 하여 외할아버지인 윤여필은 연산군 때 갑자사화로 유배를 받았기에 사람들의 눈에 벗어나지 않았고, 중종반정 때 정국 공신이 되어 조정 발언권이 당당했다. 게다가 문정은 지아비인 중종과도 신통치 않았던 것 같다. 당시 중종에게는 경빈 박씨 외에도 희빈, 창빈, 숙의, 숙원이라는 7명의 후궁들이 있었다. 이들에게서 14명의 자녀들이 태어났으나, 시집온 지 19년 후에야 비로소 아들을 출

163

산했던 점에서도 알 수가 있다.

문정왕후의 아들이 10살 때 중종이 승하하자 이때 왕위는 인종에게 물 건너갔지만 그보다 더 복장 터질 일이 있었다. 중종 왕릉 택지를 잡으려 다니던 신하들이 이곳저곳을 돌아보는 척 하다가 중종 왕릉을 즉위한 인종 입맛에 맞는 재취(인종 어머니 장경왕후의 희릉) 무덤 옆에 잡아버렸으니, 왕대비 문정왕후는 소태 씹은 맛에 하늘마저 누렇게 보였고 여기에 재취의 오빠인 윤임(尹任)이 형조판서로서 실세가 되니 앞길마저 깜깜했다. 5년 전 문정왕후의 아비가 죽자, 자신을 폐비시켜 어린 5살의 아들과 함께 내치려 했던 윤임이기도 했다.

즉위한 인종은 한창 나이인 29살. 젊은 인종이 아들을 하나라도 낳는다면 왕통은 그쪽으로 흘러갈 것이며 대윤 세력에 의하여 어린 자식과 과부에 불과한 문정은 언제 죽을지 모르는 파리 목숨이나 마찬가지였다. 보이는 게 없었다. 단지 중전 자리 하나로 버텼으나, 이제 중전 자리도 물려주고 수렴 청정의 왕대비도 아닌 이빨 빠진 과부 대비로서 어린 아들과 둘이서 뒷방이나 지키는 찬밥 신세인 문정이었다.

반대로 윤임 세력의 대윤들은 막강무적의 행진을 하였는데, 그게 너무나 자만에 찬 방심이었다. 죽기 살기로 덤벼든 대비 문정에게 인종은 내전 은밀한 곳에서 그만 독살당했던 것이다. 영의정까지는 역적죄가 성립되나 보위 찬탈은 역적죄가 성립되지 않는 것이 세습왕조의 특성이었기에 인종이 죽자, 명종이 11세 어린 나이로 즉위했고 문정은 왕대비로서 수렴청정을 하기에 이른다.

모든 권력과 국사가 하루 아침에 자신의 손아귀로 굴러 들어오자, 문정은 을사사화를 일으켜 가장 먼저 대윤의 머리를 자르고 2년 후 양재역 벽서사건으로 꼬리마저 제거해버린다. 이렇듯 무지막지한 문정의 행동과 함께 동생 윤원형을 대두로 한 소윤(小尹)의 득세가 시작되자 제13대 명종마저도 보위 난간을 붙잡고 벌벌 떨었던 것이다.

"누가 그 자리에 올려 놓았는데, 불효 막심하게……."

어미의 말을 듣지 않는다고 곤룡포 걷어 제쳐 왕의 종아리를 회초리로 쳤던 문정

164

의 히스테리는 후일 유교 국가의 병조판서 자리에 보우라는 중을 임명하는 해괴한 일까지 벌이기도 하였다. 이런 문정의 횡포 앞에서 대들 충신들은 누구 하나 없었다.

명종이 20살 성년에 이르자 문정은 수렴청정을 그만두었으나, 어전으로 날마다 쪽지가 전해졌고 그 내용은 국사 지시 사항으로서 만일 듣지 않았다가는 어전에서 반말과 함께 욕을 얻어 먹어야 했다. 보다 못해 그것도 벼슬이라고 내리는 임명장대로는 못하겠다며 날벼락 같은 상소문이 문정과 명종 앞으로 올라왔다.

"임금은 줏대 없는 어린 고아며, 일개 과부에 불과한 왕대비가 제멋대로 결정하는 조정 아래서는 국사를 논할 신하가 될 수는 없소이다."

풍문도 익명서도 아니었다. "발신: 지리산 처사(處士) 조남명(趙南冥)"이라는 확실한 소재지까지 밝힌 상소문이었다.

죽일 놈, 능지처참할 놈이라며 방방거렸던 문정이었지만 정작 조남명의 털끝 하나 함부로 건드릴 수가 없었다. 남명 조식(曺植)의 호통소리가 어찌나 후련했던지 여지껏 눌려 지내던 조정 대신과 유생들이 일제히 벌떼처럼 일어났던 것이다.

바른말하는 충신이니 오히려 조남명에게 상을 내려야 문정대비의 덕을 온 세상이 칭찬한다면서 모두들 추켜세웠다. 위세에 눌린 문정은 마음에도 없는 상을 내렸고, 조남명 또한 마음에도 없는 상인지라 이를 받지도 않고 오로지 지리산 천왕봉만 쳐다보고 있었다.

중종이 남명 38세 때 헌릉참봉(태종 이방원 왕릉 능지기)이라는 벼슬을 내린 적도 있었다.(남명은 물론 거절했다. 정치가들은 예나 지금이나 머리들이 이렇게 이상하나 보다. 재상자리를 주어도 거절했을 남명에게 종9품을 내린 고작 그런 머리들이다)

문정의 폭정에 견디다 못한 백성들은 도적으로 몰리다가 결국 임꺽정에게 합세하는 일까지 벌어졌던 시절이기도 했다. 임꺽정은 체포령 3년 만에 잡혀 대역 죄인으로 처형당하였으나, 당시 양심 있는 사관 하나가 실록 말미에 이렇게 살짝 기록했다.

"나라에 선정이 없으면 교화가 밝지 못하다. 재상이 제멋대로 욕심을 채우며, 수

령은 백성들을 학대하고 살과 뼈를 깎고 고혈을 다 말려버린다. 수족을 둘 데도 하소연할 곳도 없다. 춥고 배고픔이 절박하여 아침, 저녁거리가 없어서 잠시라도 목숨을 지탱키 위하여 도둑이 되었다. 그들이 도둑이 된 것은 왕정 국사의 잘못이지 그들의 죄가 아니다"고 말이다. 임꺽정이 처형당한 1562년 9월 문정은 정말 포악한 일을 저질렀다.

명종 14년이기도 한 그해 4월 23일 갑자기 중종 왕릉을 천장하라는 왕명이 내려졌다. 이러한 천장론에 대신들이 일제히 반대 상소를 올렸다. 그래도 명종은 막무가내로 어거지 천장 명령을 밀어붙인 결과 천장지로 택지한 곳은 오늘날 강남구 삼성동 삼릉공원이었다.

천장할 그곳에 있던 성종 왕릉은 중종의 아버지 능으로 이곳에 후일 문정까지 묻힐 경우 시아버지, 시어머니, 지아비 그리고 지어미 문정까지 한 집안 귀신이라는 기분 좋은 일이 아니던가! 이것이 문정의 기쁨인데 여기에는 보우의 기쁨도 있었다. 그곳에서 서북쪽 10리 안팎에 있는 봉은사(奉恩寺)를 왕릉 원찰(願刹)로 삼을 때 자신은 주지가 되어 유생들도 자기 세력 앞에서 꼼짝 못하며 왕실을 등에 진 실세로서 공인받는 격이나 마찬가지였다.

보우는 신바람이 났다. 승려들을 5,000명이나 동원시켜가면서 중종 왕릉 천장의 일등 공신이 되었으나, 1562년 9월 4일 천장으로 조성된 중종 왕릉이 있는 삼릉공원은 풍수상 문제가 많은 지역이었다. 지대가 낮은 이곳은 여름철 홍수 때면 동쪽에 있는 한강 물이 밀고 들어와 정자각까지 침수되어 보토(補土)가 불가피하여 많은 국고를 쏟아붓는 왕릉 보수공사가 매년 벌어졌고 덕택에 봉은사는 관급공사로서 재물과 권세를 누릴 수 있었다. 정릉은 허약하였으나, 반대로 봉은사는 살찌게 되는 괴이한 광경까지 연출되었던 것이다.

이와 같은 풍수상 문제에서 정작 문정왕후마저 이곳에 능을 쓸 수 없었다. 명종 20년에 문정왕후가 승하하자 처음에는 이곳을 택지하였으나, 앞으로 더욱 들어갈 보토 공역의 문제가 거론되었고 '밑 빠진 독에 물 붓기' 식의 재력 충당 문제로 명종

왕실에 평지풍파를 일으키더니 왕릉을 풍비박산 내버린 문정왕후 또한 독수공방격인 태릉(泰陵)으로 밀려났다. 태릉의 무인석 또한 코도 크지만 무지막지하게 생겼다. 문정왕후의 역사 편력 또한 그랬다.

역시 이곳 택지를 철회하기에 이른다.

6년 전 풍수상 길지라 하여 이곳으로 중종 왕릉을 천장하였으나, 나라에 좋은 일은커녕 두 번의 변고까지 일어난 지난 일을 후회하니 다른 곳을 택지하라는 명종의 후회막급한 교지가 내려졌기 때문이다. 결국 문정왕후는 오늘날 서울 동쪽 노원구 공릉동으로 갔고 지아비 중종의 능호가 아닌 태릉(泰陵)이라는 헛짚은 문패가 되어 버렸던 것이다.

왕릉 강의가 여기에 이르면 짚어서 정리해 주려다가도 역시 헷갈려 버린다. 문정왕후를 중심으로 놓고 볼 때 시아버지와 시어미 그리고 지아비가 같은 한강 남쪽

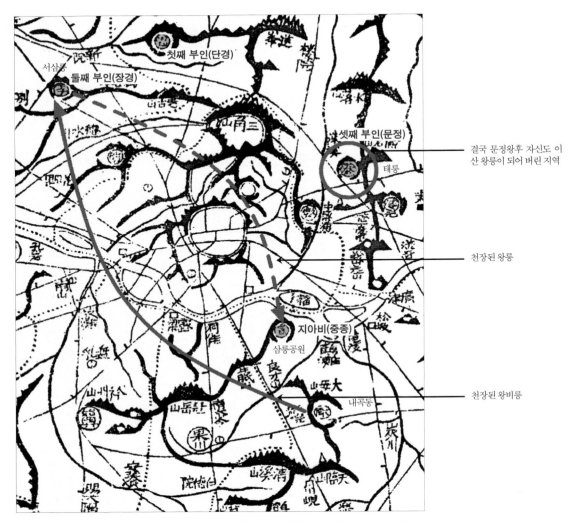

첫째 부인(단경)

서삼릉
둘째 부인(장경)

셋째 부인(문정)
태릉

결국 문정왕후 자신도 이
산 왕릉이 되어 버린 지역

천장된 왕릉

지아비(중종)
삼릉공원

천장된 왕비릉

내곡동

중종 왕실의 천장 지도. 천장에 천장을 거듭하고 게다가 퇴출 왕릉까지 등장하더니 결국 이산왕릉이 되어 버렸다.
이장 자주하던 집안 치고 잘 되는 집안 없는 것처럼 문정왕후 히스테리 때문에 조선 중기 역사가 뒤바뀌게 되니 그
가 방계혈통의 선조라는 것이 왕릉 풍수의 새로운 시각이기도 하다.(제13대 명종편 참조)

선산에 있고, 재취 형님 및 그의 아들과 며느리는 북쪽 선영에 그리고 삼취인 자신과 아들 며느리는 한양 동쪽에 무덤이 있는 복잡한 관계에서 그렇다.

가장 시끄러운 집안 싸움이 가장 복잡한 왕릉 관계를 보여 주는 역사의 한편이다. 문정왕후가 히스테리를 부리지만 않았다면, 이렇게 복잡한 이산가족 왕릉들 모두 오늘날 고양군 서삼릉 능역에 사이좋게 지내고 있었을 것이다.

제12대 인종 왕릉, 효릉(孝陵)

조선 제12대 왕은 재위시 어진 성품을 지녔기에 승하 후 묘호를 정할 때 어질 인(仁) 자가 붙어 인종(仁宗)으로, 효성스러운 행동에서 효릉(孝陵)이라는 능호를 남겼다. 효릉은 서울 북쪽 근교인 경기도 고양시 원당동 산37-1번지의 서삼릉 내에 자리한다. 서울특별시 북쪽 경계를 지나 1번 국도를 1킬로미터쯤 가면 보이는 '농협대학교 서삼릉' 표지판을 따라 좌회전하여 1킬로미터를 더 가면 우측으로 소담스러운 마을들이 보이고 그 마을길로 접어들면 따가운 여름 햇살도 과수원의 사잇길처럼 한적한 외길의 나무 잎새들이 몇 번인가 가려주고, 농협대학 건물들이 드러나는 담벽을 따라 우측으로 돌면 혹시나 하는 생각마저 들게 하는 낯설지 않은 그런 풍광이 눈에 들어온다. 이태리포플러 나무 사이의 일직선 길은 어디서 본 듯한 이국적이면서도 가슴속 어딘가 남아 있는 알 듯 모를 듯한 풍광이다.

인종 왕릉은 비공개 왕릉이지만 나지막한 등성이들이 출렁이는 세(勢)에 연꽃 모양을 한 산들의 형(形)을 갖추었기에 이러한 형과 세에 잠시 눈길을 주다 보면 안

포근히 감싸주는 장풍의 품안에 매김질된 효릉. 포란(抱卵)을 선호했던 우리의 풍수 정서가 그대로 드러나 있다. 형(形)을 잡을 수 있다.

동의 하회마을을 보고 있다는 느낌마저 들게 한다.

하회마을을 휘돌아가는 물길을 이곳에서는 초원지대에 낮게 깔린 땅으로 그리고 하회의 텃자리는 약간 높은 구릉지에 대비되고, 혈자리에 입지한 양진당과 충효당은 왕릉들의 혈자리와 비교될 수 있는 이곳의 풍수 형국은 연화부수형(蓮花浮水形)이다. 인종은 8개월이라는 가장 짧은 재위를 하였고, 자녀 한 명 없이 1545년 7월 1일 경복궁에서 31세로 승하하였다. 유교(遺敎)는 인종비가 직접 들었기에 언문으로 쓰여져 승정원에서 한문으로 정리된 그 요지는 이러하다.

…… 산릉은 백성들의 폐해를 덜도록 힘쓰고 반드시 부왕(중종)과 모후(장경왕후) 두 능의 근처에 써야 한다 …….

7월 4일 인종의 이와 같은 유교가 조정에 공포되자 이튿날부터 부왕과 모후의

171

누구나 한번쯤 가보았던 착각을 일으키는 서삼릉 들머리 / 위

효릉 주위의 땅들은 출렁거리듯 일렁거리는 느낌을 갖게 한다. 이런 느낌이 연화부수형(蓮花浮水形)의 특징이기도 하다. 세(勢)가 느껴지는 광경이다. / 아래

효릉 뒤쪽에 봉긋이 솟구친 부분을 왕조실록에선 **목산**(木山)으로 기록하고 있다. 주산(主山)보다는 현무정(玄武頂)에 더 가깝다. / 옆면

능침이 있는 이곳 산들이 택지의 대상이 되어 7월 8일 좌의정 유관이 부왕 능침 백호 (白虎, 오른쪽 산줄기) 너머 어느 곳을 택지하였으나 다시 더 좋은 곳을 찾아보자는 중론이 있었다.(물론 부왕의 능침에서 멀리 떨어져 있지 않는다는 성립 조건을 충족 시켜야 했다)

7월 11일 영의정 윤인경 등이 최적의 택지를 내놓고 그 이유를 이렇게 설명했다.

"다시 살펴보니 정릉(부왕 능침) 백호 너머에 간목산(艮木山)이 있는데 간좌곤 향(艮坐坤向)이고 득수득파(得水得破)는 묘득신파(卯得申破)인데, 청룡(青龍)은 겹 으로 쌓이고 백호는 세 겹으로 되어 수청룡(水青龍)이 감돌아 안대(案對)가 되었으 며 수구(水口)가 막혔고 형혈(形穴)이 분명하여 길합니다……."

이곳 인종 왕릉은 당시 정릉(오늘날 희릉을 기준으로 잡을 것)의 백호(오른쪽이 나 서쪽)에 있다.

여기서 간목산(艮木山)이라 함은 혈과 형을 말하는 것으로서 간좌혈(艮坐穴)에 목형(木形)을 뜻한다. 간좌혈이기에 좌향을 간좌곤향(艮坐坤向, 동북쪽에서 서남쪽 을 향함)으로 매김질한 인종 왕릉에서 이를 이해할 수가 있고 목형은 인종 왕릉의 혈 약 150미터 뒤쪽에서 나무처럼 봉긋 튀어나온 봉우리를 말하고 있는 것이다.

물줄기는 묘방위(卯方位)인 동쪽에서 생겨나니 묘득수(卯得水)라 일컫고, 서쪽

에서 약간 남쪽이 되는 방향으로 물줄기가 빠져나감에 이를 신방위(申方位)라 하며, 또한 파구(破口)라 일컫고 있다. 오늘날 이곳에는 조그만 연못이 있고 답사 당시 이러한 물줄기 해석을 해보니 총명, 문필, 인구 관장 기운을 가져다 주고 살기와 흉한 독은 가져가 버리니 좋다는 해석이 나온 적이 있다. 안대(眼對)는 앞쪽으로 펼쳐지는 산과 물들을 총칭하는 풍수 용어로서 이러한 방위들은 모두 혈자리인 인종 왕릉을 중심으로 삼아 측정한 것이다.

형혈이 분명하다는 것은 앞서 설명했던 간목산 내용과도 동일하나 우리 풍수 정서상 연화부수형 형국을 가리키는 것 같다. 여기서 수구(水口)가 막혔기에 좋다는 표현은 무슨 의미인지 알고 넘어가자. 이는 풍수를 이해하는 데 중요한 의미가 되기 때문이다.

풍수는 생명 정신을 담고 있는 우리 학문이었다. 사람의 경우 생명 유지활동은 입으로 먹고 항문으로 배설하는 작용을 근간으로 삼고 있다. 땅의 경우 인체의 입은 득수(得水)에 해당되고 물들이 빠져나가는 수구(水口) 또는 파구(破口)는 인체 중 항문에 해당된다.

사람이 생명을 거두면 인체 중에서 항문은 벌어져 오장육부에 있던 내용물들이 쏟아지기에 염(殮)을 한다. 죽은 자의 항문은 벌어지고 산 사람의 항문은 닫혀져 있다. 그러므로 생명이 충만한 땅은 생자의 항문처럼 수구가 닫혀 있어야 한다는 것이 풍수 의미인 것이다.

사람과 땅 그리고 하늘이 닮았다고 보는 것이 동양의 천지인(天地人) 합일사상(合一思想)이었다. 하늘이 내린 것들을 땅이 그릇으로 담았고, 이렇게 담긴 것들을 인간이 먹고 살았다. 이러한 관계에서 하늘인 우주(宇宙)를 집 우(宇), 집 주(宙)라 했고 빈 잔에 해당되는 빈 마당에 차는 기운들을 활용하여 조성해갔던 것이 집 택(宅)이라는 우리 옛 건축이었다. 서양건축에서도 집을 소우주라고 표현하고 있지만, 우주와 집을 이렇게 정립시켜 놓은 것은 동양이 훨씬 앞선다.

동도서기(東道西器). 서양 그릇에 내용물인 도(道)는 동양 것을 담는다는 표현이다. 오늘날 송광사나 해인사에 가보면 푸른 눈에 승복을 입고 있는 서양인 승려들을 흔히 만난다. 동도서기들이다. 그런데 아무리 수행을 하여도 동도서기들의 절하는 모습은 언제 보아도 어색하지만, 할머니 손에 강제로 이끌려 법당에 들어간 개구쟁이 손주 녀석은 처음으로 하는 절일지라도 전혀 낯설지 않다.

이곳 인종 왕릉 역시 하늘과 땅 그리고 집을 풍수로 해석하여 잡은 자연의 조화물이기에 눈에 담아도 전혀 낯설지가 않다. 만약 여기에 낯설은 문제가 있다면 그것은 인간들의 욕망에서 저지른 부산물 같은 것들로 이곳 인종 왕릉의 경우 그 중 하나가 있다.

승하한 인종의 유교를 전하던 그날 인종비 역시 후일 같이 묻어 달라고 했기에 인종을 장사지낼 때 인종비가 묻힐 좌측 능침 영역을 비워 놓았다. 인종비 인성왕후(仁聖王后) 박씨는 32년 후인 선조 10년 승하하여 인종 옆자리에 묻히게 되고 당시 선조가 인종 왕릉에 병풍석을 두르게 했다. 그런 연유에서 효릉 우측은 병풍석을 했고 좌측은 병풍석이 없다.

이러한 인종왕릉의 병풍석에 눈길이 가는 것은 문정왕후 때문이다. 세조 이후에는 병풍석이 없는 것이 왕릉의 표준 양식이었다. 그러므로 중종의 첫 왕릉 조영 때는 병풍석이 없었던 것이 당연하다. 그런데 강남으로 어거지 천장했던 문정왕후가 윽박질러 병풍석을 조성했던 것이 분명하다. 정부인〔단경왕후〕과 재취〔장경왕후〕무덤에는 병풍석이 없지만 삼취임에도 불구하고 자신은 병풍석을 세움으로써 위엄을 내세울 수 있게 된다는 그런 이야기이다. 덕택에 문정왕후도 병풍석, 마마보이였던 아들 명종도 병풍석, 며느리마저 왕릉족보에도 없는 병풍석을 얻어 입었다.

병풍석 조성은 민초들의 등골을 휘는 일이었다. 병풍석이 있는 헌릉의 경우 동원된 민초가 15,000명에 이르고 병풍석을 설치하지 못하게 한 광릉은 9,000명이 동원되었다고 한다. 이 기록에서 보듯 병풍석 설치에 6,000명의 인원이 투여되고 그것도 목도로 옮겨야 하기에 돌덩어리에 눌려 사상자가 속출했다. 문정왕후의 병풍석 남용으로 4기의 왕릉에 총 24,000명이 동원된 것이다. 후일 영향을 준 인종 왕릉과

병풍석이 있는 봉분이 효종 왕릉이
며, **난간석**만 있는 봉분이 효종비(인
성왕후) 릉이다. / 위

서삼릉 한켠에 들어선 조선 왕실의
공동묘지들. 1930년대 일제가 전국
에 산재되어 있던 대군, 세자, 공주
분묘와 역대 왕의 태실들을 강제로
이곳에 입주시켰다. 태를 보관하던
이조백자 등과 석물들을 빼가기 위
한 문화재 약탈에서 자행했던 것이
다. / 아래

중종 왕릉 천장으로 인한 부역군 폐해 총수는 무료봉사 강제 노역으로 4만 명에 이르렀음을 짐작케 한다.(연인원은 무려 1백 20만에 해당된다.)

그날 답사팀은 차내에서 문정왕후에게 혀를 내둘렀고 맥주를 마시면서도 소주를 마시면서도 파장 무렵 씹던 오징어가 동이 나자 씹고 더 씹어댔다.

| 제13대 명종 왕릉, 강릉(康陵) 및 태릉(泰陵) |

조선 제13대 명종(明宗) 왕릉인 강릉(康陵)과 생모인 문정왕후의 태릉(泰陵)은 1킬로미터 거리를 두고서 서울특별시 노원구 공릉동에 자리하고 있다. 태릉은 택지 당시 연산군 일기 1년 1월 11일 기록에도 무후지지(無後之地)라고 거론되었다는 명종의 반대 의견도 있었는데, 소윤(小尹)의 거두 윤원형(명종의 외삼촌)이 무엇에 홀렸는지 이곳을 택지 적격지라고 우겼던 것이다.

그날 윤원형의 주장은 이랬다. 그곳에는 김사청(金士淸)이라는 사람의 무덤이 있고 그의 후손이 번성하고 있다는 것이었다. 명종의 외삼촌이 그것도 자신의 누이(문정왕후)를 어찌 흉지에 택지하겠는가라는 생각에서 항간에 나돌던 무후지지설을 일축시키고 명종은 대방동(공릉동) 정혈(定穴)을 결정해버렸다.

1565년 7월 15일 문정왕후는 이곳 태릉에 묻혔고 그후 2년도 채 못 되어 당시 32세 한창 나이었던 명종은 자녀 하나 남기지 않고서 졸지에 승하하니 조선왕조 최초로 왕비 혈통의 왕통 계승은 끊어졌고 제11대 중종의 후궁이었던 창빈 안씨 핏줄 서

제13대 명종과 인순왕후가 영면하고 있는 강릉은 쌍릉이며, 둘 다 예외적으로 병풍석을 조성하고 있다. 없어야 했던 병풍석을 어거지로 만든 국사인지라 임꺽정이란 인물이 등장하기도 했다.

열을 따져 조선 최초로 방계 승통을 세우니 그가 제14대 왕으로 후일 종(宗) 아닌 조(祖)가 붙은 선조(宣祖)였다.

후사가 끊어진다는 무후지지설이 맞아도 엄청 크게 맞아떨어진 셈이며 반풍수 집안 망친 꼴이다. 무덤 풍수들은 친부모가 사후 명당 혈에 묻힐 경우 땅기운 중 가장 좋은 생기(生氣)를 받은 부모의 뼈가 후손의 뼈로 생기를 전달한다는 친자감응(親子感應)을 주장한다. 이러한 동기감응(同氣感應)으로 인하여 뼈대 있는 집안의 풍수 발복이라는 속담마저 나돌게 되었다.

후사가 끊어진 명종을 무덤타령으로 살필 때 명종의 부왕인 중종의 정릉 역시 앞쪽에 물이 홍수를 이루는 흉지에 있고 어머니 문정왕후 역시 무후지지 흉당에 있었음에 친자인 명종의 왕통 절명의 친자감응은 일단 맞는 것이라고도 할 수 있다. 그러나 이와 같은 시각은 무덤 발복을 만병통치약이라고 팔고 있는 돌팔이 약장수들의 일방 통행적인 행동과도 같다.

명종의 생모인 문정왕후의 태릉은 풍수상 후손이 끊긴다는 흉지였으나, 무소불위 권력에 보이는 것이 없던 윤원형의 망발로 밀어부친 왕릉이다. 인하여 태릉과 관계된 사람들은 한결같이 시끄러운 인물들이다.

명종의 후사 절명의 근본적인 원인은 오히려 명종 주변의 인화(人和)에서 비롯되었던 것으로 보인다. 명종은 12살 때 혼인을 했고 18살 때 아들(순회세자)을 낳았다. 순회세자는 13살 어린 나이로 그만 세상을 떠나 후사를 이어주지 못했다. 문제는 '무정자 신체도 아닌 명종이 무슨 이유에서 이후 재위 기간중 자녀 생산을 하지 못했을까' 라는 데에 있다.

왕실의 번영은 곧 자녀들의 번창에 있기에 세종대왕의 경우 부인 6명을 두어 18남 4녀라는 22명의 자녀를 생산하기까지 했다. 심지어 제12대 인종도 귀인 정씨라는 후궁을 두었다(인종은 무정자 신체였던 것 같다). 그러나 명종은 후궁마저 두지 않았다. 수백 명의 꽃같이 아리따운 처녀들이 오로지 명종의 눈길과 총애를 원했던 궁궐에서 명종이 이들을 후궁으로 맞이하기를 거절했다는 것에는 분명히 무엇이 있다.

명종은 모후인 문정왕후 때문에 여자를 두려워하지 않았을까. 곤룡포 입은 종아리에 매질과 함께 어전에서 반말과 욕까지 했으니 명종이 여자 공포증을 느꼈던 것은 당연했고 이러한 추론 또한 문정왕후 운명 후 2년도 채 못 되어 34세의 나이에 그

180

만 승하한 사실에서도 짐작할 수 있다.

이들의 왕릉을 보고 있노라면 죽어서도 콤플렉스는 못 버렸다는 생각이 든다. 명종의 강릉은 문정왕후의 태릉 안쪽에 감추어져 있고 오늘날까지 치마폭에 싸인 비공개 왕릉이다. 남존여비와 왕권 제일주의를 으뜸으로 치던 조선왕조 왕릉 중에서도 유일하게 이곳은 이러한 유교 예제를 뒤집고 있는 곳이기도 하다. 모후라지만 왕이 아닌 왕비의 능이 앞장 선 태강릉(泰康陵)이라는 명칭으로 알 수 있다.

서울 시민에게 강릉을 물어 보면 대부분 모른다고들 한다. 그런데 삼취격인 왕비 능에 불과한 태릉은 거의 안다. 아이들은 태릉선수촌을 알고 있고 어른들은 태릉 갈비를 기억하고 있다. 태릉 푸른동산, 태릉 컨트리클럽, 태릉 국제종합사격장, 심지어 강릉 바로 옆에 붙어 있는 스케이트장마저도 강릉 스케이트장이 아닌 태릉 스케이트장이다. 죽어서도 아들은 어미의 목소리에 눌려서 숨소리 한번 못 내고 있는 비공개 왕릉인 반면 문정왕후의 태릉은 활짝 열린 공개 왕릉이다. 무인석마저 변강쇠처럼 코가 조선 왕릉 중에서 제일 크다(그런데 아들은 하나뿐, 딸만 4명이나 낳아 국고만 탕진했던 문정왕후다).

명종 왕릉의 망주석의 **세호** 좌우 모두 상행 운동을 하고 있다. 왕조실록에는 세호에 관한 기록은 없으나, 종조(宗祖)에 관한 기록과 논박은 특히 선조 승하 후 치열했다. 이같은 종조 논쟁의 기록과 세호 문양은 맥락을 같이 하고 있음이 새롭게 드러난다. / 왼쪽

문정왕후 때문에 무리하게 병풍석을 설치했음을 짐작하게 하는 장면. **인석**과 **인석**끼리 서로 부딪치는 광경은 이곳 강릉뿐이다. / 오른쪽

    문정왕후와 보우가 결탁하여 중종 왕릉 천장의 역사를 일으킨 명종 17년 8월 22일 발인날의 사관 사론에는 다음과 같은 구절이 직필되어 있다.

    …… 이번 천릉한 일은 임금의 뜻이 아니다. 문정왕후의 생각에서 나온 것임을 백성 모두가 알고 있다. 고금을 막론하여 세상에 투기하는 사나운 여자가 어찌 없겠는가. 그런데 이미 죽어 유명을 달리한 뒤에까지 시기하여 남편의 무덤을 옮겨 전처의 무덤과 멀리 떨어지게 하였다는 말은 듣지 못하였다 …….

| 제14대 선조 왕릉, 목릉(穆陵) |

동구릉에 있는 선조(宣祖) 왕릉은 꼭꼭 숨어 있다. 재위시 임진왜란을 만나 혼줄이 났던 선조는 승하 후 왕릉마저 동구릉 깊숙이 그것도 비공개 왕릉(목릉)으로 꼭꼭 숨은 텃자리에 위치해 있다.

임진왜란 때 남쪽(한양)에서 북쪽(의주)으로 피난을 갔던 제14대 선조의 병살(兵殺)이 왕릉까지 미쳤는지 목릉 또한 남쪽에서 북쪽으로 천장을 가기도 했다. 세 살 버릇 여든까지 간다는 말은 들었어도 살아 있을 때 운명이 죽은 후 그대로 따라간다는 말은 선뜻 이해할 수가 없다.

그러나 풍수에서는 이러한 현상을 인정하고 있으며, 이를 소주길흉론(所主吉凶論)이라 한다. 산소(山所)의 주인(主人)은 이미 정해져 있다는 묘한 논리로서 제 땅에 제 구멍 파고서 제가 묻힌다는 말과도 같다. 이같은 소주길흉론에서 볼 때 살아 있을 때 당한 살(殺)은 죽어서도 걸머지고 간 살에 맞을까봐 특히, 병란 병살이 있었던 왕의 경우는 세조 왕릉 장법의 예외적 사항인 병풍석을 왕릉에 휘두르게 했다. 임

183

홍살문 앞에서 보면 자취조차 없지만, 그 안에는 무려 3기의 왕릉들이 동역이강 양식으로 꼭꼭 숨어 있는 것이 목릉의 특징이다.

진왜란의 선조, 병자호란의 인조 왕릉의 경우 모두 병풍석을 조성한 것에서 볼 때 병풍석은 살을 막아주는 방패 역할임을 알 수가 있다.

더불어 인조는 병자호란 때 북쪽(한양)에서 남쪽(남한산성)으로 피난을 갔는데 북쪽에서 남쪽으로 천장하였던 인조왕릉의 행로 역시 같기에 풍수의 소주길흉론은 여기서도 맞았던 셈이다.

목릉이라는 같은 능역(陵域) 문패 아래에는 번지수가 다른 언덕〔岡〕을 차지한 선조와 정비〔의인왕후〕그리고 계비〔인목왕후〕의 능들이 자리를 잡아 동역이강(同域異岡) 양식으로 매김질되어 있다. 세 왕릉들이 어찌나 꼭꼭 숨었던지 들머리에서 보면 홍살문 하나만 덩그러니 빈 터를 지키고 있다는 착각마저 들게 한다.

그러나 홍살문만 들어서면 웅장한 왕릉들이 한눈에 들어오는 것이 또한 목릉의 특징이기도 하다. 우상(右上) 자리에 제14대 선조 왕릉이 매김질되었고 다음 자리에는 정비였던 의인왕후릉이 그리고 좌하(左下)자리에는 가장 서열이 낮은 계비 인목왕후릉이 매김질되어 있다.

선조 재위시에 겪었던 임진왜란은 우리 국토에 막대한 피해를 끼쳤고, 그에 못지않은 타격을 조선왕실에도 주어 그 충격으로 왕의 권위는 하루 아침에 무너져 버렸다. 게다가 명종 이후 왕비 혈통이 끊어지자, 창빈 안씨라는 후궁 출신을 모계 혈통으로 한 선조 등극에서 이미 신성불가침 왕권의 권위는 실추되어 후일 인조반정이라는 하극상을 초래하게 되었다. 이렇듯 왕실의 권위가 실종되면서, 선조 33년(1600)에 있었던 정비 의인왕후 장사 때에는 불미스러운 일까지 벌어졌다.

선조 33년 6월 27일 중전이 승하하자 7월 1일 택지 문제가 거론되었고, 대신들은 선대 왕릉들의 화소(火巢) 안을 천거했다. 화소란 사전에 화재를 막자는 뜻에서 왕릉 능역과 인접한 지역에다 불(火)을 지른 경계구역으로 둥지처럼 산줄기가 감싸는 풍수상 장풍 국면에 왕릉들이 있기에 둥지 '소'(巢) 자가 붙은 것이다.

그러나 국장은 11월 초가 되었어도 왕릉 택지마저 선정되지 않고 있었다. 왕릉 택지는 보통 한 달 남짓이면 결정되었으나, 5개월이 되어도 왕릉 택지가 정해지지 못한 유래는 조선 왕조 역사상 일찍이 없었다. 왕릉 택지가 표류하고 있었던 것은 설왕설래 때문이었다. 이러한 신하들의 행동들은 왕권 실추에 따른 그들의 욕심을 채우자는 데 있었다. 이랬다 저랬다, 이리 갔다 저리 갔다, 이것도 안 되고 저것도 안 된다고 둘러대는 평계에는 언제나 풍수 변명들이 따라다녔다.

조선 초기 왕권이 막강했던 시절에는 명당이라면 어느 곳을 막론하고서 왕릉을 썼기에 개국 공신의 무덤이건 심지어 대군의 무덤들도 하루아침에 파헤쳐졌다. 그러나 왕권이 실추되자 대신들은 자신들의 문중 무덤은 털끝 하나 못 건드리게끔 이리저리 왕릉 택지를 차일피일 미루다 무려 5개월이나 끌었던 것이다.

대신들의 이러한 태도에 질린 선조는 10월 10일 서릿발 같은 전교를 내렸다.

"또다시 택지한 곳에 세력 있는 사대부들의 무덤이 많다고 하는데 누구누구의 것인지 빠짐없이 적어둘 것과 이를 감시하라."

그러자 모든 대신들이 모두 벌벌 떨었다고 그날의 사관은 실록에 기록하고 있다. 그러나 그것도 잠시뿐. 이해 관계가 있는 왕릉 택지 자리에 풍수상 평계를 대고 또다시 못쓰게 만들어 버린 대신들이었다.

여름에 승하한 중전의 택지를 엄동설한까지 끌자 힘없는 선조는 완전히 자포자기였다. 이때 대신들은 재빨리 원래 의도였던 선왕릉 화소 지역을 일제히 밀어붙였고 결국 11월 9일 이곳 동구릉 건원릉 좌측 두 번째 언덕(능지기록은 3강)으로 결정하였다. 그날 이항복은 무슨 근거에서인지 이런 말까지 둘러댔고 인하여 오늘날까지 전해지는 반풍수타령의 대명사가 되어버렸다.

"……태조 3년 태조께서 신승 무학을 데리고 몸소 신후지지를 구하러 다니다가 산 하나(오늘날 동구릉을 가리키고 있다)를 얻고서 대대로 왕릉들을 쓸 수 있는 곳이다 하였습니다……"

왕권의 권위가 시퍼랬을 적에 이런 허풍을 꺼내 놓았다가는 대역죄인으로 몰렸으나, 임진왜란 이후에는 그때와 달랐다. 왕릉에 묻을 지석 하나를 충주에서 가져오기 불편하니 옛 중종릉 것을 재활용하자는 무엄한 발언에도 힘없는 선조는 윤허를

선조의 정비 의인왕후릉. 왕릉 택지가 정해지지 못해 7개월을 끌다가 겨우 장사를 치렀다.

186

할 수밖에 없었다.

우여곡절 끝에 선조의 정비 의인왕후 박씨는 12월 22일 이곳에 묻혔는데, 20일 후 선조는 해도 해도 너무했던 대신들에게 볼멘 소리를 내뱉었다.

"이번 국상에는 해괴한 일이 많았다. 7개월 만에 장사를 치렀던 것은 전에 없었던 일이었고, 현궁이 이미 닫혔는 데도 지석을 묻지 않았던 것도 전에 없던 일이며, 게다가 사신들까지 서로 미루며 날짜를 끌면서 지문 보기를 무슨 휴지조각 보듯 하였다. 도대체 무슨 까닭인가. 나라 일이 과연 이래서야 되겠는가……."

왕권이 실추되자 무성의한 국장 또한 그랬지만 임진왜란 이후 시대 상황은 모든 가치관의 변동을 가져왔고 풍수 역시 시야의 변질마저 있었다. 임진왜란 이전에 명당은 '부' 와 '귀' 그리고 '자손 번영' 이렇게 세 가지 발복을 최고로 쳤기에 금닭이 알을 품는다는 금계포란형(錦鷄抱卵形) 풍수 형국을 가장 선호했다.

닭은 농가의 재물이기에 부(富)를 상징하고 닭의 벼슬은 관직 벼슬에 견주어 귀(貴) 그리고 알을 풍성히 낳는 생산력은 다산(多産)이라는 자손 번영이기 때문이다.

뒷녘 무등산 기운을 금계(錦鷄)형국으로 받기 위해 본관 건물을 닭벼슬 모양으로 조성하고서 앞녘 학부 건물들을 알처럼 품어주는 광주의 조선대학교는 금계포란형을 보여주고 있다.

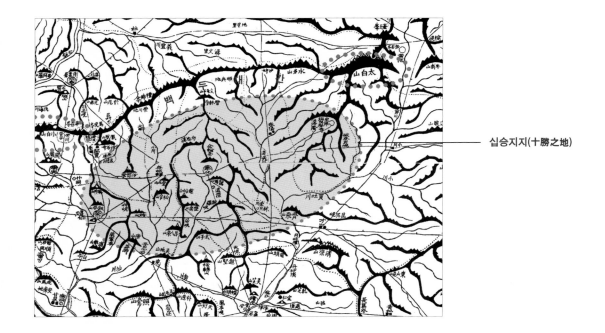

십승지지(十勝之地)

그러나 임진왜란으로 금계포란형에 텃자리를 잡은 선산이며 양반집들이 하루아침에 쑥대밭이 되어 버린 것들을 목격했다.

떵떵거리던 사대부들의 명당도 병란을 만나니 별것 아니었던 탓에 민초들에겐 부귀영화보다 더 절실했던 병재(兵災), 화재(火災) 그리고 돌림병(病災)이 들지 않는 삼재불입지지(三災不入之地)가 명당이라는 절박감에서 십승지(十勝地) 사상이 유행하였고 이후 우리 땅의 지명들에는 송정, 팔송, 송림, 송전, 송현, 청송 등등 '송(松)' 자가 붙은 마을 지명들이 숲을 이루게 된다. 정감록 계열의 책에 "임진년(壬辰年)에는 송송(松松)서 이롭고……"라는 구절과 당시 명나라 원군총수 이름이 "내가 이씨 조선의 소나무……"라는 맥락의 이여송(李如松)이라는 점에서 피병처의 '송' 자 지명들이 유행하게 되었던 것이다.

의인왕후릉(懿仁王后陵)을 중간에 두고 좌측에 계비 인목왕후릉(仁穆王后陵)과 우측에는 선조 왕릉이 오늘날 자리하고 있는 이곳에 본래 선조 왕릉은 있지 않았다.

선조의 첫 안장지는 오늘날 **헌종 왕릉** 있는 곳으로 동구릉 서쪽 산줄기에 있었다. / 위

병란의 병살(兵殺)이 낀 왕이기에 살막이 용도의 병풍석을 철옹성처럼 조성하였으나 난리통에 기술자와 국고의 부족으로 그만 부실공사가 되어 천장으로 번졌다. **만석(滿石)**이 제법 견고하다. / 아래

소백(小白)과 태백(太白) 사이에 양백낙지(兩白落地)의 복지가 있다고 하는 「대동여지도」의 십승지지역 / 옆면

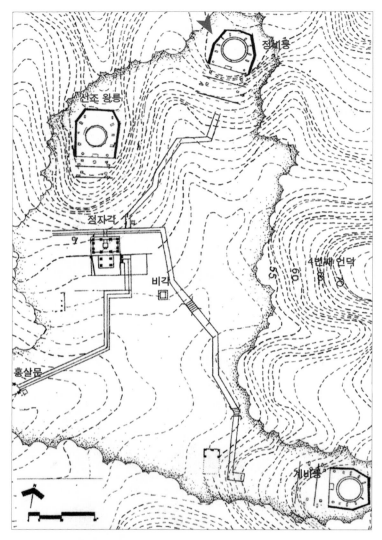

정비릉

선조 왕릉

정자각

비각

4번째 언덕

홍살문

계비릉

3기의 왕릉들로 동역이강을 이루어도 각각의 왕릉들이 우상좌하 원칙을 그대로 보여주고 있는 목릉배치도.
정비릉(의인왕후)이 가장 먼저 조성되었다.

선조 왕릉과 정자각. 정자각이 좌측(혈자리 중심에서 볼 경우)으로 밀린 것은 동역이강 양식 때문이다. 뒤쪽 왼쪽으로 보이는 것이 **정비 의인왕후릉**이다. / 위

동구릉 서편에서 동편으로 천장해 온 선조 왕릉 강 위에서 바라본 **계비 인목왕후릉** / 아래

선조는 임진왜란과 함께 40년 7개월이라는 오랜 기간을 재위하다 춘추 51세로 경운궁(덕수궁의 옛 이름으로 당시는 월산대군 집에 불과했다)에서 1608년 2월 1일 승하했다.

승하 후 대신들에게 떠밀려 역시 화소 지역인 동구릉 서쪽 산줄기에 유좌묘향(酉坐卯向)으로 6월 12일 장사를 지냈다. 당시 병란의 폐해와 왕권의 실추 그리고 신권들의 이기주의가 얽히고설켜 병살(兵殺)을 막기 위한 병풍석 조성이 부실 공사를 초래하게 되어, 22년 후 그 문제가 불거져 나왔다. 자주 기울어지는 병풍석은 재공사로 보수할 수도 있었으나, 풍수를 신봉했던 대신들은 광내(壙內)에 물이 찬 흉지라는 신경과민에 걸려 흉지 발복을 우려하며 천장론을 들고 나왔고 인조 또한 병자호란의 악몽을 겪었기에 전격적으로 천장을 윤허해버렸던 것이다.

인조 8년(1630) 2월 30일 심명세(沈命世)의 상소로 선조 왕릉의 천장은 결정되고 15일 후 천장할 택지를 구체적으로 논의하게 되었다. 천장도 천장이지만 대신들 또한 자신들의 문중 발복을 지키기 위해 선조 왕릉의 천장지를 동구릉 내로 밀어 붙였다. 오늘날 조선 왕릉의 최대 왕릉지인 동구릉은 대신들의 이기심에서 조성되었던 것임을 여기서 알 수가 있다.

11월 21일 선조 왕릉은 지금의 목릉 능역으로 천장되었고 이를 동구릉 내 번지수로 셈할 때 건원릉 좌측 두 번째 언덕이 된다. 천장 당시 정비 의인왕후릉은 건원릉 좌측 세 번째 언덕에, 선조 왕릉 천장 2년 후(1632년)에 장사를 치른 계비 인목왕후릉은 건원릉 좌측 다섯 번째 언덕이라는 번지수에 매김질되어 목릉의 동역이강 양식은 선조 왕릉 천장으로 비롯된 것이다.(4번째 언덕은 아직 비어 있다)

선조 왕릉의 능호는 원래 숙릉(肅陵)이었으나, 태조의 역대 증조부인 정숙왕후(貞淑王后)의 능인 숙릉(淑陵, 함경남도 문천군 소재)과 발음이 같다 하여 목릉으로 고쳤는데 목릉의 목(穆) 자는 대신들의 욕심이 꽉찬 글자이기도 하다. 소목(昭穆)에 있는 '목' 자(字)로서 소목제(昭穆制)는 무덤들을 하나의 선산에 쓸 때 매김질하는 방식을 뜻하기에 화소와도 통했다.

목릉(선조 왕릉). 그날 답사 일행에게 사초지 원훈 현상을 찾아서 각자 앉아보라고 하자, 저런 모양을 하고 있었다. 원훈은 둥글다. 그래서 태극이다.

천장 당시 물이 찼다던 광을 열어 보니 물기는커녕 흙까지 보송보송한 길지(吉地)였고 이를 지켜본 대신들은 모두들 분개하였으나, 천장은 그대로 진행되었다. 능을 개봉하였다가도 이상이 없을 때에는 즉시 흙을 다시 덮으면 풍수상 아무런 악영향을 미치지도 않으나, 그러하지 못했던 당시의 천장 사건에는 그만큼 복잡한 이해관계가 얼키고설켰던 때문이었다.

신권의 부상은 왕릉을 파헤쳤고 급기야는 왕권의 용상마저 내려놓았다. 인조반정으로 폐위된 제15대 광해군은 신권들의 희생양이었던 것이다. 그것은 조선조 최초의 신권의 승리이기도 했다.

| 제15대 광해군 묘 |

    선왕의 승하로 즉위했던 조선의 왕들은 좌의정을 필두로 조정 대신들과 풍수지관들이 어전에 모여 짧게는 3개월에서 길게는 7개월에 이르는 풍수 논쟁들을 벌였다.

    조선조 풍수 논쟁들을 살펴보면 하륜, 황희, 정인지, 한명회, 신숙주, 손중돈, 정구, 이항복 등등 우리가 익히 알고 있는 역사적 인물들과 함께 조정의 모든 대신들이 총망라되어 풍부하고 해박한 풍수 논리들로 날카로움마저 보여주고 있다. 어전에서 풍수는 아랫것들이나 하는 짓이라며 만약 함구무언으로 일관하였다가는 첫 국사부터 등극한 임금의 눈 밖에 벗어나고 즉시 실각을 당하게 된다. 풍수 논쟁은 당론과 당적 제거에도 이용되었기에 어떤 때는 사활을 건 승부처가 되기도 했다.

    광해군은 제15대 왕이었으나, 못난 신하들이 벌인 하극상 쿠데타로 폐위되어 왕릉이 아닌 묘에 안장되었다.

    능과 묘의 차이는 무엇인가. 능과 묘는 모두 무덤을 뜻하며 그 중 왕과 왕비의 무

194

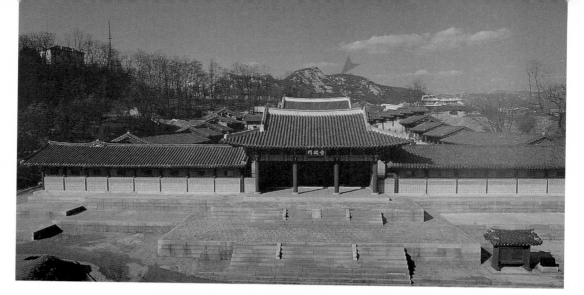

광해군은 재위시 무엇에 쫓기 듯 궁궐을 조성했다. 이는 조선 개국 직후 허겁지겁 한양으로 천도를 서두른 태조와 제7대 세조의 왕심에서도 찾을 수 있다. 광해군 재위시 **인왕산** 풍수 풍문에 따라 조성했던 경희궁(당시 경덕궁).

덤을 능(陵)이라 하고 왕족 중에서 왕세자, 왕세자비 및 왕의 사친(私親)의 무덤은 원(園)이라 부른다. 이같은 능원(陵園) 이외의 무덤들은 모두 묘(墓)에 속한다.

조선왕조의 왕릉 양식은 『국조오례의(國朝五禮儀)』에 표본이 나와 있는데, 이를 충실히 따른 것은 제5대 문종 왕릉이다. 왕릉은 외관상 누가 보아도 규모가 크고 열 자 깊이의 광을 파며 가장 두드러진 특징으로 곡장 안에는 망주석이, 능원 위에는 무인석이 조성되어 있다는 것이다.

광해군의 묘는 왕릉이 아닌 묘이기에 무인석이 없으며, 망주석마저 곡장 밖으로 밀려나 있다. 인조반정으로 등극한 제16대 인조 왕릉과 폐위당한 광해군 묘는 하늘과 땅 차이를 보여주어 죽어서도 왕후장상이 따로 있고 신분은 무덤까지 붙어 다녔나보다.

왕이 죽으면 이를 훙(薨)이라 하고 일반인이 죽으면 사(死)라 칭한다. 황제의 경우 붕어(崩御)라 하며 왕의 승하를 훙어(薨御), 또는 훙거(薨去)라 했던 반면 대부(大

제15대 왕은 폐위되어 광해군으로 강봉되었기에 왕릉에 안장될 수 없었고 게다가 왕세자 무덤인 원(園)이라는 호칭마저 쓸 수 없어 그냥 묘라고 부른다. 왕릉처럼 정자각을 조성할 수 없기에 정자각 용도인 상석과 **향료석**이 봉분 앞에 설치되었다. 무덤 전체가 앞으로 쏠리는 이런 현상을 두고 당판(堂坂)이 기운다고 무덤풍수들은 표현한다. 흉지현상중의 하나다.

夫, 문관 4품 이상 무관 2품 이상으로 오늘날 부이사관과 군대 계급으로는 중장 이상 신분)의 죽음을 졸(卒)이라 했고, 그 아래가 사(死)였다. 사망(死亡)이라 하면 어쩐지 죽어서 망했다는 내키지 않는 표현과도 같아서 이를 높여서 부르던 말이 서거(逝去), 사거(死去)로서 이는 왕과 대부의 훙거(薨去), 졸거(卒去)에서 각각 한 글자씩 따온 말이다.

조선 27대 왕 중에서 폐위된 연산군과 광해군(光海君)은 훙거와 사망이 아닌 졸에 해당된다. 모두 군(君)이라는 신분은 유지되었으나, 훙과 졸 그리고 왕릉과 묘의 차이는 천지 차이였다. 참고로 연산군 묘가 강화도에서 서울 도봉구 방학동으로 이

광해군 묘의 망주석은 곡장 밖으로 밀려나 장대석 아래에 위치하고 있다. 세호 역시 격상도 아니며 그냥 뭉뚝그러진 몰골이다. / 왼쪽

봉분 앞에 비석 그 앞에 **혼유석**, 상석, 향료석 등의 순서로 매김질된 광해군 묘 / 오른쪽

장할 때 나라에서 지급한 양은 고작 그것도 콩과 쌀을 합한 100석에 불과하였으나, 세종왕릉 천릉의 경우 쌀 1,323석이 사용되었다. 살아 생전 신분은 사후 저승 길목까지 대접을 달리하며, 살아 생전 사주팔자(四柱八字)가 사후에는 비석팔자(碑石八字)로 대비되나 보다.

불안한 등극으로 보위에 오른 광해군은 재위 초부터 시달림을 당했다. 임진왜란으로 무력해진 국력에다 왕위 계승마저 고명을 받은 영상 유영경에 의하여 실종될 뻔했고 게다가 적자가 아닌 서자에 차남이라는 트집을 잡아 세자 책봉과 왕위 계승에 명나라는 진상 조사단까지 파견하는 등 좌불안석의 옥좌였다.

상황이 이러하니 광해군은 권력 유지에 필요한 강력한 방위책을 구사할 수밖에 없었다. 왕위 계승 직전에 장난을 쳤던 유영경 처단과 왕권을 위협한 동복형 임해군 유배 사사, 언제 터질지 모르는 역모의 폭발물인 영창대군을 증살(蒸殺, 방에 불을 지펴 열기로 죽임)하고 영창대군의 생모 인목대비를 서궁에 유폐시키는 등 왕좌의 기반을 다져갔다.

광해군은 국제 정세에도 밝아 중국 대륙의 패권이 명나라에서 청나라로 흘러가

고 있음을 주시하고서 이에 중립주의 노선으로 노련하게 대처하기도 했다. 외세의 방어와 내세의 확립을 통하여 얻어진 왕권으로 임진왜란의 피해를 복구하고자 강력한 민생 안정책을 추진하였고 병화로 잿더미가 된 창덕궁, 창경궁, 경덕궁(경희궁), 인경궁(仁慶宮, 양택 풍수로 잡아 보면 체부동 131번지와 사직동 1번지 사이에 걸린 도로 부근이 정전 자리였음은 쉽게 알 수 있다;필자의 풍수 추정) 등을 중창건하였다.

당시 인구를 400만 정도로 추정하여 볼 때 이같은 전쟁 복구는 무리가 따를 수밖에 없었다. 광해군 2년(1610)에 허준의 『동의보감』이 완성되는 개가를 올리기도 했으나, 당시의 불안한 상황은 허균의 『홍길동전』에 잘 나타나 있다.

홍길동이 적자와 서얼의 갈등 관계를 표출한 시대상의 인물인 것에서 드러나듯 적서의 문제는 결국 광해군을 왕위에서 몰아낸 인조반정과 같은 맥락선상에 있었다. 서자라는 그림자가 끝까지 따라다니다 후일 서인들의 공격으로 폐위된 광해군이나, 서인들이 등극시킨 능양궁(인조) 역시 서자였으니, 역사의 아이러니를 보는 것만 같다. 아니, 당리 당론으로 밥그릇을 지키려는 신분의 욕망이 인조반정이었다는 것이 정확한 표현일 것이다.

그러나 역사는 힘있는 자의 기록임은 어쩔 수 없는 현실이기도 하다. 승자였던 인조 왕릉에 비해 역사의 패자인 광해군 묘는 서울 외곽 동북쪽 깊숙한 산중에 초라하게 묻혀 있다.

이러한 광해군 묘를 찾아가려면 먼저 미금시로 가서 진접으로 가는 390번 지방도로를 따라가다 길 옆에 있어서 비교적 찾기쉬운 사릉(思陵, 단종의 비 정순왕후릉)에서 관리인에게 광해군 묘의 위치를 물어보는 것이 지름길이다. 사릉에서 3킬로미터 가량 더 돌아가야 하는 길에는 이렇다 할 표지판 하나 없기 때문에 그렇다.

군이 묻지 않고 찾아가려면 사릉 조금 못 미쳐 다리(송릉교) 옆에 세워진 '영락동산'이라는 표지를 따라가다 또다시 영락공원 표지판을 따라 좌회전하여 1킬로미터 정도의 산길을 올라 가면 영락교회 묘지 못 미치는 우측으로 철망이 보인다. 언제

우측의 광해군과, 좌측의 문성군부인(광해군 부인) 봉분 사이로 장명등이 보인다. 그 아래쪽은 **급경사**다. / 옆

나 굳게 닫힌 철망 안에 광해군 묘가 있어 생전 유배 생활 18년도 부족했던지 사후 무덤까지 철조망 유배지에 있는 격이다.

　광해군 묘 앞은 급격히 떨어지는 낭떠러지에 가깝다. 이렇게 무덤 앞이 절벽처럼 내려앉은 텃자리를 풍수들은 낙마사(落馬死)한다고 주장한다. 오늘날로 치면 후손이 교통사고를 당한다든가 혹은 선거에서 또는 입각에서 낙마한다는 것쯤 된다. 일설에 의하면 임종 전 자신의 어머니인 공빈 김씨 묘 발치에 묻어달라고 해서 이곳에 묻었다고 한다.

| 제16대 인조 왕릉, 장릉(長陵) |

조선 왕조는 제11대 중종 등극을 계기로 신하들의 목소리가 커지게 되었다. 그것은 연산군을 폐위시킨 반정 공신들의 승리가 신권들의 입지를 세웠기 때문이다. 그런 상황에서도 제13대 명종까지는 당당한 적통성의 뿌리 때문에 왕들의 목소리가 여전히 당당할 수 있었지만, 제14대 선조 때부터 방계 왕통 계승으로 이어지자 왕들의 목소리는 작아질 수밖에 없었다.

적자 왕통인 제1대 태조 때부터 제13대 명종 때까지 왕릉들은 경기도 지역 내 한양에서 백리 안쪽에 해당되는 어느 곳이건 명당이면 무수한 무덤들을 파헤치면서까지 자리 매김질을 할 수 있었던 반면, 서자 왕통인 제14대 선조 때부터는 신권들의 목소리에 밀려 왕릉들은 동구릉과 서오릉, 서삼릉이라는 화소 지역 내에 자리 매김질을 하게 된다. 왕릉으로 인하여 자신들의 문중이 파헤쳐지는 것을 원치 않았던 신권들의 목소리가 음으로 양으로 커졌기 때문이다.

14대 선조, 15대 광해군, 16대 인조의 공통된 특징은 선대 왕통 계승의 모계(중

전)와는 다른 방계 왕통(후궁)이라는 것이다. 선조의 왕통 모계는 제11대 중종의 후궁인 창빈 안씨가, 광해군의 모계는 부왕 선조의 후궁 공빈 김씨가 선조의 후궁이었다는 점이다. 왕통을 생산하였지만 이들은 내명부 정1품인 빈(嬪)으로 임금의 총애를 받던 후궁이지 결국 중전들은 아니었다.

제16대 인조(仁祖)또한 조(祖)라는 묘호에서 보듯 왕통 모계가 인빈 김씨였으며, 반정으로 보위에 올랐기에 뿌리가 건실하지 못했다. 이 점 반정으로 몰아낸 광해군보다 취약했다(광해군은 선왕의 교지로 등극했으나, 인조는 선왕의 교지마저 없었다). 인조는 뿌리를 군건히 세우기 위해 즉위년에 아버지 정원군을 대원군(大院君)으로 추숭하였지만, 그것도 어쩐지 양에 안 차 인조 5년(1627) 김포 성산(城山, 현 장릉산)으로 천장했고 묘(墓)를 홍경원(興慶園)으로 높였다.

이러한 인조의 마음을 잘 알고 있던 이귀(李貴)라는 신하의 주청에 따라 인조 10

제16대 인조는 반정으로 등극한 왕이기에 선왕의 혈통과 직접 연결된 관계가 아니었다. 인하여 제14대 선조와 연결된 정원군과 묘를 각각 원종(元宗), 장릉(章陵)으로 추숭하여 조선 최초의 추숭 왕릉을 낳는 선례를 남긴 현장이다.

년 아예 원종(元宗)이라는 묘호와 함께 능호마저 장릉(章陵)으로 칭하여 조선 왕조 최초로 추숭 왕릉이라는 선례를 남겼다. 이같은 추숭 왕릉 선례의 영향을 받아 후일 조성된 왕릉으로는 영조의 맏아들인 진종(眞宗)의 영릉(永陵), 정조의 아버지인 융릉(隆陵), 헌종의 아버지였던 수릉(綏陵)이 있다.

천장과 장릉의 추숭으로 자신의 정통성을 풍수에서 찾았던 인조였으나, 그보다 더 강력한 힘인 인화에 있어서는 실패했다. 인조반정은 정통성이 없는 쿠데타였기에 내부적으로 이괄의 반란과 외부적으로 병란이라는 자충수를 스스로 두고 있었던 것이다.

인조반정의 명분 세 가지 중에는 대명사대(大明事大)라는 것이 있었으나, 당시 중국은 청나라 세력이 점차 커지고 명나라는 패망일로에 있었으므로 임진왜란 때 명나라의 외세에 힘을 입었다한들 청나라를 건드려서 벌집을 들쑤실 필요는 없었다. 그러나 인조는 명분이라는 이념을 앞세워 실리를 저버린 대명사대 정책으로 청나라의 코털을 건드리는 우를 범하였고 인조 5년 청나라(후금)는 3만의 병력으로 조

202

선을 침공하니 이것이 정묘호란으로 인조는 강화도로 피신하게 되었고 조선과 청나라는 서로 억지 강화를 맺었으나, 대청사대 시야의 한계를 벗어나지 못한 탓에 청나라를 더욱 자극, 9년 뒤 12만 대군의 침공이라는 병자호란을 당하게 된다.

인조는 삼전도(오늘날 송파구 삼전동)에서 치욕의 삼배구고두례(三拜九敲頭禮)를 당하기까지 했다. 세 번 절하면서 머리를 땅바닥에 아홉 번 찍으며 용서를 비는 인조의 체통은 말이 아니었다. 청군은 군신 관계를 맺고 철수하면서 50만 명에 달하는 조선 여자들을 끌고 갔는데, 이는 청군 병력 12만 명에 비추어 보면 병졸 1인당 4명의 여자를 끌고 간 셈이다.

피난 보따리를 세 번씩이나 쌌던 인조는 재위 27년 만인 1649년 승하했고 당시 택지는 미리 정해져 있었다. 인조 14년에 인렬왕후(仁烈王后) 한씨 능을 잡을 때 미리 우허제로서 비워 둔 파주군 운천리(오늘날 문산읍 운천리 능말마을로서 1번 국도 임진각 10리 전 오른쪽 지역이다)에 장사를 치른다.

청군의 남침이 있을 때 한양으로 통하는 길목이었다는 점을 들어 임진강 도하 지점에 인렬왕후 택지를 잡았던 것은 인조였다(물론 당시 총호사 홍서봉의 강력한 주장이 있었지만). 왕릉을 지키는 수호군이 일단 유사시 국방경비대 역할로 활용되게끔 운영했던 사례는 명나라 13명의 황제릉이 모여 있는 천수산(天壽山) 지역에서 찾아볼 수 있고 조선 조정 역시 중국의 천수산 능역에 관해 빈번히 거론하였기에 이를 충분히 알고 있었다. 당시 능역 범위에 들어 있는 무덤 756기를 이장시키면서 그곳에 자리잡게 되었다.

인렬왕후 발인날인 4월 8일 『조선왕조실록』에는 다음과 같은 우려의 내용마저 눈에 띈다.

민간에서 발인하는 날 한양에 큰 변고가 생길 것이라는 소문이 나돌았고 이날 모두 대문을 닫고 몸을 숨겼으며, 재상들의 집에서도 세간을 옮기는 일들이 벌어졌다.

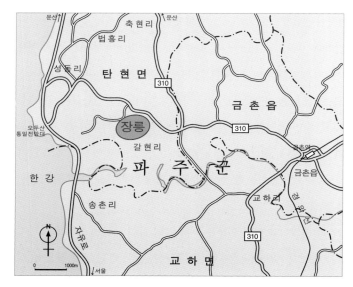

제16대 인조 왕릉이 있는 장릉

비공개 왕릉인 인조 왕릉은 들머리에서부터 강기(剛氣)를
느낄 수 있었다. 지리산 덕천서원에서 느꼈던 그런 강기였
다. / 옆면

국장 발인 행렬에는 홍문대기, 주작기, 청룡기, 백호기, 현무기, 황룡기 등 많은
깃발들을 앞세우며 또한 대거를 호휘하는 기마병과 군사들이 따르니 멀리서 보면
영락없는 출정군의 행렬과도 같다. 그날 인렬왕후 발인 행렬에 동원된 장정 수효만
6,770명에 이르렀으니 그것도 청나라를 향해(오늘날 1번 국도인 통일로를 따라 임진
각까지) 북진한 대열로 오인할 수도 있음에, 자라보고 놀라자 솥뚜껑 보고 놀란 민심
을 읽을 수가 있다.(인렬왕후 발인 8개월 후 우려했던 병자호란은 터졌다)

후일 인조도 이곳에 동역이강 양식으로 안장되었으나 인조 장사 후 83년이 지
난 영조 7년(1731)에 장릉은 천장하게 되니 이곳이 오늘날 경기도 파주군 탄현면 갈
현리에 있는 인조 왕릉인 장릉이다.(천장시 장릉은 왕과 왕비를 합장한 양식을 갖
춘다)

장릉으로 가는 길은 두 개의 코스 중에서 하나를 선택할 수 있다. 하나는 구파발
을 지나 통일로를 달리다 파주시에서 서쪽 도로를 타고서 접근하는 방법, 또 하나는
자유로를 타고서 한강의 흐름과 함께 달리다 오두산 통일전망대 부근에서 동쪽으로
진입하는 방법이 있으나, 어느 것을 선택하여도 결국에는 장릉 부근에서 동네사람

들에게 물어보아야 한다. 표지판 하나 없는 비공개 왕릉이기 때문이다. 비록 표지판도 없는 장릉이지만, 사적 제203호로서 능역은 10만 5,690평에 달해 조성 왕릉의 규모를 가히 짐작하게 한다.

영조 때 장릉이 이곳으로 천장하게 된 원인은 뱀과 전갈 등 벌레들이 석물 틈에 집을 짓고 있었기 때문이었다. 이를 풍수에서는 충렴(蟲廉)이라 하며 무덤풍수들은 충렴 들면 후손 중 정신장애자 등 요절자가 나온다고 말하지만 어떤 근거와 정확한 통계자료가 있는 것은 아니다. 그러나 천장 당시 영조의 왕심은 이를 무시할 수가 없었다. 인조에게 6대손이 되는 외아들 효장세자가 10세 어린 나이로 요절하여 후사마저 끊긴 3년 후 충렴 든 인조왕릉 천장이 거행되었던 점에서 볼 때 그렇다.(인조 왕릉 천장 4년 뒤에 득남한 아들이 사도세자이다)

장릉은 조선 왕릉 중에서도 내룡입수(來龍入首)가 단연 뛰어난 명당이다. 능침 뒤쪽에서 들어오는 지맥 현상은 누가 보아도 한눈에 알아볼 정도로 내룡이 선명하게 드러난다. 이렇듯 장릉의 잉(孕) 현상은 조선 왕릉 중에서도 단연 풍수 압권이다.

인조 왕릉의 곡장. 잉과 육(봉분)에 연결된 **지맥**을 온전하게 보호하기 위해 곡장을 계단식으로 조성하였음을 알 수 있다. / 왼쪽

문제의 강기는 왕릉 뒤쪽으로 솟구치는 **잉** 현상에서 눈치챌 수 있었다. 조선 왕릉 최대 압권이다. / 오른쪽

마치 누가 인공적으로 저렇게 만들어 놓은 것이 아닐까 하는 생각이 들 정도이다.

　　제16대 인조가 승하하고 제17대 효종이 등극하자 조선 조정은 청나라를 징벌하려는 북벌계획에 돌입하게 된다. 효종의 북벌정책은 적어도 국수주의자의 발로는 아니었다. 그것은 오히려 민족 자주성과 애향심을 고취시키려는 고구려 후예다운 기상이 우리 핏줄 속에 흐르고 있었기 때문이다.

| 제17대 효종 왕릉, 영릉(寧陵) |

　금송아지를 빼앗으려고 당나라 사신들이 내륙 수만 리를 걸어 이곳 이천읍 근교에 도착하였을때 그곳에는 고작 십여 미터 남짓한 만리교가 있었다. 사신들은 금송아지가 있는 곳을 밭일하던 농부에게 물어보았다.

　그러자 농부가 "이—천—읍을 지나 만—리—교를 건너가면 있소"라고 말하자 이를 듣고 있던 사신들은 한참을 골똘히 생각하다가 그냥 중국으로 되돌아갔다고 한다. 그 이유는 고작 이십 리 정도만 가면 되는 목적지를 '이—천—읍'을 2,000개나 되는 읍들을 지나, 만 리나 되는 다리 '만—리—교'를 건너가야 한다고 해석해 버렸기 때문이다.

　바로 그 이천읍에서 동쪽으로 20리 너머에는 제17대 효종(孝宗)의 영릉(寧陵)이 있고, 행정 지명은 경기도 여주군 능서면 왕대리 산83-1번지로서 세종 왕릉인 영릉(英陵) 능호와 발음도 같은 문패를 달고 있으나 관람객들은 여주 영릉을 찾아와서 세종 왕릉만 보고 고작 500미터 떨어진 효종 왕릉은 그만 진시황 사신처럼 되돌아가

207

버리기 일쑤다.

　세종 왕릉 입장권을 지니고 있으면 그냥 들어갈 수 있는 효종 왕릉은 게다가 동
원상하봉(同原上下封)이라는 조선 왕릉 풍수의 진풍경마저 볼 수 있다. 잘 차려 놓
은 아스팔트 길이 입구까지 놓여 있어도 이러한 효종 왕릉을 놓치게 되는 것은 아직
까지도 우리는 문화재 답사를 갈 때 미리 자료를 살펴보지 않는 습관 때문이다.

　바로 이웃에 있는 세종 왕릉이 상감청자라면 효종 왕릉은 풍수 미학(風水美學)
을 담고 있다. 생기 지맥이 길게 뻗어내리는 언덕의 상하(上下)에 각각의 혈(穴)이
존재하기에 좌우 쌍릉을 쓰지 않고 상하혈(上下穴) 자리에 왕과 왕비 봉분들을 매김
질한 동원상하봉(同原上下封)이라는 풍수 걸작물이다. 상봉인 효종 왕릉은 물론 하
봉에 있는 효종비 인선왕후릉(仁宣王后陵) 뒤쪽에도 잉(孕)이 불쑥 솟아 있고 또한
상봉과 하봉 사이에 태(胎)가 연결되고 식(息)이 식별되는 왕릉 풍수의 현장이기도

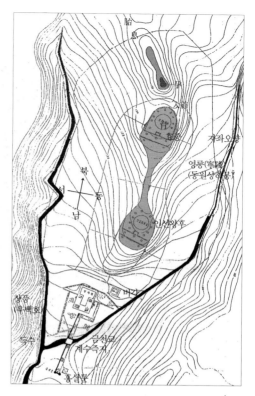

현장 답사 당시 자료로 보는 동원상하봉(同原上下封) 양식의 효종 왕릉 배치도 / 옆

왕릉 답사를 통하여 왕릉에도 미학적 시야가 있음을 보게 되었다. 이런 미학의 제목을 무어라 불러야 할지 한참 생각하다가 2년 후 국파산하재(國破山河在)라고 나름대로 붙여 보았다. / 옆면

하다. 상봉인 효종 왕릉 뒤쪽에는 곡장이 있지만, 하봉인 왕비릉에 곡장이 없는 이유는 왕과 왕비는 부부이기에 한방을 사용해야 하기 때문이다.

효종(孝宗)은 16대 인조와 인렬왕후 한씨 사이에서 둘째아들로 태어났다. 1619년은 광해군 재위 11년에 해당되니 생부인 인조는 아직 능양군 지위에 있었으며, 효종의 어릴 적 이름은 호(淏)였다. 호는 5세 때 인조반정으로 아버지 능양군이 제16대 왕위에 등극하게 되어 6세 때 봉림대군(鳳林大君)으로 봉해졌다. 그해에 공주 피난길을 경험했고(이괄의 난), 9세 때는 강화도에서 피난 생활을 4개월 간 그리고 18세 때 다시 남한산성에서 부왕의 삼전도 치욕까지 목격하게 된다. 이후 봉림대군은 왕세자 소현과 함께 청나라에서 볼모 생활 9년을 보내는 굴욕의 세월들을 겪어야 했

다. 20세 때 청황제와 함께 청나라 군대가 명나라 군대를 격파하는 전쟁터를 목격하는 등 패전국 볼모왕자라는 멸시 속에서 반청사상은 더욱 강하게 자라나고 있었다.

1645년 청나라가 명나라를 쓰러뜨린 해에 볼모인 소현세자를 돌려보내나, 왕세자가 인조의 분노로 죽임을 당하자 봉림대군은 서둘러 한양으로 귀국하고 몇 달 뒤 왕세자로 봉하여지니 당시 나이는 27세였다. 이듬해 인조는 왕세자였던 소현세자의 죽음이, 후일 왕권의 통치에 불씨가 될까 우려하여 왕세자비였던 강씨를 사사했고 소현세자 슬하의 세 아들 모두를 제주도로 귀양보내 버린다.

인조가 승하하자 봉림대군은 31세의 나이로 조선 제17대 왕으로 보위에 오른다. 당시 부왕을 한양 북쪽 방어 지점에 장사를 치른 국장에서 조선 개국 이후 최초에 해당되는 자주성 회복 운동인 효종의 북벌 의지를 찾아볼 수 있다. 이러한 효종은 북벌 대상인 청나라에 아부하는 세력의 제거가 급선무였기에 친청파로서 최고의 권력을 구축한 영의정 김자점을 탄핵 유배시킨다. 그러자 김자점은 청나라에 효종의 북벌 의지를 고자질해버린다.

김자점은 인조 왕릉 장사 때 불충하게도 청나라 연호를 쓰지 않았다고 장릉지문(長陵誌文)을 증물로 보낸 장본인이기도 하다. 효종은 그런 김자점과 함께 친청 세력 모두를 재위 2년에 일망타진해버리고 조정을 북벌파로 채워 갔다. 이때의 대표적인 인물로는 문인에 우암 송시열이며, 무인으로는 이완이 등용되었다.

관직 초기에 경릉(세조의 장남인 의경세자 추존릉) 능참봉을 지내기도 했던 송시열은 병자호란 직전 일년 동안 봉림대군(효종)을 가르친 스승이었다. 또 하나의 북벌 주역인 무인 이완은 효종의 오른팔이나 마찬가지였다. 북벌 선봉부대인 어영청 대장에 임명된 이완은 효종 4년에 훈척(勳戚)들이 독식했던 훈련대장에 중용되어 어영부영했던 어영청의 군기를 엄하게 세워놓았다. 이후 16년 동안이나 훈련대장을 연임하였기에 훈련대장하면 "이완이대장"이라는 말을 낳게까지 했다. 모든 병력의 통제를 내삼청으로 통합시킴과 동시에 임금의 호위대인 금군 1,000여 명을 기병으로 무장 그리고 남한산성을 강화하여 한양 외곽의 방비, 강화도 군력 증강을 단

상봉인 효종 왕릉에는 **곡장**이 조성되어 있다. / 위

하봉인 **효종비 능**에는 곡장이 없기에 뒷녘에 있는 상봉이 그대로 드러난다. / 아래

계적으로 진행시켜 나아갔다. 표류해 온 네덜란드 인 하멜을 훈련도감에 수용하여 조총 화포와 화약 생산으로 군비를 증강시켰고, 당시 북벌군 정예부대의 군기는 이완이대장의 훈련으로 다져졌다. 훈련대장 부임 일년 후 청나라가 요청한 나선 러시아 정벌 전투에서 막강한 화력과 기개로 승리한 북벌군은 제2차 나선정벌 때 나선군 (러시아 군대)을 일시에 섬멸하였을 정도로 최정에 정병으로 육성되어 있었다.

효종 5년과 9년에 있었던 두 차례의 나선정벌은 세 가지 효과를 얻었다. 첫째는 북벌군의 실전 전투력 경험을 쌓는 계기가 되었으며, 둘째로 전승으로 북벌군의 사기가 드높아졌고, 셋째 나선정벌을 평계로 북벌에 필요한 전진기지의 산성을 구축할 수 있었다. 여기에 능마아청(能麽兒廳)이라는 군사학교를 만들어 지휘관들의 작전 전술까지 가르쳤다.

단계적으로 진행되어가던 북벌계획의 최대 걸림돌은 당시 두 차례에 걸친 병란으로 피폐해진 경제력이었다. 임진왜란과 병자호란 이후 50년이 지난 효종 당시 전국 인구수는 500만 명이었고 토지는 50여 만 결에 지나지 않았다.

대동법 시행으로 전세 1결당 4두(斗)의 수조는 40여 만 석이 효종 조정의 1년 경제력이었다는 계산이다. 이를 바탕으로 어영군 2만과 훈련도감군 1만 등 3만의 정예 북벌군을 조직하려고 했던 효종의 계획은 초기부터 난관에 부딪쳤다. 참고로 대마도 정벌에 나섰던 제3대 태종 때 병력은 1만 7천 명이었고, 당시 태종 조정의 경제력은 100만 결로 효종 조정의 두 배가 넘었던 것이다.

이같은 계산은 효종 8년에 조직된 정예 북벌군인 훈련도감 소속 병력수가 5,650명이었다는 점에서도 경제 사정은 비교될 수가 있다. 그것도 양대 병란의 피해 복구 정책과 병행하면서 육성한 효종 조정의 최대치 군사병력이었다고 할 수 있다. 군비 재정 확대에 혈안이 되어 있던 효종과 현실론적인 신하들과 뜻이 맞지 않는 괴리 현상까지 벌어졌다. 문제는 여기에서 터져나왔다.

북벌을 추진 중이던 효종 10년 2월 유계(柳棨)가 군정 폐단을 지적하면서 양반 자제에게도 군역을 부과하자 했고 4월 암행어사를 파견한 지 한 달 뒤인 5월 4일 효종은 갑자기 춘추 41세로 승하한다. 임금이 승하하면 궁궐 안팎은 병조판서 지휘 아래 군사들이 지키게 된다. 그러나 불시에 승하 소식이 전해지자 효종의 오른팔인 이완이대장은 물불을 가리지 않고 북벌군을 동원하여 창덕궁을 겹겹이 에워쌌다.

효종 승하라는 급작스러운 사건을 두고 독살설까지 제기되었다. 효종 승하 이후 왕릉 택지 과정들을 살펴보면 무슨 목적에 연루된 독살설이었는지는 짐작된다.

본래 효종 왕릉은 여주 왕대리가 아닌, 서울 동쪽 동구릉인 건원릉 화소 지역으로 정해졌던 것이다. 택지 당시 총호사는 심지원이었고 택지 결정에 참여한 인물들 중에는 우암 송시열과 고산 윤선도가 눈에 띈다. 우암은 효종의 충신이기에 당연히 참여하게 되었고, 당시 고산은 풍수에 일가견이 있었기에 현종의 명으로 참여했다.

그런데 출발부터 삐걱거리더니 급기야 택지 결과를 사실대로 보고하라는 현종의 엄명과 함께 택지 참여자들 중에서는 반풍수 운운설까지 일렁거렸다. 일단의 무리들이 반풍수로 몰아붙인 사람은 다름 아닌 고산이었다. 반풍수들의 반풍수 공격을 받아 심드렁했던 고산이 집에서 두문불출해버리자, 사람 못된 것이 어찌 풍수를 알겠느냐는 비난마저 받게 된다.

현종은 수원 화산 지역을 택지로 삼아 토목공사를 거행했고 그런 와중에서도 신하들은 이곳저곳을 천거하였는데, 심지어 6월 3일에는 한꺼번에 15군데를 왕릉 후보지로 올렸으나, 한결같이 별볼일 없는 택지들뿐이었다.

그러던 중 6월 19일 느닷없이 우암이 건원릉 화소 지역을 주장해 버린다. 그러자 7월 11일 조정에 모인 신하들은 이구동성으로 우암이 주장한 건원릉 화소 지역으로 밀어붙였고 현종 역시 그만 손들어버렸다(그날 역시 고산은 불참했고 영충추부사 이경석이 가장 장광설을 늘어 놓았다고 사관은 사초에 적어 놓았다. 그러나 효종 체질상 건원릉 화소 지역으로 갈 위인은 절대 아니다). 화소 지역을 적극 천거한 우암은 서인이며, 반풍수라고 공격받았던 고산은 반대로 남인이다. 결국 효종 왕릉은 풍수명당을 찾아간 것이 아니라 남인, 서인 당파의 논쟁 중 승리한 서인의 전리품 전시장에 안치된 셈이다. 풍수 택지에서 승리한 서인들은 조대비 상복 논쟁에서도 기년

효종이 승하하자 목소리 큰 신하들은 시끄러웠고 그래서 효종 왕릉은 마음에도 체질에도 맞지 않는 동구릉 서쪽(오늘날 영조 왕릉)에 첫 장사를 치뤘다. / 위

마치 부부가 한 배를 타고 있는 느낌마저 들게 하는 겨울날의 영릉 / 옆면

상(일년)을 주장하여 남인들의 삼년상을 누른다. 소위 예송(禮松) 논쟁이 서서히 발동되기 시작한 것이다.

이후 8년 간 서인들이 정권을 잡았으나, 1673년 효종비 장례에서 또다시 제2차 예송 논쟁을 치르면서 패배하자 조정은 남인들이 득세하기 시작하였다.

1674년 8월 현종이 승하하자, 우암이 제3차 예송 논쟁을 시작하려 들었고 지긋지긋한 입씨름에 질린 숙종은 즉시 우암을 귀향보내 버린다. 이로써 예송 논쟁은 막을 내렸으나, 꺼지지 않은 불씨는 엉뚱한 것에서 불똥을 튀겼다.

「현종실록」 편찬 작업은 1675년 5월에 시작되었으나, 도중 서인이 몰락하고 남인이 정권을 잡자 이를 중단시키고 남인들이 다시 쓰기 시작했다. 이것이 오늘날의 「현종실록」이다. 하지만 그뒤 서인들이 집권하자 「현종실록」을 서인들이 또다시 만들게 되니 이것이 「현종개수실록」이다.

　　서인과 남인들의 풍수 논쟁이 예송 당쟁으로 그리고 서인실록과 남인실록까지 만들어갔던 남인의 주리론과 서인의 주기론은 모두 성리학 이기론(理氣論)에 뿌리를 내리고 있다. 주자학의 이기주의(理氣主義)를 주장하던 조선 양반들의 뱃속에는 이기주의(利己主義)가 들어 있었고 결국 편한 세상을 누리려 하던 신하들의 기득권 싸움에 의한 효종 독살설에 눈길이 가게 된다.

　　효종 왕릉은 15년 후, 있을 자리가 아니었기에 동구릉을 떠나갔는지 또 주리를 틀 신하들에게 밀려났는지 여주 왕대리로 천장을 하게 된다. 이곳 효종 왕릉에는 병풍석이 없지만, 동구릉에 조성되었던 그 당시에는 병풍석을 두르고 있었다.

　　생전에 세 번씩이나 쫓겨났던 피난 생활 그리고 9년에 걸친 볼모살이에 언제나 활과 칼을 놓지 않았던 효종은 살(殺)이 끼었어도 이만저만이 아닌 왕이었기에 병풍석을 하게 되었는데, 또다시 병풍석에 문제가 발생하였다. 대충 잡은 자리에다

조선왕릉 최초의 동원상하봉(同原上下封)장법을 사용한 영릉. 상봉과 하봉 사이에 **태식(胎息) 현상**이 드러나기까지 했다.

적당히 얼버무린 병풍석이었는지 석물에 틈이 생겨 빗물이 스며들 우려가 있었다. 그러자 광에 물이 차면 풍수상 불길하다고 남인들이 주장했다.

갑론을박 끝에 말짱 도루묵이 되었지만(광에 물이 차긴커녕 흙마저 뽀송뽀송했다), 이것 또한 당론의 꼬투리가 되어 전일 영릉도감의 책임자였던 서인들이 줄줄이 면직되었다.

영릉 천장으로 한 주먹 날린 남인들은 다시 여세를 몰아 이듬해 갑인 예송에서 서인에게 대승을 거둔다. 결국 효종 왕릉 장사와 경자 예송은 서인 승리와 맥락을 같이 하고, 효종 왕릉 천장과 갑인 예송은 남인들의 역전극임이 드러나는데, 이 점 유교 풍수 국가였던 조선 왕조 체질상 뗄래야 뗄 수 없었던 유교의 예송과 풍수의 왕릉 택지 그리고 천장들이 똑같은 인간사에 얽매여 시끄러웠던 대목이기도 하다.

영릉 천장 이듬해 하봉에 묻힌 효종비와 함께 영면하고 있는 이곳 효종 왕릉을

216

하봉〔穴〕 뒤쪽에서 발견된 **잉 현상**. 그래서 잉은 혈증(穴證)이다.

처다보고 있노라면 그지없이 조용하고 더없이 평화로워 따스하게 내리는 겨울 햇살 속에서도 생명은 쉬임없이 숨을 쉬고 있는듯 했다.

　　제 잘났다고 목소리 크면 영웅이라고 소리치던 난세에 옥에 갇혔던 두보는 그래 도 파고 들어온 봄 햇살 비치는 땅바닥에다 이렇게 써보았다지. 국파산하재(國破山 河在)라고!

건축풍수반 수강생 중에는 천하의 풍류객으로 명성이 자자한 이교수가 있다. 자칭 '크린트 이스트우드' 라며 웨스턴 풍류를 구사하던 그는 경남대학교 건축학과 교수이다. 왕릉 답사 때면 사진을 찍느라 늘상 뒤에 처졌던 이교수는 자주 미운 오리 대접을 받는다. 강의시간에도 악동 같은 답변에 수시로 지적을 당하자 인격상 익명을 요구해 왔고 유일무이한 익명 호칭도 자주 불려지자 아예 존칭으로 굳어져우리는 언제부터인가 그를 '이광태모모씨' 라고 정확히 불러 줄 수 밖에 없었다. 가릴 것 가렸어도 보여줄 것 다 보여준 '이광태모모씨' 가 2박 3일 왕릉답사를 끝내고 부산으로 돌아오는데 차창 밖으로 뉘엿뉘엿 지는 동녘의 무수한 산들을 바라보다가 옆 수강생에게 한마디를 툭 던졌다. 저 산 뒤통수 기운이 무척 세서 앞면에 뭐가 있어도 있을 것 같다고 말이다. 그 말을 듣고 지적한 산을 처다보니, 그것은 흑성산으로, 앞쪽에 있는 것은 풍수 대명당에 자리잡은 독립기념관이다. 잽싸게 마이크를 잡고 설명을 했다.

장풍(藏風) 국면을 보여주는 현종 왕릉(왕릉 주위녘을 둥글게 감싸는 장풍의 **산줄기**들을 눈여겨 볼것)

"여러분, 이광태모모씨가 지적했던 산은 바로 독립기념관 주산인 흑성산입니다. 산 뒤통수만 보고서 산기운이 앞으로 뻗어나간 걸 제대로 맞춘 것입니다."

그러자 우레와 같은 박수가 터졌고 이광태모모씨는 유세에 나온 선거후보처럼 V자를 그리는 등 서양식 풍류가 다시 발동하기 시작했다. 이럴 때 강행군 답사로 피곤한 심신이 말끔히 가시는 큰 보람을 느낀다.

현장답사시 강행군이 시작되는 동구릉 남쪽의 숭릉, 혜릉 안내판 표시대로 따라가다 보면, 먼저 혜릉이 보이고 더 깊숙한 곳에 숭릉이 자리하고 있다. 애석하게도 숭릉은 비공개 왕릉이지만 몇년 전 낡은 정자각을 새롭게 복원했고 사초 또한 매년 빠뜨리지 않고 단정하게 관리하여 찾아올 적마다 한적한 기분에 젖는 그런 왕릉이기도 하다. 재위 시절 예송 논쟁으로 유난히 시끄러웠던 왕이 승하하자, 이렇게 조용한 곳에 영면하게끔 자리를 마련하여 준 땅의 고마움. 그러나 그것도 잠시, 정자각이 눈살을 찌푸리게 했다.

재위시 시끌벅적했던 현종에게 승하 후 하늘이 휴식을 준 것일까. **주산(主山)**에 기댄 숭릉은 언제나 조용하다. / 위

단장된 숭릉의 **팔작지붕** 정자각 / 아래

220

우리 고유의 정자각은 지붕 양쪽 옆면을 위에서 아래까지 단정하게 정돈시켜 놓은 모양의 맞배지붕을 하고 있다. 맞배지붕은 조선 왕릉 정자각 원형으로 검약, 검소한 모양과 함께 어쩐지 제사상에 놓은 대추처럼 속이 옹골찬 것 같다. 그러나 숭릉의 정자각은 난데없이 불거져 나온 팔작지붕이다. 맞배지붕 양옆으로 지붕을 덧달아 놓아 이걸 하늘 위에서 보면 평면상 지붕선이 여덟 팔(八) 자 모양이어서 팔작(八作)지붕 또는 팔각지붕으로 부른다. 족보로 말하자면 중국산이며, 정신은 모화사상(慕華思想)을 띄고 있는 것쯤 된다.

조선왕조 오백년에 있어서 모화사대사상(慕華事大思想)은 현종 때 가장 강했다. 식자들이야 워낙 뜻이 깊고 말을 잘해 그게 아니라고 펄쩍 뛰겠지만 우리 같은 상식적인 사람들, 더구나 조선시대에는 하층민에 해당되었던 풍수 시야로 볼 적에는 이곳 능호인 숭(崇) 자 역시 모화숭배에서 이기론의 이기주의자들이 작명해 놓은 것 같다.

임진왜란, 병자호란 등의 난리를 겪고 한숨 돌렸는데, 북벌한다고 청나라 벌집을 건드리려는 효종을 독살한 신하들이라면 모화숭배라는 안전한 길을 능히 택했으리라. 현종 역시 신하들에게 떠밀려 화소 지역인 이곳으로 온 것이며, 석물들도 옛 영릉(세종 왕릉)을 천장할 때 대모산 한쪽 구석으로 옮겨서 묻어 놓은 석물들을 가져다 사용했다.

현종시대는 신하들의 목소리도 컸지만, 또 다른 목소리가 점차 커지기 시작한 출발점이기도 했다. 그것은 여자의 목소리로서 이를 사전에 방지하려고 일찍이 태종 이방원은 중전의 형제들을 몰살시켰고 중전마저 폐위시킬 듯한 목소리로 꼭꼭 눌러 놓았는데, 현종 때에 이르러 중전의 목소리와 당파를 형성한 신하들의 목소리가 합세되자 이후 괴상한 정치 구조가 형성되기까지 했다. 중전은 신하 중의 누군가와 한 핏줄이다. 반면 왕과 한 목소리를 같이 할 우군은 오직 대군과 군에 해당되는 왕자들뿐이다. 제18대 현종 이후 제27대 순종 때까지 왕자는 모두 합해도 불과 10명뿐이었던 반면 중전들은 17명이나 되었다.

높을 숭(崇) 자 처럼 숭릉의 강은 유독 높이 치켜져 있어 아래쪽에서 위쪽 능원까지 오르는 데도 제법 발목에 힘이 들어가게 된다.

　　왕권과 신권의 목소리는 왕권이 강력하던 초기 제1대에서 제10대까지를 살펴보면 한눈에 비교가 된다. 태조에서 연산군까지의 중전들은 13명이었고 왕자들은 무려 80명에 달했다. 이같은 목소리 대비로 볼 때 조선 말기 왕들보다 초기 왕들은 무려 열배나 더 큰 힘을 가졌다는 말이기도 하다.

　　현종 때에 이르러 왕들의 목소리가 10분의 1로 적어지자 현종비 명성왕후(明聖王后) 김씨의 목소리가 점점 커지더니 자못 거친 행동도 서슴지 않았다. 지능이 비상하고 감정적인 성격의 현종비는 교활함으로 현종을 완전히 사로잡았던 것 같다. 그 흔한 후궁 하나 두지 못했던 현종 또한 그랬지만 왕세자(숙종)를 생산하고 공주를 셋이나 출산했던 금슬에서도 가히 짐작할 수 있다.

　　명성왕후 김씨의 아버지 김우명은 영의정을 지낸 김육의 아들로서 학문에는 그다지 힘쓰지 않았던 것 같다. 김우명보다 세 살 위인 형 좌명은 대과에 도전하여 정당한 단계를 거쳐 경기도관찰사에 있었으나, 우명은 진사시만 치고서 강릉(명종 왕릉) 능참봉을 거쳐 종9품인 세마(洗馬)직에 있었을 뿐이다. 그런데 동궁에게 시집간 딸이 현종 즉위로 중전에 오르니 국구(國舅)로서 청풍부원군에 봉해져 하루아침에 정1품 대우를 받게 되니 정말 보이는 게 없었다.

예송 논쟁 당시 예학의 대가인 우암 송시열과 고산 윤선도마저 해석을 달리했던 예제 대목을 무식하기에 용감했던 김우명이 단번에 판정을 해버린 것이다. 후일 제2차 예송 논쟁이 또 벌어졌고 이 역시 김우명이 판정을 해버렸는데, 이때 더 복잡한 문제가 얼키고설켜졌다. 제1차 예송 논쟁 때는 남인 이론을 역적이라고 판정하더니 제2차 논쟁 때는 오히려 남인 이론이 맞다고 하는 등 앞뒤가 맞지 않는 김우명의 실언으로 많은 사람들이 역적인지 충신인지도 알지 못한 채 귀양을 가야 했고 서원의 원생들과 성균관 유생 그리고 사림들의 머리마저 헷갈릴 정도였다.

김우명은 서인이건 남인이건 자기에게 권력 결탁을 뒷거래해 오면 근 수에 따라 예송 판정을 용감하게 해준 탐욕스러운 인물이었다. 처음에는 서인에 붙었으나, 서인들이 홀대하자 몇년 후 남인 편에 붙었다. 그런데 남인들도 김우명을 싫어하자 모든 것을 내팽개치고 집으로 돌아가 두문불출 울화병으로 돌아가신 양반이다.

현종비 명성왕후 역시 그 아버지에 그 딸이었다. 현종의 승하로 자신의 혈육인 숙종이 즉위하자 숙종 친정 체제인데도 사사건건 국사를 간섭하여 대신들의 눈살을 받았으나, 이를 무시해버린 왕대비였다.

숙종 1년에 '홍수의 변' 이라는 해괴한 사건이 일어났다. 홍수(紅袖)는 붉은 옷소매란 뜻으로 궁녀를 가리킨다. 복창군, 복성군이라는 왕족의 두 남자가 숙종의 궁녀들을 건드려 아이를 낳게 한 전대미문의 사건이었다. 당연히 두 죄인은 궁녀와 함께 의금부에 하옥되고 사형을 면치 못하게 되어 있었다.

다음날 돌연 두 죄인을 풀어주고 궁녀만 사형에 처하라는 앞뒤가 맞지 않는 왕명이 떨어진다. 이에 조정 대신들은 반발하였는데 어전회의 장소로 불려갔다가 어리둥절한 광경을 목격하게 되었다.

지엄한 임금이 마룻바닥에 꿇어앉아 있는 것이 아닌가. 게다가 촛불이 타고 있

숭릉 역시 우상좌하 자리 매김질에 따라 현종과 현종비 명성왕후가 영면하고 있는 쌍릉이다.

는 방안에서 웬 여자의 곡소리까지 들리고 있었다. 겁에 질린 대신들은 울음을 그치게 해달라고 요청했다. 숙종이 방안에 들어가자 이내 울음소리는 멈추고 다시 방안을 나온 임금이 마룻바닥에 꿇어앉으니 대신들은 어찌할 바를 몰랐다.

"왕도 내 앞에서 무릎을 꿇는데 감히 너희들이⋯⋯." 방안에 앉아 있는 사람은 다름 아닌 명성왕후 김씨였다. 결국 복창군과 복성군은 종친이니 어찌 죽일 수 있겠느냐, 귀양보내는 것으로 사건은 마무리시키라는 으름장이었다. 두 죄인을 유배보냈지만 오히려 유배지에 궁실 경비를 내려 풍족한 별장까지 지어 준 명성왕후였다.

명성왕후는 현종 승하 9년 후 이곳 현종 능침 좌측에 안장되어 숭릉은 쌍릉을 갖추게 된다. 숭릉이 쌍릉으로 조성된 3년 후인 숙종 12년 또다시 목소리가 점점 커지던 여인 하나가 있었는데, 조선 왕릉의 양식 문양까지 오르락 내리락 만들어버린 장본인이었다.

서오릉에 있는 제19대 숙종 왕릉인 명릉도 일반인에게 공개하지 않는 비공개 왕릉이지만 관리사무소(명릉의 옛 재실) 주차장과 붙어있는 도로를 따라 서울 방향에 해당되는 남쪽으로 180걸음 옮긴 지점에서 울타리 망살 사이로 들여다보면 모든 전경이 한눈에 잡힌다.

홍살문과 정자각 사이 좌측(남쪽)에 폐허가 된 채로 남아 있는 초석들은 능지기가 능제시 사용했던 세 칸짜리 수직방(守直房)이며, 정자각 뒤쪽 강 위에 나란히 놓여 있는 쌍봉이 보인다. 그 중 우측(북쪽) 것이 숙종(肅宗) 봉분이고 좌측(남쪽)이 계비 인현왕후(仁顯王后) 민씨 봉분이다.

이런 광경만 가지고 보면 명릉은 조선 왕릉 양식 중 분명히 쌍릉 양식에 해당되지만 여기에 혼란을 일으키는 왕릉 하나가 뒤쪽 우측에서 불거져 나온다. 저건 누구의 능일까. 이런 광경이 드러나는 명릉은 쌍릉일까 아니면 동역이강 양식일까. 뒤쪽에 불거져 나온 봉분 하나는 숙종 제2계비 인원왕후(仁元王后) 김씨의 능으로 실제

225

비공개 왕릉이지만 울타리 망살 넘어 쳐다보면 맞배지붕의 정자각과 함께 **명릉**이 눈에 들어온다. / 위

숙종의 첫 왕비였던 인경왕후릉(仁敬王后陵) 역시 맞배지붕으로 **방풍판(防風板)**을 달고 있다. 정자각 기둥 아랫녘에 칠해 놓은 백분칠(白粉漆)은 정자각이 음택(陰宅)이기 때문이다. 양택(陽宅)에 속하는 도동서원(道東書院) 강당은 기둥 윗녘에 백분칠을 붙이고 있다. / 아래

제3계비에 해당된다고 할 수 있다. 계비 인현왕후와 제2계비 인원왕후 사이에는 한때(숙종 16년 10월부터 20년 4월까지) 중전에 올랐으나, 폐비 폐출로 사사되었던 장희빈이 있었기 때문이다.

숙종은 4명의 중전들을 두었고 게다가 2명의 후궁(숙빈 최씨, 명빈 박씨)까지 거느렸던 여자 관계가 복잡한 왕이었다. 숙종과 첫 가례를 올렸던 인경왕후 김씨는 이곳 명릉에서 정확히 북쪽으로 550미터 떨어진 익릉(翼陵)에 영면하고 있다.

서오릉 안에 있기에 일반인에게 공개되고 있는 익릉은 매표소를 통과하여 첫 안내판을 따라가면 몇 분 안에 만나게 되는 단릉(單陵)이지만, 비공개 왕릉인 이곳 명릉 양식은 아무리 보아도 애매모호한 조선 왕릉 양식이다. 숙종과 계비 그리고 제2계비 능침들이 차려진 이곳을 보고 동역이강이라고 단정해 버리기 쉽다.

풍수에 있어서 자리와 매김질은 대단히 중요시되고 그 중에서도 매김질보다는 텃자리가 더 중요한 조건이 된다. 이러한 연유에서 대혈(大穴)에 자리잡은 무덤의 경우는 설령 좌향(坐向)이라는 매김질을 무시해도 발복한다는 속언마저 전해오고 있다.

만일 명릉을 동역이강이라고 단정해버릴 때는 매김질보다 더 중요한 텃자리 서열을 완전히 무시한 모순을 범해 버린다.

조선 왕릉은 언제나 우상좌하(右上左下)라는 상하 서열로 매김질되어 있다. 우측이 높은 자리이기에 왕들이 신후지지를 미리 잡을 때도 한결같이 우측을 비워 놓은 우허제(右虛制)가 있을 뿐 좌허제(左虛制)는 성립할 수가 없다. 제2대 정종, 제3대 태종, 세종, 중종(첫 장사 때), 인조 등이 모두 우허제를 전교하였으며 숙종 역시 우허제를 시행케 하였다. 영조의 우허제를 정조가 거역하였기에 우측을 비워둔 상태에서 오늘날 사적 198호로 지정되어 있는 것이 서오릉 내의 홍릉(弘陵)이기도 하다.

이같은 우허제 시각에서 보아도 명릉은 동역이강 양식이 아님을 알 수 있다. 만일 명릉을 동역이강이라는 양식 속에 포함시켜 버린다면 우상좌하 서열의 우허제 자리에 제2계비가 차지하고 있다는 모순을 낳게 된다. 서열이 가장 낮은 제2계비를

227

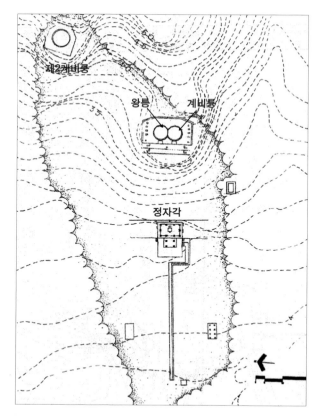

제2계비릉

왕릉   계비릉

정자각

우허제 상위(上位) 자리에 놓고 왕과 계비를 말석 자리로 내팽개치는 경우란 유교
풍수 국가였던 조선 왕조에서는 상상할 수도 없는 일이다.

결국 숙종 왕릉은 왕릉 양식 중 쌍릉에 해당되며 단지 우측에 있는 제2계비 능은
별도의 양식인 단릉 양식일 뿐이다. 제2계비가 저런 모양으로 이곳에 안장되었던 것
에는 자의반 타의반이라는 사연이 있었다.

인원왕후 김씨는 경은부원군 김주신의 딸로 15세 때 간택되어 16세 때 제2계비
가 되었으나, 당시 지아비 숙종의 나이가 41세인 관계로 보아 출산한 사실도 없었으
며 숙종이 승하하자 34세의 청상과부는 왕대비(경종 재위시)에 올랐고 38세 때(영조

재위시)는 대왕대비에 올라 당시 왕실에서 가장 웃어른 노릇을 하였을 때 재위 왕 영조의 나이가 31세, 할머니(대왕대비)와 손자(영조)는 겨우 일곱 살 차이였다.

영조 또한 일곱 살 더 잡수신 대왕대비에게 무조건 예, 예 하며 비위 하나는 잘 맞추었던 모양인지 대왕대비는 지아비 숙종이 안장된 명릉 어느 곳을 지적하며 미리 신후지지 텃자리를 잡아 놓게 했다. 여기까지가 제2계비의 왕릉 택지 자의반이다.

대왕대비 인원왕후는 1757년 3월 26일 71세로 승하하게 되었다. 오래 살았고 명당 유택도 잘 잡았던 인원왕후였지만, 끝에가서 그만 운명 날짜를 잘못 선택했던 것이다. 하필이면 며느리가 한 달 열흘 전에 먼저 밥숟갈을 놓았던 것이 문제를 일으켰다. 문제의 며느리는 영조의 원비 정성왕후(貞聖王后) 서씨로 당당한 중전의 승하였다. 게다가 중전 택지 역시 서오릉 내 홍릉 자리로 정해졌고 엎친 데 덮친 격으로

우허제가 아직까지 비어있는 제21대 영조의 비 정성왕후의 홍릉(弘陵). 이렇게 왕릉에 탈이 난 왕실의 역사 역시 시끄럽긴 마찬가지였다.

홍릉 조성 때 우허제를 실시하여 자신의 신후지지까지 매김질하라는 영조의 어명마저 있었다.

3월 19일 지엄한 홍릉 산역이 막 시작되었는데, 3월 26일에 또 대왕대비마저 돌아가니 서오릉 북쪽과 남쪽에서 4월 19일부터 5월 2일까지 두 개의 왕릉 조성 토목공사가 동시에 벌어졌던 것이다.

막대한 국고를 퍼부어야 하는 왕릉 공사에 재정 감당이 어렵게 되자 영조는 대왕대비의 유택을 바겐세일 할 수밖에 없었다(만약 인원왕후 피가 영조 자신에게 흘렀다면 그렇게까지 홀대하지는 않았을 것이다). 벌채 경비도 아끼고 정자각 비용도 생략시키고, 이렇게 차떼고 포떼다 보니까 명릉 능역 한 모퉁이만 살짝 오려내면 최소의 경비로 인원왕후를 안장시킬 수 있었다.

가장 저렴한 경비를 들인 왕릉 공사이기도 했다. 본래 이곳에서 300보 더 들어간 북쪽 지점을 잡았던 인원왕후 신후지지(필자의 현장 답사로 볼 때 익릉 서남쪽으로

230

명릉 능원의 쌍릉에는 숙종과 계비 인현왕후가 나란히 잠들어 있다.

얼마간 떨어진 지점으로 추정한다) 자리를 명릉 옆에다 밀어붙였고 능호마저도 생략하였다. 능호를 붙일 경우 당연히 정자각을 조성해야 하고 그러자니 돈이 들고, 해서 인원왕후릉은 능호마저도 달 수 없는 홀대받은 왕릉으로 여기까지가 타의반 사연인 것이다.

남의 무덤 팔아 자신의 신후지지를 거창하게 조성했던 영조 자신 또한 20년 후 홍릉의 우허제에 영면하지 못했고 명릉의 곁방살이 왕릉보다 더 못한 흉지에 그것도 손주인 정조에 의하여 강제로 매장되어 버렸기에 남을 울리면 자신은 피눈물을 되받는다는 속언마저 생각나게 한다.

사전 허락을 받고서 관리사무소 한곁에 있는 철문을 열고 들어가면 인적도 없이 언제나 호젓하고 조용한 비공개 왕릉인 숙종 왕릉을 만나게 된다. 한적한 이곳으로 뭇새들 또한 자주 날아오는지 이놈들의 실례물(?)들이 자주 발견되곤 한다. 아무 곳이나 시도 때도 없이 찍찍 갈겨대는 배설물의 폭격을 숙종 왕릉 좌측 무인석이 언제

나 홀로 덮어쓰고 있었다. 긴 칼을 빼고 있으나, 새똥 앞에서는 속수무책인 무인석을 보고서 웃다가 그만 그 무인석과 정들어 버렸다.

그래서 이곳 답사 때는 언제나 수통에 물을 채워 가지고 물수건으로 무인석 머리에 인격마저 뭉개 놓은 새똥들을 깨끗이 닦아주곤 하였는데, 뒤집어쓰는 것은 좌측 무인석만 항시 되풀이되는 연례행사였다.

"교수님, 제가 볼 때는요. 그쪽 무인석 투구 끝이 뾰족하기에 새가 앉아 실례해도 배설물들이 튀기지 않아 그런 것 같습니다."

건축학도다운 기발한 추리에 순간 일행들이 그 옆에 있는 문인석 사모 위쪽을 조사해 보았더니 정말 깨끗했다. 문인석 사모처럼 평평한 사각면에 앉아서 실례할

새의 배설물을 투구 위에 뒤집어쓴 명릉 좌측 무인석. 사람 역시 관상이 중요하고 왕릉의 석물 또한 그런가 보다. / 옆

숙종 왕릉 좌측 망주석 세호 상행(上行)은 양기(陽氣)를 북돋우고…. / 옆면 왼쪽

우측 망주석 세호 하행(下行)은 음기(陰氣)를 누르기 위함임이 드러났다. 세호의 하행운동은 숙종 때 장희빈 사건을 경계하기 위한 왕릉 풍수 문양이었다. / 옆면 오른쪽

경우 똥은 새발에 튀긴다. 그 말이 맞는 것 같다.

그런데 우측 무인석 경우에는 세례를 받지 않았다는 누군가의 반박을 받자 그만 경상도 사투리가 좌충우돌로 튀어나와 버렸다.

"마 봐라. 전 마는 인상 팍 썼지. 그래 새가 무섭고 더러바서 안 가고 전 마는 헬렐레한 표정 딱 금만기라. 그래 새가 헬렐레 날아와서 똥 쌌다 와."

| 제20대 경종 왕릉, 의릉(懿陵) |

제20대 경종(景宗)은 조선 후기 왕권의 씨앗 싸움에 희생된 왕이다. 14세가 되던 왕세자 때 생모 장희빈에게 혼줄이 나서 줄곧 병환에 시달렸으며, 그런 연유에서 30세 때는 이복동생 연잉군(延礽君, 영조)의 세자 대리청정이라는 부왕의 어명마저 있었기에 좌불안석이었다.

부왕인 숙종은 세 명의 중전을 두었으나, 그들에게서 자녀를 얻지 않고 오직 궁녀, 무수리(궁녀들에게 세숫물 떠다 바치는 종)에게서만 3남 3녀를 출산시켰다. 그 중 무수리 출신의 숙빈 최씨가 세 명의 자녀를 낳았는데, 연잉군이 그 둘째였다. 숙종은 병약한 경종보다는 건강한 연잉군에게 눈길이 옮겨갔고 이 점이 경종의 불안 원인이기도 했다. 그러나 숙종이 승하하자 정해진 수순대로 제20대 보위에 경종이 등극하여 두 명의 중전을 두었으나, 후사는 없었다. 첫 중전은 심호의 딸인 단의왕후(端懿王后) 심씨였고, 계비는 어유구의 딸인 선의왕후(宣懿王后) 어씨였다.

경종 왕릉은 서울 성북구 석관 2동 1-5번지에 있으며 바로 옆에 담 하나를 두고

제20대 경종 왕릉인 의릉 풍수. 상봉 뒤쪽에서 **잉**이 드러났다.

서 한국예술종합학교가 자리한다. 한국예술종합학교와 경릉 왕릉의 경내 정자각 중간 사이에 있는 제법 묵직한 돌덩어리는 여지껏 조선 왕릉에서 보지 못했던 석물이기에 그 용도가 궁금해졌다. 더구나 검은 먹물로 덧칠해진 왕릉 경내의 석물에는 이런 말이 그것도 한글로 쓰여져 있었다.

"음지에서 일하고 양지를 지향한다 ……이후락…."

검은 먹물로 페인트칠을 한 석물이 있는 이곳은 과거 시끌벅적했던 중앙정보부가 있었던 곳이다. 경종 왕릉 옆에 있던 중앙정보부는 근래 다른 곳으로 이사를 갔으나, 하필이면 그곳 또한 태종 왕릉이 있는 내곡동이다. 조선 왕릉과 정보부 발복에 묘한 함수 관계가 있는 것이 아닌가 하는 엉뚱한 생각에서 쓴웃음마저 나왔다.

의릉은 경종과 계비 선의왕후가 함께 영면하고 있는 곳으로 경종의 첫부인이 되는 단의왕후 심씨의 능은 동구릉 내에 있는 혜릉(惠陵)이며, 왕세자비였을 때 운명을 하였기에 결국 지아비 곁에 매김질되지 못한 것이다.

동원상하봉(同原上下封)인 의릉. 상봉(왕)은 곡장으로 둘러싸여 있으나, **하봉**(왕비)은 곡장이 없다. 풍수 시야보다는 유교 시각을 충실히 한 것이다. / 위

마치 투수 마운드(상봉 곡장)를 힘차게 떠난 공(하봉 부분)을 연상케 하듯 이러한 생기 운동이 하봉에서도 멈추지 않고 계속 앞쪽으로 진행된다면 이는 풍수상 과맥(過脈)으로 불리해진다. / 아래

경종 왕릉은 천장산(天藏山, 오늘날 석관동 배봉산)을 주산으로 삼아 신좌인향(申坐寅向, 서남서에서 동북동 방향)의 봉분 두 개를 앞뒤로 정렬시켜 놓은 동원상하봉(同原上下封) 양식을 하고 있다. 제17대 효종 왕릉(영릉)도 동원상하봉이 되나 이곳 의릉과 영릉은 이렇게 같은 양식이지만 또 다른 차이점을 보여주고 있는 왕릉들이기도 하다.

같은 점은 두 왕릉에 안장된 왕과 왕비를 상봉·하봉이라는 위계 질서에 따라 매김질하고 있다는 것이며 산줄기의 흐름은 일반적으로 뒤쪽이 높고〔上〕 앞쪽이 낮으므로〔下〕 고상저하(高上低下)에서 상하(上下) 구분을 하고 있는 것이다. 이는 유교적 질서이기도 하지만 생기의 흐름 역시 먼저 들어오는 뒤쪽이 첫째이며 앞쪽은 두번째 혈자리가 되기에 풍수원리상에도 부합된다.

또한 상봉인 왕릉에는 곡장이 설치되어 있으나, 하봉인 왕비릉에는 곡장을 조성시키지 않은 점이 영릉과 의릉의 양식으로 왕과 왕비는 부부이기에 한 방을 써야 하기에 그랬다.

의릉과 영릉의 경우 일직선상의 지맥이 계속 흘러서 앞으로 빠져나가므로 상하봉은 생기가 빠진 허혈(虛穴)이 되니 이를 방지해야 한다. 그것도 강력한 방지책이 필요하게 되어 이를 물줄기로 특이하게 배치한 점은 영릉과 의릉의 공통점이다.

풍수에 있어서 물은 계수즉지(界水則止)라 하여 지맥을 타고 흐르는 생기는 물줄기를 만나면 멈춘다는 원리에 활용되고 있다. 조선 왕릉 홍살문 앞에는 계수즉지 원리를 활용하기 위하여 물줄기를 형성시켜 놓았고 이를 금천수(襟川水; 錦川水)라 이르고 금천수 위에 놓여진 다리를 금천교(襟川橋; 錦川橋)라 하기도 한다. 이러한 금천수가 조선 왕릉의 경우 모두 능역의 대문인 홍살문 앞에 조성되어 있다.

그런데 영릉과 의릉의 경우는 홍살문과 정자각 사이에 금천수가 조성되어 있는 것이다. 의릉의 경우는 아예 정자각 앞쪽에 연못마저 조성하였다. 일직선상으로 흐르는 지맥을 계수즉지 작용으로 강력하게 막아주기 위한 풍수 처방이 바로 의릉의 연못인 것이다. 유교와 풍수 시각에서 볼 때 여기까지가 영릉과 의릉의 공통점이지

만 차이점도 두 가지 있다.

첫째, 영릉의 동원상하봉 경우는 상봉과 하봉이 곡선을 타고 있으나, 의릉은 직선으로 조성되어 있다는 점에서 영릉의 지맥은 마치 야구의 커브 볼을 연상하듯 능선이 휘어져 있는 반면 의릉은 지맥이 일직선으로 뻗는 직구다. 능침은 지맥의 흐름을 탄 혈(穴)자리에 정조준되어야 하는 풍수 원리에서 영릉과 의릉의 능침 조성에 차이를 보여주고 있는 것이다.

또 하나의 차이점은 유교신분을 고수했던 조선 왕실의 씨앗싸움에서 비롯된 왕릉 석물의 문양에서 찾을 수 있다. 효종의 모계 혈통은 중전이었던 인선왕후며, 경종 또한 중전이었던 장희빈이었기에 모두 종(宗)이라는 묘호를 갖는다. 그런데 효종 왕

238

의릉 정자각 앞쪽에 조성된 연못. 이렇듯 강력한 방어막이용 풍수 연못을 설치한 것은 효릉 왕릉과 똑같은 풍수 법칙 때문이다. 뒷녘으로 **하봉** 왕릉이 보인다.

릉 망주석에 붙은 세호들은 좌우 모두 상행하지만 이곳 의릉 중 경종 왕릉의 세호운 동이 좌상행우하행(左上行右下行)의 움직임으로 좌측 세호는 상행하고 우측 세호 는 하행을 한다는 점이 다르다.

이러한 세호 운동성은 숙종 때부터 시작된 중전불임(中殿不姙)이라는 새로운 사 관과 맞물려 있다. 그래서 숙종 이후에 해당되는 경종 왕릉의 세호가 종(宗)들의 문 양인 좌상우하의 운동성을 상봉에 새기고 있는 데 반해 아래쪽의 하봉(왕비릉) 세호 는 정반대로 우상좌하마저 보여준다. 이는 상봉의 양기(좌상)와 하봉의 음기(우상) 에 음양조화를 맞추기 위한 세호의 운동성임을 짐작케 한다.

결국 유교 예제보다는 풍수의 음양조화를 더 중요시했던 것을 의릉 망주석 세호

239

에서 읽을 수 있었는데, 복잡한 인간사와 역사 때문에 철종과 고종 왕릉의 경우에는 엉터리 세호마저 달고 있다.

영조가 생전에 잡아 놓은 홍릉의 세호는 종에 해당되는 좌상우하 운동을 하지만, 사후 안장된 원릉은 우상좌하이기에 문화재의 양식들과 정사라는 기록들도 정신차리고 짚어 보아야지 그렇지 않고서 정리되지 않은 자료 그대로 받아들일 경우에는 엄청나게 헷갈려 버린다.

왕조실록마저도 조(祖)는 치세 업적의 왕이며 종(宗)은 덕망이 있는 왕에게 붙이는 묘호라며 백주 대낮에 아리송한 곡필로 얼버무리고 있다. 딴은 그렇다. 어느 누가 승하한 왕의 묘호를 붙이는 자리에서 선왕의 어머니는 천한 신분이시기에 당연히 조 자를 붙여야 한다고 감히 서자 발언의 직언 직필할 자가 어디 있었겠는가. 그 자체가 왕실을 능멸하는 대역 죄인이 되기에 모두 머리를 조아리면서 승하 직후에는 '종' 자를 붙였다.

그래서 묘호를 모두 영종(英宗), 정종(正宗), 순종(純宗)이라 했다가 1890년 영조(英祖), 1899년에는 정조(正祖), 순조(純祖)로 각각 바로 잡았던 것이다.

이러한 요지경 판국 말미에 해당되는 순조의 세호는 아직까지 좌상우하로서 바로잡지 못하고 있는 문화재가 된다. 내곡동 천장 이후 묘호가 결정되었기에 팽개쳐 두었으나, 정조 왕릉의 경우는 세호를 바로 잡아 놓았다.

이점 우리 역사를 풀어주는 새로운 열쇠가 왕릉 망주석의 세호라고 말 할 수 있는 대목이기도 하지만 근래에 소리만 요란했던 역사 바로 세우기란 이런 것을 말함이 아니겠는가.

제21대 영조 왕릉, 원릉(元陵)

동구릉 내 서편 언덕에는 영조(英祖) 왕릉인 원릉(元陵)이 있다. 조선 왕조 27대 왕 중에서 가장 장수한 영조는 83세를 누리며 무려 51년 7개월을 재위했던 인물이다.

최장수 재위 왕답게 왕릉 역사를 여덟 번이나 경험하였기에 영조는 풍수에 지대한 관심을 가지고 있었다. 즉위 초에 있었던 경종의 국장을 시작으로 영조 6년 경종 계비의 장례를 치렀고 이듬해 인조 왕릉 천장을 그리고 영조 15년 제11대 중종비 단경왕후 복위 상설과 23년에 있었던 신라 경순왕릉 보수 공사 등 게다가 27년에는 며느리(효순왕후) 장사까지 다양한 왕릉 역사를 경험했다.

그후 영조 33년 중전 정성왕후(貞聖王后)가 승하하자 서오릉 화소 지역에 명혈을 택지케 하여 우측을 비워두고 십자(十字)를 새긴 돌을 묻는 우허제(右虛制)로써 자신의 신후지지를 미리 잡아 놓았다(왕릉 조성에 있어 노련한 영조가 자신의 유택을 미리 설정하였기에 여기에 쏟은 공력은 상상이 된다).

241

동구릉 내에 있는 제21대 영조 왕릉인 원릉(元陵). 영조 자신은 정작 이곳으로 오고 싶지 않았던 음택지였다. 왕릉의 **석물**과 정자각을 살펴보면 우측으로 밀린 그 방위들은 상대향의 정자(丁字)방위가 되기에 정자각(丁字閣)이라는 명칭을 붙였음을 알 수 있다.

 이를 홍릉(弘陵)이라 명하고 미리 쌍릉 양식으로 맞추어 곡장과 문·무인석 그리고 망주석 등 석물들을 설치해 놓았는데, 오늘날 그곳 홍릉의 세호 운동은 좌상우하로 곡필되어 있으나 이는 오히려 세호 연구에 귀중한 현장 자료가 되고 있다. 자신의 왕릉을 미리 잡고 난 영조는 그처럼 지대한 관심을 가졌던 왕릉공사를 언제 그랬느냐는 듯이 이후 19년 동안 한번도 일으키지 않았다.

 이러한 행동에서 우리는 기회주의적 영조의 체질을 엿볼 수 있지만 조선 후기 실정에 있어서는 오히려 영조 같은 체질이 필요했고 덕택에 영조는 재위 51년 7개월에 83세라는 최장수를 누릴 수 있었던 것이다. 아마도 숙종의 둘째아들로 태어나 왕세자로 있었던 시절 형성된 일종의 콤플렉스 덕택이라는 데에 눈길이 간다.

부왕이었던 숙종은 폐비(장희빈)에게서 경종을 생산했고 무수리 출신 숙빈 최씨에게서는 영조를 얻었으나 후일 왕위 계승 문제에서 경종과 영조는 목숨이 몇 개라도 마음을 놓을 수 없는 등극 모함에 시달리게 된다. 왕세자는 경종이었으나, 부왕의 눈도장은 연잉군(영조)에게 있었기에 당시 조정은 두 패로 갈라졌고 병약한 왕세자가 못 미더웠던 숙종은 승하 3년 전 좌의정 이이명과 독대를 했다.

사관을 배제한 그날 독대에서 연잉군에게 세자 대리청정을 하라는 결정이 나자 소론들의 비난은 거세게 터져 나왔다. 이이명은 노론의 영수였기에 언제나 반대하는 소론들에 의해 당쟁이 시작되었던 것이다.

숙종이 승하하자 예정된 수순에 따라 왕세자인 경종이 즉위하였고 소론은 집권당이 되었으나 정국은 여소야대, 즉 비집권당인 노론 대신들이 조정에는 더 많았던 것이다. 경종이 왕이 되었어도 노론은 선왕의 유교라며 연잉군을 왕세자로 밀어붙였고 일년 후에는 병중에 있던 왕을 밀어내고 왕세자 대리청정을 받아내기에 이른다.

권력 특성상 전직보다는 현직이, 상왕(上王)보다는 주상(主上)이 실세였기에 이같은 노론의 밀어붙이기를 막지 않으면, 주상인 경종이 상왕까지 밀리다가 단종(상왕)을 유배 사사했던 세조(주상) 전례의 역사까지 되풀이 될 수도 있었다.

사태가 이에 이르자 경종은 소론인 조태구를 불러 사태 수습의 어명을 내렸고 이때부터 소론의 기세는 되살아났다. 당시 우의정 조태구가 소론들을 단결시켜 노론의 잘못을 지적하자, 주상의 눈도장에서 벗어났다고 판단한 노론들은 왕세자 대리청정마저 취소하고서 한풀 꺾였다. 그러자 소론들은 여세를 몰아 노론의 뿌리를 제거하려고 임인옥사를 일으켰다. 임인옥사로 노론 대신 60여 명이 처형되었으며, 또한 170여 명이 연루되어 유배당하게 된다.

당시 '경종 시해 사건'이라는 대역모 대역죄의 배후에는 연잉군이 모의 가담했다는 소문까지 터져 나왔다. 이제 연잉군은 목숨마저 부지하기도 어려웠으나, 경종은 연잉군을 함부로 죽일 수 없었다.

경종 자신도 장남이며 선왕 숙종 역시 현종의 외아들, 게다가 18대 현종 역시 효종의 외아들, 이렇게 4대째 외아들 왕통에서 연잉군을 죽인다면 왕위 계승은 5대째 인조 때로 거슬러 올라가야 했고 당시 인평대군이나 용성대군의 6대째 후손이 받아야 하는데, 그것마저 장담할 수 없는 상황이었다.

그러나 역모 혐의를 뒤집어 쓴 연잉군은 너무나 무섭고 두려운 나머지 당시 왕대비였던 인원왕후 김씨(경종과 연잉군의 계모가 됨)를 찾아가 왕세자 자리를 내놓고 언감생심 왕위 이야기는 입밖에 꺼내지도 않겠으니 목숨만 살려달라며 눈물로써 빌고 또 빌었다. 그러자 왕대비의 간절한 호소는 언문으로 쓰여져 내려왔고 마음이 그지없이 착했던 경종의 배려로 연잉군은 목숨을 부지할 수 있었다. 하지만 경종이 병환으로 승하하기까지 2년 반 동안 죽음에 대한 공포가 그림자처럼 붙어다녔던 연잉군의 콤플렉스는 보위에 오르기 전 이미 형성되어 있었다.

왕세자 시절 형성된 이러한 강박관념의 방어기제들은 후일 보위에 오른 영조에게 있어서 오히려 재위 51년 동안 국정에 반영되어 오늘날 주목되는 역사를 남기게 되었지만 결국 강박관념에서 헤어나지 못하고 자신의 왕세자였던 사도세자를 급기야 뒤주 속에 넣어 죽였던 영조 38년의 사건도 있었다. 이를 선왕들 영전에 빌며 나라를 위해 어쩔 수 없었다는 합리화를 주장한 행동들 역시 강한 도덕성 방어기제라 할 수 있다.

이러한 강박관념의 도덕성으로 이루어진 왕릉 역사가 인조 왕릉 천장, 단경왕후릉 조성, 신라 경순왕릉 단장, 자신의 신후지지로서 홍릉의 우허제 설치였다. 또한 영조의 큰 업적으로 평가받고 있는 탕평책 또한 이러한 자기 방어 콤플렉스에서 비롯된 것이라 할 수 있다. 영조의 우유부단과 지나친 의심은 오히려 조선 후기 신권들의 압박과 독살에서 자신을 보호할 수 있었기에 83세라는 천수까지 누릴 수 있었다는 해석까지 낳게 한다.

후일 보위에 오른 영조는 재위 1년 일찌감치 왕세자 책봉을 서둘러버린다. 당시 중전의 나이 22세였지만 기다리지 않고 정빈 이씨 몸에서 난 소생을 왕세자로 결정해버린 것이다. 그러나 효장세자는 영조 4년 10세의 나이에 병으로 죽었다. 영

영조의 강박관념에 과녁이 되어 시달림을 받았던 정조의 왕심이 반영되었던 것일까. 장난감 병정보다도 더 곱상스러운 무인석이 조성된 영조 왕릉을 보고난 후 불현듯 떠오른 생각이다.

조 7년 영조는 인조 왕릉이 풍수상 불길하다며 무엇에 쫓기듯 서둘러 천장을 단행시켜 버린다.

　그뒤 영조 11년 영빈 이씨 몸에서 아들이 생산되자 2세 때 서둘러 세자로 책봉하고 3세부터 왕자 교육을 시켰다. 이가 사도세자다. 영조 38년 사도세자가 비명횡사를 당하던 당시 이를 지켜보며 눈물로 애걸한 왕세손(정조)의 나이는 11세였다. 당시 정조의 나이로 보아 그 사건은 정조에게 왕권의 살벌함을 체득할 수 있는 계기가 되었고 무려 16년 동안을 영조의 강박관념에서 비롯된 죽음의 위기들을 막으며, 시달려야만 했다.

　1776년 3월 5일 영조가 승하하자 6일 소렴하고, 9일 대렴을 마친 뒤 10일에 정조

245

는 제22대 조선왕으로 등극한다. 등극한 바로 그날 정조의 첫 교시는 국장에 관한 것이 아니라 자신의 왕통에 관한 것이었다.

선왕(영조)은 자신을 효장세자(孝章世子) 계승이라 했으나, 과인은 사도세자의 혈통을 계승한 것이니 이를 똑바로 알라는 교시였다. 효장세자는 정조의 큰아버지이나, 영조는 세손을 10세 때 죽은 효장세자의 양자로 삼아 왕위를 계승하게 하였다. 만약 이를 계승하였다고 인정했을 경우와 부정할 경우의 국사의 행방은 극에서 극으로 달리게 된다.

즉위하자마자 정후겸, 홍인한, 홍상간, 윤양로 등을 전격 제거하면서 3월 12일 영조의 신후지지였던 서오릉 홍릉 자리를 영조의 안장처로 결정하였다. 그런데 며칠 후 괴상한 일이 벌어졌다. 영조 자신이 원했고 정조 역시 어명으로 교시했던 홍릉 장사에 대한 대신들의 목소리들이 좌충우돌했던 것이다. 일찍이 볼 수 없었던 이상한 일이었다.

이같이 어이없는 일이 일어나자 그래도 강직한 신하였던 황해도사 이현모가 직언을 했다.

"홍릉의 위쪽(우허제)을 비워 놓은 것은 선왕께서 오늘날과 같은 일이 있을까봐 미리 처리해 놓은 것입니다. 헌데 이를 버리고서 다른 곳을 구하려고 하는 것은 옳지 않습니다. 저들이 풍수설을 앞세워 그렇다고 하나 주공과 공자 역시 풍수설을 말한 바가 없으며, 또한 땅속의 일은 아득하여 알기 어려운 일이니 차라리 선왕의 유지대로 홍릉 장사에 따르는 것이 허물을 적게 하는 일이 될 것입니다."

어떠한 확신이 없는 풍수설에 갑론을박 하느니, 차라리 유교 예제에 따라 홍릉에 국장을 치르는 것이 허물이 되지 않는다는 이현모의 주장은 백 번 맞다. 그런데 그런 이현모를 정조는 그 즉시 파면시켜 버린다. 게다가 3월 28일 총호사를 바꿔 버리고 숙의 문씨를 삭탈 관직하였으며, 그의 가족들을 멸문시켜 버렸다. 숙의 문씨 (영조의 후궁)는 사도세자 사건 때 동조했던 인물인 점을 참작할 때 정조의 왕심이 무엇인지 짐작케 한다.

원훈현상마저 드러나는 명혈에 영조는 자신의 신후지지를 미리 조성하여 놓았다. 그러나 정조왕심은 이를 허락하지 않았다. 그래서 홍릉의 **우허제(右虛制)**는 영원히 우허(右虛)다.

신하들은 해바라기 성향을 갖고 있었기에 정조의 왕심이 '아비 추숭, 할배 폄하'로 비추어지자 이에 따라 발동한 것이다. 그래서 가장 폄하시킬 수 있는 택지로 영조 왕릉을 끌고 가야 했고 이럴적 단골메뉴로 등장했던 것은 언제나 풍수였다. 왕심에 따라 움직이던 신하들의 풍수 흉계는 실로 무시무시한 일들을 저질렀던 것이다.

4월 11일 영의정 김양택, 좌의정 정존겸, 판충추부사 김치인·이은, 금성위 박명원과 지관 김기량·김전·유동형·김상현 등이 올린 영조 왕릉 천거지는 소령원 자리와 동구릉 서쪽 언덕이었다. 그 중 경기도 양주군 백석면 영장리에 있는 소령원은 숙종의 후궁이었던 숙빈 최씨의 무덤을 말한다.

만약 이곳이 왕릉지로 택지되면 숙빈 최씨의 무덤을 들어내야 한다는 점이 살벌한 풍수 간계 중의 하나였다. 숙빈 최씨는 다름 아닌 영조의 생모다. 자기 어미의 무덤을 파헤치고서 그 자리를 자식(영조)이 차지한다는 것은 하늘 아래 있을 수 없는 일이지만 정조의 가려운 데를 긁어준다는 데에 확실한 충성을 보인 신하들이기도 했다(정조의 아비를 죽인 영조는 그 어미의 무덤이 파헤쳐져야 한다는 장군멍군 식이다). 도가 지나쳤다는 생각이 들었는지 아니면 소령원 일대에 대신들의 선산이 있어 피해를 막기 위해 그랬는지는 모르겠지만 소령원 택지에서 신하들끼리 의견 불일치를 본다.

두 번째로 천거된 택지 역시 풍수 불발에 유교 욕심이 꽉 찬 문제의 왕릉지였고 더욱이 동구릉 내 화소 지역이기에 대신들의 선산들이 파헤쳐질 리도 없었다(이럴 적 소령원 천거지는 들러리가 된다).

일단은 유교론자인 대신들과 게다가 정조의 풍수 복수극을 만족시켜야 했던 그들의 입장에서 볼 적에는 오히려 동구릉이 대단한 명당이기까지 했다. 건원릉(태조 왕릉) 서쪽 두 번째 산줄기는 103년 전 효종 왕릉인 영릉이 경기도 여주로 천장을 했던 자리이다.

일반 민가에서도 일단 파묘(破墓)된 자리에는 다시 무덤을 쓰지 않는데 천하의 영조 왕릉의 천거지가 파묘 자리라는 것은 상상할 수도 없는 사건이었다(광중깊이가 다른 민묘이장과 광중깊이가 같은 왕릉천장의 경우 풍수해석은 다르다). 영조 즉위년 9월 16일에 문제의 왕릉지는 이렇게 논의되기도 했다. 사대부의 집안에서도 이장한 장소에다 무덤을 또다시 쓰지 않는데, 어찌 이장한 곳에다 국장을 치르겠냐며 영조는 난색을 표했다. 그러나 정조는 영조 자신마저 난색을 표명했던 바로 이곳을 결정해버렸고 영조 왕릉은 조선 왕릉 중에서도 이러한 역사적 사실에 의해서 억지로 매김질된 선례를 남기게 된다.

영조의 생모가 숙빈 최씨라는 중전이 아닌 후궁이기에 무덤 매김질상 여자 자리에 해당되는 좌측망주석 세호는 격하되어 하행(下行), 곧 아래로 내려가는 모양을

음택풍수 매김질인 좌하(左下) 자리인 왕통 모계는 중전이 아닌 숙빈 최씨에 해당되기에 영조 왕릉의 왼쪽 망주석 세호는 격하(格下)로 하행하는 영조 왕릉 / 왼쪽

우상(右上) 자리인 왕통 부계는 제19대 숙종에 해당되기에 격상으로 상행한다. 영조 왕릉의 오른쪽 **망주석 세호** / 오른쪽

하고 우측의 경우(아버지 자리) 아비 숙종은 왕의 신분이므로 격상되어 상행으로 우상좌하(右上左下)라는 세호 운동성을 망주석에 달고 있다.

조선 왕조의 역대 왕들은 한결같이 무덤 풍수 발복을 신봉하고 있었다. 정조 역시 그 중에 하나였으며, 어릴 적 할아버지 뼈대 발복이 흉지에 있으면 자신도 불리하다는 걸 믿고 있었다. 파묘 자리는 생기 구멍을 파헤친 자리이기에 소위 김이 빠진 자리이다. 이러한 무발복에 놓인 영조 왕릉에 대해 정조에게는 이미 의지하고 있는 무덤 발복지가 있었다.

그것은 16년 전 천장산에 묻힌 생부 사도세자 묘의 발복을 타고 싶었던 것이다. 그래서 즉위한 그날 즉시 정조 자신이 사도세자의 뼈대 혈통임을 공포했고, 뒤이어 영조의 홍릉 자리를 철회하는 동시에 당시 수은묘(垂恩墓)였던 사도세자의 묘를 영

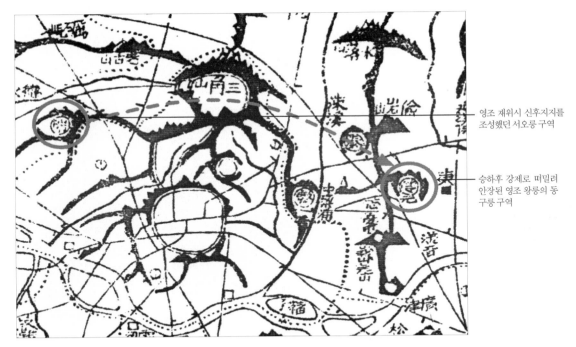

영조 재위시 신후지지를 조성했던 서오릉 구역

승하후 강제로 떠밀려 안장된 영조 왕릉의 동구릉 구역

한양 서편에 묻히고 싶어 했던 영조를 동쪽으로 밀어낸 정조 왕심이 개입된 영조 왕릉 변경도.

우원(永祐園)으로 격상시킨 정조의 왕심에서도 짐작할 수 있다.

이같은 왕심에서 정조 13년 사도세자 유택을 조선팔도에서 최고의 길지 발복처라고 알려진 수원으로 이장시켰던 것이다. 반면 영조가 원했던 홍릉과 정조가 강제로 변경시켰던 원릉을 풍수로 보면 정 반대에 놓인 청개구리 심보의 왕릉임을 알 수가 있다. 먼저 영조가 우허제로 자신의 신후지지를 책정한 홍릉은 한양 서쪽에 있지만, 정조가 장사를 치른 원릉이 동쪽에 있다는 점은 서쪽으로 가려 했던 영조를 동쪽으로 돌려버린 격이 된다. 더욱이 홍릉은 영조의 부왕이었던 숙종 왕릉 곁에 있었다. 숙종과 영조가 부자지간으로 나란히 누워 있는 것은 정말 보기 싫었다.

홍릉의 좌향은 을좌신향(乙坐辛向)으로 풍수발복상 부(富) 발복 좌향이지만, 원릉은 해좌사향(亥坐巳向)으로 풍수발복상 인화(人和) 발복이기에 손자 정조가 "할

동구릉에 안장된 영조 왕릉은 쌍릉이다. 그것도 정비 아닌 **계비가 좌측 봉분**을 차지했다. 무엇 그것(?)과 무덤은 맨 나중에 들어가는 것이 주인이라는 속담을 연상케 한다. 좌우지간 오래 살고 볼 일이다.

아버지, 그렇게 권력 축적에 급급하지 말고 먼저 인간이나 되시오" 이렇게 말하는 것 같은 정조의 왕심이 엿보이기까지 한다.

이를 알게 된 정순왕후(貞純王后) 김씨(사도세자 죽임 때 일조했던 중전)는 정말 앞날이 생지옥이었을 것이다. 선왕마저 파묘 자리에 묻어버린 정조의 왕심이라면 자신이 죽었을 적 왕릉은커녕 강변 모래밭에다 던져 버릴 위인이 되고도 남겠다는 끔찍한 생각마저 들었을 것이다. 그러자 정순왕후 김씨는 정조 재위 24년 동안 목소리는커녕 숨 한번 제대로 쉬지 못하며 궁궐에 파묻혀 있을 수밖에 없었다.

1800년 6월 28일 오후 7시 정조의 승하로 모든 사람들이 일제히 곡하는 시간에 56세의 정순왕후만은 만세를 외치고 싶었을 것이다. 어디 그뿐이랴.

왕실의 씨앗 정책으로 왕통의 씨알들이 희귀 품종이 되어 11세 어린 것이 왕(순조)으로 등극했으니, 대왕대비에 왕 자를 더 붙여도 되는 왕대왕대비 격인 자신이 수렴청정을 5년 동안 했다.

자신의 인척들을 요직에 앉히더니 정조가 육성해 놓은 인재들과 신하들을 대거 살육했고 다음으로 천주교 탄압을 위해 오가작통법이라는 연대책임을 씌워 전국을 피바다로 만들어버렸던 것이다. 이후 70년 동안 수렴청정 역사를 만들었던 장본인이기도 했다.

자신은 환갑상까지 거창하게 받아먹고서 진갑이 되던 해 61세로 죽어 팔자 좋게 지아비 영조 왕릉 곁에 묻히게 된다. 어찌됐건 오래 살고 볼일이다.

| 사도세자의 융릉(隆陵)과 제22대 정조의 건릉(健陵) |

부산에서 출발한 조선 왕릉 답사팀이 제1안을 선택할 경우 첫 답사지는 언제나 경기도 화성군 태안읍 안녕리에 있는 융건릉(隆健陵)을 택했다.

화산(花山)을 주산(主山)으로 삼고 있는 융건릉에 접근하려면 경부고속도로를 통해 오산 나들목에서 빠져나오거나 수원 나들목으로 접근하여야 한다. 단체로 북행하였을 경우에는 오산 나들목을 이용하고 개인 답사의 경우는 주로 수원 나들목을 이용하였다.

먼저 오산 나들목 접근의 경우 오산(烏山)이라는 지명부터가 흥미를 끈다. 까마귀 오(烏) 자를 내걸고 있는 오산이라는 문패는 1949년에 오산면이라는 공식 지명에서 시작되었다. 까마귀는 검은 색깔의 새이기에 영락없이 블랙버드(Black Bird)와 초록은 동색이다. 미국 공군의 전략 정찰기에 블랙버드가 있고 1966년부터 우리나라에 실용 배치되어 유일하게 이곳 오산에만 내리니 오산이라는 까마귀 지명이 십수년 후 블랙버드 정찰기를 끌어들였다는 묘한 인연이 있다.

수원시 소재 화성의 팔달문. 화산 풍수 문지방만 넘으면 이곳 화성의 문화재들은 사통팔달로 자연스럽게 풀린다.

이런 이야기들을 나누면서 1번 국도를 따라 북진하다 보면 한국전쟁 최초의 미군 격전지를 알리는 유엔군 참전 기념비가 오른편으로 보인다.

1950년 7월 5일 스미스 부대 406명이 이곳 언덕에 진지를 구축하고 남침하는 공산군과 한판 맞붙었으나, 결과는 참패였다. 이곳에서 불과 십리도 못 되는 서편 세마대(洗馬臺)에서는 권율 장군이 임진왜란 때 서진하던 왜군을 확실히 패주시켰는데······. 기념비에서 계속 1번 국도를 따라 십리쯤 더 가면 조선시대 9대로(九大路) 중에서도 유명했던 한양우로(漢陽右路) 였던 탓에 떡집들이 즐비했다던 병점(餠店) 마을(병점리)에 들어서게 되고 병점초등학교 사거리에서 343번 국도로 옮겨 서쪽을 타고서 계속 가다보면 수원대학교 건물들이 언덕 위에 얼핏 보이기 시작한다.

수원대학교를 1킬로미터 못 미친 오른쪽으로 융건릉 주차장과 입구 그리고 관리사무소가 한눈에 들어온다. 융건릉의 주산인 화산을 한눈에 보려면 수원대학교 건물 중 높은 곳에 올라가서 창문을 열고 보면 된다.

수원 나들목 이용시에는 일단 수원시로 들어가서 팔달문과 장안문 그리고 창룡

254

문 등이 있는 화성(華城)을 둘러보고 난 후 융건릉을 답사하면 조선 왕릉의 진국을
맛볼 수 있다.

정조(正祖)는 아버지 사도세자(思悼世子)를 위해 융릉 자리를 화산에 잡고 화성
을 축성했다. 그러므로 융릉이 풍수 열쇠라면 화성은 풍수 자물통쯤 된다. 결국 화
성 풍수 자물통은 융릉 풍수 열쇠로 풀어야 열린다는 말이기도 하다.

수원시에서 융건릉을 찾아가는 방법은 간단하다. 1번 국도를 타고 남쪽을 따라
가다 보면 병점리 병점초등학교가 나오고 거기서부터 또 서편 길을 타는 방법은 앞
설명과 같다.

문화재 답사 때는 사전에 지도를 살피는 습관이 몸에 배어 있어야 유익하며, 시
중에 나와 있는 십만 분의 일 지도가 편리하다. 그러나 그것도 정작 목적지를 백여
미터쯤 옆에 두고 지나치는 경우가 종종 벌어지기에 이점 유의하여야 한다.

융건릉의 주산인 화산은 「대동여지도」를 펼쳐 놓고 볼 때 비로소 제 맛이 난다.
수원을 중심에 두고서 한바퀴 감싸는 산줄기들은 마치 아기보 속에 태아를 잉태시

255

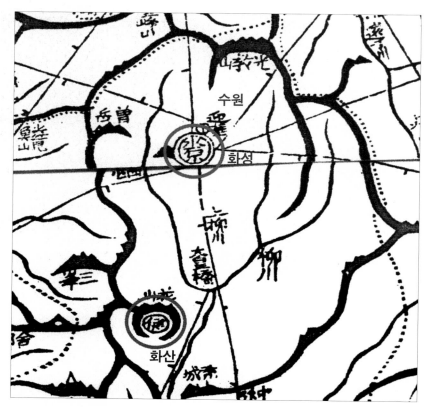

「대동여지도」로 본 수원과 화산

켜 놓은 듯, 어찌 보면 산줄기라는 꽃봉오리 속에 들어 있는 씨앗 하나가 수원이라는 생각마저 들게 한다.

　이같은 느낌을 연장시켜서 수원 남쪽에 있는 화산을 보면 이제 마악 꽃망울을 터트리려는 한 송이 꽃이 연상되는데 그 이름마저도 화산(花山)인, 그 안에 자리한 것이 융건릉이다.

　정조 18년 1월 15일자 실록의 기록 또한 이렇다.

　　…… 현릉원(융릉)이 있는 곳은 화산(花山)이고…… 화(華) 자와 화(花)는 통한다. 화산

256

화산(花山)의 혈(穴)자리를 차지한 사도세자의 융릉

의 뜻은 800개의 봉우리가 한 산을 둥그렇게 둘러싸며 보호하는 형세가 마치 꽃송이와

같다고 하여 이른 것이다…….

융건릉 입구에서 우측으로 맛깔스럽게 난 흙길을 따라가다 보면, 사도세자가 잠든 융릉에 당도한다. 융릉 형국은 화심형(花心形)이다. 화산(花山)의 중심인 씨방자리는 꽃이 개화하려고 중심부터 밀치고 난 다음 옆으로 꽃잎을 벌려주는 힘의 원천이기도 하다. 융릉은 바로 그 화심(花心)에 자리하고, 펼쳐진 사초지는 꽃앞에 해당된다. 밀치는 화심(씨방)의 힘을 혈(穴)이라는 구멍을 통하여 받으려는 것이다. 그래서 세종 왕릉과 덕종릉 및 이곳의 융릉은 같은 형태와 기세를 갖추고 있는 꽃 모양의

병풍석 중 인석에는 모란꽃을, 면석과 **우석**에는 국화와 난초 등을 그리고 박석까지 꽃잎을 연상시키는 상석(裳石) 조형을 했다. / 왼쪽

장명등은 한송이 꽃 그 자체를 유감없이 보여주는 꽃들로 화산의 화심형을 디자인하고 있다. / 오른쪽

왕릉들이기에 쌍릉을 피하여 단릉, 합장릉 양식들을 택했던 것이다.

　융릉 석물들은 정말 이례적으로 유별나다. 장명등이며 인석, 병풍석 할 것 없이 모조리 꽃 문양들로 치장하고 있다. 화산이라는 꽃뫼의 씨방 화심에 자리한 융릉이기에 기왕이면 다홍치마 발복하라고 석물에도 꽃 문양들을 갖추어 놓았다. 능원에서 좌향도 재고 안대(眼對, 뒤쪽만 빼고 눈에 들어오는 주위의 모든 산천 광경들)와 지맥들을 각기 관찰하기 시작했다.

　몇년 전 경복궁관리사무소에 근무하던 목을수씨가 마침 융건릉관리사무소 소장으로 있어서 훌륭한 가이드 역할을 해주었다. 목소장은 고려·조선 능지를 썼을 만큼 나름대로 풍수를 알고 있었다. 일행 중 하나가 목소장에게 이곳 융릉의 풍수 형국이 무엇인지 물어 보았다. 그러자 목소장은 반룡농주형(盤龍弄珠形)이라고 대답했다. 반룡농주형은 한가로운 차림새의〔盤〕 용(龍)이 앞에 놓여 있는 여의주(珠)를 희롱〔弄〕하는 모양을 말한다.

　화심형이 분명한데 난데없이 반룡농주형이라 하니 이것을 이장해야 하나 말어야 하나. 그러나 반룡농주형은 난데없는 형국도 아니고 이장할 필요 또한 없다. 이 곳이 반룡농주형이라는 풍수 형국은 정조 13년 7월 11일자 『조선왕조실록』에 분명히 못 박고 있으니까 말이다.

이를 직접 말했던 사람은 다름 아닌 정조였다. 그런데 정조의 발언에는 문제가 있다. 정조가 직접 보고 반룡농주형이라고 했던 것이 아니라, 도선국사 비결에 그렇게 말했다는 '하더라 풍수 형국'이기 때문이다.(원래 도선비결이란 존재하지도 않으니까 말이다)

어찌 되었건 이곳을 왕이 직접 반룡농주형이라고 선포하여 버리니 감히 누가 아니라고 대들 수 있었겠는가. 대들면 역적이 되고 따지면 풍수사화(風水士禍)쯤 되니 처삼촌 벌초하듯이 묵묵부답으로 듣고만 있어야지 그것이 충신이다. 7월 13일 이곳을 둘러보고 온 영의정 김익은 감격에 겨워 눈물을 흘리고 있는 정조를 한껏 기쁘게 해주었다. 앞산에서 여의주 봉우리를 보았노라고……

그러자 15일 대신들이 조정에 잔뜩 모여 용의 구슬의 형체와 디자인이며 조경 문제까지 정조와 함께 논의했다. 그해 9월 8일 정조는 또다시 이곳을 반룡농주형이라 하면서 좌향을 여의주에 맞추어 잡으라는 어명을 내렸다.

융릉 천장 당시 정조는 부근에 있던 갈양사(葛陽寺)를 원찰로 지정하고 크게 중수하여 낙성식을 올리더니 그날 밤 여의주를 물고 용이 승천한 꿈을 꾸었다며 갈양사를 용주사(龍珠寺)로 개칭하여 버린다. 정조가 그날 정말로 용꿈을 꾸었는지는 모르겠지만 이곳 융릉의 여의주 봉우리는 역사적인 거짓말이다.

아무리 『조선왕조실록』의 기록이 산더미같이 논증한다 하더라도 실제 융릉 앞에는 여의주 봉우리가 없으며, 이곳이 반룡이라는 형상 또한 풍수상 성립되지 않는다. 융릉은 절대 반룡농주형이 아니다. 화산 전체와 융릉의 혈장을 어느 각도에서 살펴보아도 화심형임은 확연히 드러나고 있다.

누가 과연 왕고집을 피우고 있는 것일까. 200여 년 전의 정조일까, 아니면 오늘날 화심형을 주장하고 있는 필자일까. 이런 판정은 그뒤 다시 감행했던 1999년 여름

259

융릉의 원찰인 용주사 앞쪽 금주라는 경계비가 눈길을 끈다. 숭유배불 정책의 왕조 시대에 승려가 선비에게 금주령을 내릴 수 있다는 점에서 당시 원찰의 권한을 짐작케 한다. / 위

풍수의 현장들을 답사해 본 경험자라면 이곳 융릉이 화심형임은 사초지를 보고서도 단번에 알아차릴 수 있다. / 아래

정조의 왕고집 풍수로 조성된 **인공여의주** 모양의 사(砂) / 옆면 왼쪽

인공 여의주 옆에 있는 연못이 특이하게 둥글다. / 옆면 오른쪽

답사 때 판가름이 났다.

목소장을 만나자마자 대뜸 대단히 귀중한 현장을 발견했다며 반가워했다. 여의주 봉을 발견했다는 것이다. 그것이 정말 여의주 봉우리라면 일단 정조의 왕고집은 맞는 것이 된다. 그런데 목소장의 안내로 도착한 그곳의 여의주 봉은 자연적인 산봉우리가 아니라 흙으로 둥글게 만든 인공물이었다. 높이가 3미터 정도 되는 여의주 봉 옆에는 인공으로 조성해 놓은 연못까지 있었다. 이러면 정조가 왕고집을 피운 것이 된다.

정작 이곳에는 여의주 봉이 없었기에 인공적으로 만들었던 것으로 안대에 여의주 봉우리가 있었다면, 굳이 저런 걸 조성했을 필요는 없었을 것이다. 이럴 경우 정조는 무슨 이유에서 반룡농주형이라고 끝까지 왕고집을 피운 것일까. 어거지 반룡농주형 여의주 조성물 근처에 파놓은 연지(蓮池)를 물끄러미 쳐다보고 있던 목소장이 이상하다는 듯 하나의 의문을 제시했다.

"이상한 건 연못이 둥글다는 거예요. 둥근 연못은 본 적이 없어요. 모두 사각형 연못들을 조성하는데, 왜 여기는 둥글게 했는지 그것 참 이상해요."

목소장 말에는 일리가 있다.

천원지방(天圓地方). 하늘은 둥글고 땅은 네모 모양이라는 것이 동양사상이다. 그래서 땅에 연못을 팔 때 네모로 파고 그 안에 둥근 섬을 만드는 방지원도(方池圓島) 양식이 우리 나라 연못의 정형이다. 이는 하늘 기운을 땅그릇에 담는다는 맥락이기도 하다. 그런 이유에서 융건릉 내에 있는 정조 왕릉의 연지 역시 사각형 연못이며 병산서원, 남계서원 등도 네모형의 연지로 일방통행을 하고 있다.

"아, 여의주라서 둥그레한 것이 아닙니까. 세상에 네모난 여의주 봤나요."

수강생 한 명이 대뜸 빠른 머리 회전을 발동하자 일행 모두 목소장까지 그 말에 수긍을 했다. 그런데 이곳 위쪽 팔달산으로 옮긴 수원 읍치 화성(華城) 축성 때 조성한 방화수류정(訪花隋柳亭)의 연지 역시 이곳과 똑같은 원형 연못이다. 정조의 어거지 반룡농주가 또다시 수원 화성에도 걸려 있다는 점이 흥미로웠다. 이곳 융릉의 둥근 연지는 정조 13년에 만들어졌고 화성의 둥근 연지는 정조 20년에 조성되었다.

화(花) 자와 화(華)는 서로 꽃으로 통하는 글자들이 되기에 화산(花山) 융릉과 수원의 화성(華城)은 뗄래야 뗄 수 없는 풍수 문패에 놓여 있다. 조선팔도 제일 명당지로 알려진 이곳 화산으로 융릉(당시 현륭원) 천장을 결정했던 당시 수원 읍치는 화산 발치에 있었다.

풍수상 마을 뒷산에는 무덤을 함부로 쓰지 못한다. 그 이유는 풍수 문제가 마을과 무덤에서 발생하여 충돌하기 때문이다. 마을 뒷산을 진산(鎭山)이라 하며 무덤의 뒷산을 주산(主山)이라 칭하고 있는 것은 진산과 주산이 각각 마을과 무덤에 생기를 공급하는 지맥을 잇대고 있기 때문이다. 그러므로 마을의 진산에 무덤을 쓸 경우 마을로 공급하는 생기를 무덤이 몽땅 빼앗아버린다는 풍수 상의 문제가 발생하게 된다.(이러한 연유에서 마을 진산에 무덤을 쓸 수 없다는 금장처(禁葬處)가 우리땅에서 흔히 발견되기도 한다)

무덤은 죽은 자의 집이기에 음택(陰宅)이라 하고 산자의 집은 음택의 반대 개념에서 양택(陽宅)이라 하며, 양택들이 들어선 마을의 텃자리는 터 기(基) 자를 붙여서 양기(陽基)라 부른다. 여기에 풍수라는 용어를 붙이면 양기 풍수(陽基風水, 마을 풍

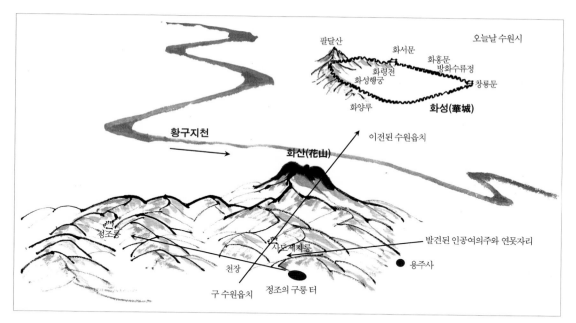

오늘날 수원시

팔달산　화서문

화홍문
방화수류정

화령전
화성행궁

창룡문

화양루　　화성(華城)

황구지천

화산(花山)

이전된 수원읍치

정조릉

발견된 인공여의주와 연못자리

사도세자릉

용주사

천장

구 수원읍치　정조의 구릉 터

양기 풍수 화성과 음택 풍수 화산.

수) 그리고 음택 풍수(陰宅風水, 무덤 풍수)로 구별된다.(양택풍수는 주거용 건물을 가르킨다)

정조 13년 이곳 화산에서 양기 풍수(수원 읍치)와 음택 풍수(융릉 천장)의 직접적인 충돌이 발생하였던 것이다. 그래서 정조는 화산을 진산으로 삼고 있는 수원 읍치를 북쪽으로 옮겨 그곳에 있는 팔달산을 진산으로 삼으라는 마을 이전을 명하였다. 결국 오늘날의 수원시는 융릉 천장으로 인하여 입지가 택지되었던 것이다.

화산이 조선 왕릉 택지로 거론되었던 것은 효종 왕릉 천장 때에도 있었으나, 화산에 이미 자리하고 있던 수원 읍치 이전 비용과 신하들의 반대로 엄두조차 내지 못하였다. 그런데 정조는 화산에 있는 수원 읍치를 팔달산 아래로 옮기고 화산에 융릉 천장을 감행하는 어명을 내렸다.

융릉 천장에 들어간 비용은 18만 냥(당시 쌀값을 기준으로 할 때 현재 화폐 가치

263

로는 약 200억 원), 수원 읍치 이주와 화성 공사 비용은 87만 냥(약 1000억 원)에 달했다. 당시 조선팔도 인구 730만 명을 오늘날의 인구로 환산할 적에 융릉 천장은 무려 2천 억 그리고 수원 읍치 이주 계획은 1조에 달하는 국책사업이라 할 수 있다. 그런데도 정조는 이를 과감히 시행했다. 천장과 이주와 축성에 들어가는 1조 2000억 규모의 비용 마련에 있어서 정조의 정치적 역량은 가히 천재적이었다. 비용 대부분을 당시 병권을 장악하고 있던 벽파(僻派)들의 군문에서 충당하라고 명한 것이다. 벽파들은 울며 겨자먹기 식으로 모두 바쳐야 했다.

영조 때 사도세자를 죽이게 했던 벽파들은 아들 정조가 즉위하자 대대적인 복수극이 있을 거라며 몸을 떨었는데, 이상하게도 정조는 사도세자의 문제를 재위 초기 이후에는 일절 꺼내지 않았다. 직접 주동한 인물 몇 명만 처단했을 뿐 십여 년 간 일체의 함구령으로 일관했던 정조가 재위 13년에 측근인 체재공 체제를 앞세워 중대 발표를 하겠다고 했을 때 그들은 이제 죽었다고 생각했다. 그런데 그날 중대 발표 내용은 뜻밖에 사도세자 현륭원(융릉) 천장에 관한 것이었다. 이제 살았구나 하면서 기뻐했던 벽파들은 면죄부를 사듯 천장과 이주 비용을 앞다투어 정조 앞에 바쳤다. 그런데 그 비용의 규모가 점점 불어났다. 천장 비용에다 이주 비용, 게다가 화성 축성 비용 등 가히 1조 2000억 원 규모의 막대한 비용이 소요되었던 것이다. 벽파 군문들의 10년 예산에 해당되는 비용으로 그들은 졸지에 당한 재정고갈로 실세에서 밀려나게 되었다. 한 맺힌 정조의 영양가 있는 복수극이었다.

기실 풍수 발복이라는 것이 그렇다. 무턱대고 발복되는 횡재수가 아니라, 인간의 신념과 노력이 더욱 중요하다는 것을 정조의 융릉 천장 발복에서 우리는 엿볼 수 있다. 조선조 역대 왕들 중에서도 정조의 풍수 안목은 최고봉이었다고 해도 과언이 아닐 것이다.

이러한 정조의 풍수 실력은 왕세손 시절부터 쌓아왔던 것으로 추정된다. 11세에 아버지(사도세자)의 죽음을 목격했고, 또한 배봉산에 묻힌 사도세자의 수은묘(垂恩墓)가 아무렇게나 버려진 흉당이라는 것을 소문으로 알고 있었다. 흉지에 묻혀 있는 아버지를 후일 이곳 화산 명당으로 천장시킬 때 새긴 지문에 정조는 이렇게 구술하고 있다.

정조 13년 10월 7일. "…… 천지에 사무치는 원한을 안고서 여지껏 멍청스럽게 구차하게 모질게도 토석(土石)마냥 죽지 않고서 연명해 왔던 것은 소자에게 중요한 일이 남아 있었기 때문입니다……."

즉위 초 융릉 천장을 서둘렀으나, 당시의 연운(年運)과 산운(山運) 그리고 사도세자의 명운(命運)이 맞지 않자 이러한 운세가 가장 좋은 재위 13년(1789)을 기다렸다 천장을 한 것이다. 이러한 상황들을 참작할 때 융릉 천장 당시 정조의 풍수 공부는 적어도 20여 년은 족히 넘었던 것 같다.

이제 정조의 풍수 실력을 살펴보기로 하자.

현장 답사 때 가장 중요한 것은 어느 지점에다 수강생들을 집합시켜 놓고 설명하느냐에 따라 받아들이는 효과가 달라진다는 점이다. 가장 좋은 지점은 한곳에 서서 고개만 돌리면 설명할 모든 지점들이 한눈에 들어와야 한다. 그런 지점들은 대개가 3미터 범위라는 한정을 갖고 있기에 관산 범위를 언제나 지휘봉으로 선을 그어 놓고서 이렇게 말한다.

"이 선의 범위를 넘어가면 반풍수가 되니 반드시 안쪽에 서야 합니다."

그날 답사팀 모두를 집합시켰던 지점은 융릉의 장명등 앞이었다.

"정조 임금이 이곳을 택지하기 전에 여섯 곳이 더 거론되었지만 하나씩 풍수적으로 설명하면서 이곳 화산을 친히 택했던 것입니다."

임금이 직접 풍수 평을 했다는 그 자체만으로도 관심을 끌기에는 충분했다.

"첫째 문의라는 곳의 양성산은 산들의 기운이 좋지 않으며, 둘째 천거지 장단 백학산은 국면에 모이는 땅기운이 너무 좁고, 셋째 광릉 지역의 혈자리 곁에는 폐가와 절집 그리고 고분들이 혼잡스러워 좋지 않다며 이렇게 헌릉, 후릉, 강릉 등의 화소지

265

역들까지 열거하면서 이곳이 으뜸이라며 풍수 형세와 장풍 국면, 게다가 혈자리가 어디일 것이라고 정조가 직접 풍수평을 했던 사실들이 『조선왕조실록』 정조 13년 7월 11일자에 상세히 나와 있습니다."

설명이 여기에 이르자 모두들 고개를 들어 자연스럽게 주위 사방을 관산하기 시작했다. 정조의 풍수 안목을 빌어 왕릉의 명당이란 이런 곳을 말하는 것이니 나도 단단히 보고서 눈도장을 찍어두려는 표정이 배어 있었다.

"닷새 후 이곳 택지를 두고서 거론되었던 것은 후일 언젠가 같이 묻어주어야 하는 정조의 생모 혜빈 홍씨의 능침 문제였습니다."

정조 당시 조선 왕릉에 있어서는 우측에는 왕을 안장시키고 좌측에 왕비를 안장시키는 쌍릉 양식을 주로 선택하였다.

"그런데 정조는 이곳은 쌍릉 양식을 할 수 없다고 했는데, 그 이유는 이곳 혈자리는 화심(花心) 풍수에 해당되어 생기가 오직 한 곳 중앙으로 몰려 있기 때문이었지요. 그래서 단릉 양식에 합장을 명하였기에 오늘날 보시다시피 융릉은 합장릉입니

화심형이기에 쌍릉을 쓸 수 없어 정조가 직접 교시한 합장릉 양식의 융릉. 꽃형국인 세종 왕릉과 덕종릉들 역시 쌍릉을 피하고 있다. 사도세자는 살아생전 참사당한 살(殺)이 끼어 **병풍석**을 조성했다.

다. 그뿐만이 아니지요. 왕릉은 열 자를 팠는데, 정조는 열 자를 파지 말라고 했지요. 잘못하다가는 열 자 아래에 있는 생기를 건드릴 수 있으니 일곱 자 정도에서 흙의 빛깔을 보고 기름진 진토(眞土, 생기를 머금고 있는 흙)가 나오면 중지하라고 했고 천장 당시 광을 파내려가다 정조의 예언대로 혈색 좋은 진토가 나오자 이를 중지하고서 사도세자를 안장시켰지요."

그만큼 정조의 풍수 공부가 엄청났던 것이다. 형세론(형국)과 이기론(방위)이 이곳 융릉의 좌향을 매김질할 때 발생한 문제를 명쾌히 해결했던 것도 정조 자신이었다. 형세론과 형국이 중요하지 패철로 따지는 역풍수는 부차적인 것으로 이를 어겼을 때는 본말을 모르는 것이며, 주객이 전도되는 풍수라며 일장 갈파했던 정조는 풍수의 요체가 방위보다는 좌혈(坐穴)에 두고 있다는 점을 확실히 알고 있었다.

"그렇게 고원한 풍수 안목을 갖고 있던 정조가 어째서 이곳을 반룡농주형이라고 끝까지 고집을 피웠을까요."

"………?"

그날 융건릉 답사를 끝내고 다음 답사인 동구릉을 향해 달려가는 답사 차량에는 귀신 한 놈이 같이 타고 있었다. 우불이 그 녀석이 이런 질문을 던져 왔다.

"교수님! 임금님을 용이라 하지 않아요."

"그래 봉황으로도 비유하고 용으로도 상징하고 있지."

그러자 녀석의 눈에는 번뜩이는 광채 같은 것이 빛났다.

"봉황도 왕을 상징하나요?"

"그래. 그래서 우리나라 대통령 휘장을 봉황으로 새기질 않느냐."

"그럼 더 확실해져요. 정조가 반룡농주형이라고 했던 이유가 말이에요."

얘가 무슨 말을 하려고 하나 고작 풍수 현장 답사 2년차가 말이다.

"사도세자는 왕세자 때 참극을 당했잖아요. 그런 참극이 없었으면 임금으로 등극했을 테고 용이 되었을 텐데 말이에요. 뒤주 참극으로 이무기가 된 것이지요."

"이무기! 그리고 용!"

267

"보세요. 용과 이무기는 여의주가 있느냐, 없느냐에서 판가름 나지요. 용상에 등극하지도 못하고 이무기로 죽은 아버지 사도세자를 위하여 융릉 천장 당시 여의주를 매김질했던 거예요. 풍수 형국이 화심형이지만 반룡농주형으로 융릉 원찰인 갈양사를 용주사로 개명했고 앞쪽에 조산을 여의주 모양으로 인위적으로 만든 것이 정조의 이유있는 왕고집이 아닐까요, 게다가 또 있어요."

"또 뭐가 있지."

"방금 말씀하신 봉황 말이에요."

"……."

"다른 왕릉들은 문인석의 모자가 사모관대인데요 사도세자 융릉과 정조 왕릉은 특이하게도 금관을 하고 있었어요."

그래, 그게 이상했다. 그런데 그것과 이무기 그리고 용과 봉황이 무슨 상관이 있다는 말인가.

융릉의 문인석 금관에서 발견했던 것은 왕을 상징하는 **봉황새**였다.

융릉과 화성은 초록은 동색이라는 문화재이기에 둥근 여의주 형상의 연못에 여의주 모양의 인공섬을 조성하였다. 이럴적 용머리 모양의 **용바위** 위에 왕관을 씌워놓은 것이 화성의 방화수류정임이 드러난다. 이것 또한 반룡농주형이라는 정조의 왕고집 조성물이다. / 옆면

"융릉 문인석 금관을 보면 다른 왕릉에서는 보지 못했던 봉황을 그려 놓았다는 거예요."

굉장한 관찰이다. 이무기밖에 못된 아버지의 원한을 풀어주려고 반룡의 여의주에 용주사를, 또 여의주 조산에다가 정조가 꿈에 보았다는 등천한 용꿈에다 사도세자가 왕세자 시절 평양 밀행으로 그렇게 갈구했던 이상향을 수원 화성에 재현한 창룡문(創龍門) 그리고 용머리의 방화수류정과 유난히 용처럼 특이하게 뻗어가면서 축성시킨 동쪽 성벽들 모두 같은 목적에서 조성된 것들이다.

그래 백 번 맞다. 우불이 네가 맞췄다.

"그런데 증거가 있어야 돼요. 금관의 봉황이 당시에 임금을 상징하고 있었다는 확실한 논거 말이에요. 그런 것을 증명할 만한 것은 있나요?"

녀석은 아직 논문을 쓰는 학도이기에 오히려 그런 것을 더 중요시한다. 아무리 경험적 감각을 잡아도 그것들을 입증할 만한 자료나 고증이 없으면 말짱 도루묵이

수원 읍치 이주로 진산이 된 **팔달산** 형국은 엎드린 호랑이, 곧 우백호가 된다. 호랑이의 혈은 입이 되기에 팔달산 호랑이 입 앞에 화성행궁을 조성했다.

다. 녀석의 표현을 빌자면 "문과 머리 소설 쓰고 있다", "말 맞추기 풍수타령한다"는 지독한 현실 모독이며 역사 왜곡죄에 해당되어 아무리 뛰어난 명강의라도 끝에 이를 증명하지 않으면 몇 년 전 발표했던 그것까지 싸잡아서 부관 참시할 놈이다.

"있지, 경복궁의 정전인 근정전 내부 지붕 위에는 왕을 상징하는 용 두 마리가 그려져 있는데 말이다. 창덕궁 정전인 인정전 천장에는 봉황 두 마리가 그려져 있다는 사실이면 되겠냐."

녀석은 대단히 만족했다. 순간 손가락 다섯 개가 펼쳐지면서 공중으로 올라갔고 녀석과 나는 하이-파이브로 짝 하니 소리를 내었다.

정말 모든 것이 잘 가고 있었다. 다음 답사 목적지를 향해 차도 잘 가고 있었고 사도세자의 융릉 천장을 실행하려던 정조 역시 아주 잘 가고 있었다.

정조 13년에 금성위 박명원은 3년 전 어린 나이로 요절한 문효세자의 죽음을 들추면서 후사를 잇기 위해 천장을 서둘러야 한다고 했고 그해 10월 7일 해시(亥時, 21~23시)에 옛 수원부 객사 뒤쪽에 해당되던 이곳에 화산을 주산으로 삼은 계좌정향(癸坐丁向, 남쪽을 향해 약간 서쪽으로 바라봄) 매김질로 융릉을 천장하였다.

천장을 하고 난 8개월 10일 후 후사를 이어줄 원자(순조)가 태어났고, 정조 17년 팔달산 밑으로 이전시킨 수원 읍치에 사도세자의 이상향이 담긴 화성을 좌청룡(방화수류정과 창룡문) 우백호(팔달산과 화성행궁)에 맞추어서 축성했다.

이무기를 벗어나 승천 등극으로 아비의 원한을 풀어주려는 정조의 왕심에서 나온 반룡농주형처럼 방화수류정 용바위, 용연 그리고 창룡문과 그 일대에 독특한 축성들이 하나씩 매김질되어 갔다. 그러므로 문화재 화성은 융릉 풍수에서 볼 때 초록은 동색이 되는 역사적 맥락인 것이다. 당시 화성 축성에는 다산(茶山) 정약용 등 당대 젊은 실학자들이 대거 참여하여 이 땅에 문화의 꽃을 활짝 꽃피우기도 했다.

정조 20년, 화성행궁(華城行宮)이 지어졌고 이곳을 조선 후기 최초의 상업도시로 활기차게 만들려 했던 정조는 재위 24년 49세로 갑자기 승하하여 버렸다. 정조가 병사하자 11세 어린 나이로 등극한 순조는 대왕대비(사도세자를 죽이게 했던 정순왕후)의 수렴청정을 받아야 했고 대왕대비는 자신의 입지를 위해 정조의 꿈이 담긴 화성을 헐뜯어서 천덕꾸러기로 몰락시켜 버렸다.

인간사 어리석음이란 이런 것이다. 대왕대비의 속 좁은 어리석음은 또 반복되어 정조 왕릉을 흉지로 끌고 갔다. 정조 승하 당시 건릉(健陵, 정조 왕릉)을 융릉 두 번째 좌청룡 발치 아래에 잡았는데, 이는 흉당으로 내친 고의성마저 엿보이고 있다.

한번 파묘했던 옛 무덤 자리, 신불(神佛) 등 요사한 푸닥거리 사당터, 처형장과 감옥 등 칼과 창을 휘두르던 병영 텃자리는 무덤 풍수상 금기시하던 것으로 산서(山書)에서도 밝히고 있을 정도로 상식에 속한다. 그런데 무인들이 칼을 휘두른다는 강무당(講武堂) 옛터 자리에 정조 왕릉을 그것도 상지마저 생략한 그대로 매김질했던 것이다.

사진에서 허리를 숙인 사람이 있는 곳이 정조를 장사지낸 장소이다. 흉지로 판명되자, 21년 후 오늘날 건릉 자리로 천장하게 된다. /
위

난간석만 조성시킨 제22대 정조 왕릉 건릉 / 아래

화산 정조 왕릉의 안대. 한겨울 영하 10도 날씨에도 다정해서 포근하기까지 했다. / 옆면

　　정순왕후가 죽고 정조의 비 효의왕후가 승하했던 순조 21년(1821) 3월 9일, 정조 왕릉의 흉당설이 불거져 나오자 순조는 효의왕후 합장과 정조 왕릉 천장을 동시에 치르기로 결심하였다. 이때 천장지로 천거된 곳은 두 곳, 하나는 장릉(인조 왕릉 재실 뒤쪽)과 다른 하나는 이곳 융릉 오른쪽에 있던 옛 수원부 향교 텃자리였다.

　　장릉 재실 터는 경기도 파주군에 속하고 사후 아비와 같이 잠들려는 정조의 바람과 어긋나기에 수원부 옛 향교 자리로 그해 9월 13일 건릉 천장과 동시에 효의왕후를 부좌동봉(附左同封)시킨다. 부좌(附左)란 아내를 남편 왼편에 묻는다는 장례 용어이며, 동봉(同封)은 같은 봉분(封墳, 무덤)을 말하기에 부좌동봉이란 합장을 뜻한다.(결국 우상좌하 매김질과 같은 맥락이다)

　　정조 왕릉인 건릉 역시 융릉처럼 합장릉을 갖추고서 아버지와 아들이 500미터를 두고 융릉과 건릉으로 나란히 잠들어 있다. 그 중 융릉은 병풍석만 두르고 있으며, 건릉은 난간석만 조성하고 있는 것이 마치 부자지간에 얼마나 정이 그리웠는지 아버지 아랫바지에 내 윗도리를 서로 나누고 있는 착각마저 든다.

이곳에서 그런 느낌이 드는 것은 역사탓만은 아닐게다. 아비의 횡사에 자식의 응어리짐을 인간의 가슴으로 이해해 보려는 시각 또한 아닐게다. 그것은 그런 생각이 들게끔 부채질하고 있는 풍수 안대들인 것만 같다. 바라만보아도 포근히 감싸고 있는 융건릉 산세의 품안으로 쏟아지는 더없이 따스한 햇살들이 말이다.

　　서울 서초구 내곡동에 있는 순조(純祖) 왕릉의 능원을 바라볼 때 오는 혼란은 만약 정자각만 없다면 이걸 조선 왕릉이라고 볼 수 있겠는가 하는 것이다. 눈썰미처럼 간사한 것도 없지만 조선 왕릉 답사를 강행군하고 난 후 수강생들끼리 나누는 이런 말들을 종종 들었다.

　　"김사장이 자기 시조묘 자랑을 그리 하길래 가봤더니 마, 택도 없더라. 꼴락 그게 몇 평 남짓하겠나, 그 말이다."

　　당당하게 텃자리를 지키면서 웅장하게 조성된 조선 왕릉들에 눈썰미가 맞추어진 왕릉 답사자 앞에 남들이 자랑하는 문중 시조묘가 아무리 크다한들 빌라, 맨션 사는 사람에게 원룸 자랑하는 격이나 다름없다. 그와 같은 조선 왕릉 눈썰미 감각으로 순조 왕릉을 바라보면 고작 세도 문중의 시조묘 정도로 어림짐작될 뿐 조선 왕릉 특유의 감흥은 도무지 일어나질 않는다.

　　조선조 재위 왕의 권력 근수는 승하 후 왕릉의 무게와 비례했다. 이는 인릉에서

왕릉보다는 모델하우스 같은 제23대 순조의 인릉. 제4대 세종 왕릉의 대모산 첫 조성지가 이곳이었음이 현장 답사 도중 새롭게 드러났다.

동쪽으로 겨우 200미터 떨어져 있는 제3대 태종 이방원의 왕릉과 비교해 보아도 두 왕릉의 무게는 정말로 격세지감이다.

가령 문·무인석이 순조 왕릉은 4개이나 태종 왕릉은 배가 되는 8개며 태종 왕릉은 10척을 팠으나, 순조 왕릉은 겨우 6척 3촌을 팠을 뿐이었고 게다가 태종과 순조의 권력 근수의 천양지간은 우리가 잘 알고 있다. 조선 후기로 내려오면서 왕권은 약해지고 왕실의 기강 또한 해이해지더니 결국 외척이 득세하였다.

순조가 11세 어린 나이로 등극하자 정순왕후(영조 계비 김씨)의 수렴청정을 통하여 경주 김씨들의 세도정치가 시작되었다가 15세부터 순조의 친정으로 돌아서자, 이번에는 중전(순원왕후 김씨) 문중인 안동 김씨들의 세도가 이어졌다. 그러자 정순왕후는 다시 수렴청정을 번복, 선언하였지만 이를 죽기 살기로 안동 김씨들이 막았다.

본래 세도(世道)란 말은 세상(世上)을 도학(道學)으로 다스려야 한다는 조광조의 정치 철학이었으나, 조선 후기에 이르러서는 세력(勢力)만이 살 길〔道〕이라는 권문세도(勢道)로 변절되어 버렸다. 안동 김씨들이 경주 김씨, 풍양 조씨 등의 권문세력들을 물리치면서 60년 세도를 누릴 수 있었던 것은 경기도 이천군 백사면에 있는 김병기 무덤의 금반형 명당 발복이라는 풍문도 있다. 이는 믿을 만한 것이 못 되며 기실 따지자면 씨앗 싸움에서 승리한 발판을 안동 김씨(한양 사는 장동 김씨가 더 정확하다) 문중에서 잘 이용했기 때문이다(이 점을 파악한 대원군은 안동 김씨들을 신출귀몰하게 눌렀던 것이다). 안동 김씨 김조순의 딸이 순조의 중전이 되어 왕세자를 낳았는데, 이가 효명세자로서 22세에 졸하였으나, 세자의 어린 아들이 제23대 순조의 뒤를 이어 8세 나이로 제24대 왕(헌종)으로 등극하니 오히려 수렴청정 8년은 안동 김씨들의 세상이 되어 버린다.

이후 전주 이씨 항렬까지 뒤집으며 등극한 철종의 중전 또한 안동 김씨 일색으로 이렇게 밀반출된 권문세도들의 판도가 활개를 치자, 조선 왕릉들은 위축되었고, 그 대신 권세문중의 묘들은 점점 풍성해지는 괴현상마저 생겨났다. 음택 풍수에 있어서 가장 중요한 것은 석물 등 외부의 화려한 치장물들이 아니라, 누가 명당자리의 혈을 차지하느냐는 판가름으로, 이름하여 혈자리 다툼이 중요했다. 이같은 혈자리 다툼때문에 순조 왕릉도 피해를 보았는데, 그것은 순조가 승하하고 한 달이 지난 후 파주에 있는 장릉(인조 왕릉)의 화소 지역에 적당히 묻자는 결정을 하고 장사를 치렀으나, 후일 풍수상 문제가 거론되자 철종 7년 천장을 하였지만 그 역시 헌릉(태종 왕릉)의 화소 지역이긴 마찬가지였고, 게다가 이듬해 왕비마저 합장시켜버렸다.

조선 후기 대신들은 그랬다. 왕이 승하하면 택지를 하는척 하면서 이 핑계 저 핑계를 대고서 결국에는 왕릉들을 선대 왕릉의 화소 지역으로 끌고 갔었다. 그러자 왕릉들을 눌러야 문중이 살아난다는 대립 정서까지 팽배했다.

당당한 목소리를 낼 수 없었던 순조의 인릉은 더부살이 왕릉으로 얹혀 있다가 흉당을 만나 또다시 태종 왕릉 한곁에 더부살이 하고 있는 조선 왕릉이다. 순조 재위 시절은 정조 때 키워 놓은 기술과 인재들을 무용지물로 전락시킨 역류의 역사였다.

여름 답사 때 본 인릉의 풀죽은 모습. 순조 이후 왕들은 맥빠진 헛발질만 했고 민초들은 더더욱 고달팠다.

산호(山呼)라는 말은 산호 만세로 중국 한무제(漢武帝)가 숭산 위에서 하늘에 제사를 지낼 때 백성들이 만세를 삼창했던 것에서 유래된 용어이다. 순조 당시 급속도로 산호가 유행되었는데 원본과는 전적으로 거리가 멀었고 사연과 내용은 정반대였다. 순조 때 산호는 그것도 한밤중에 마을 앞산에 올라가서 저 아래 있는 관아를 쳐다보고 고래고래 소리를 지르는 것이었다.

백성들의 울분에는 탐관오리가 등쳐먹은 것, 배운 놈이 더 파렴치하다는 것, 그렇게 먹고 잘 사는지 두고 보자는 것을 퍼질러대는 것이 당시의 민초들의 산호 소동이었다. 점잖은 원님 체면이 동네방네에 들통났으니 시세 말로 공식석상 모욕죄에 해당되나, 어찌하랴. 한밤중에 짖고 있는 뉘 집 강아지 소리만 들릴 뿐 닭 쫓던 개 지붕 쳐다보는 격으로 속수무책이었다. 어느 날 농민과 백성들이 견디다 못해 우르르 몰려가서 탐관오리를 동원 기둥에 묶어 놓고서 자백을 받아내려 했다.

탐관오리 또한 의외로 솔직하게 여지껏 부정축재한 것들을 불었고 억울하게 당한 민초들은 쾌재를 불렀다. 임금에게 죄상을 알리는 상소문이 마악 동원을 빠져나

278

강기를 잘 느낄 수 있는 겨울에 혹시나 답사했던 인릉은 역시나였다.

가려는 순간 묶여 있던 원님이 나직한 목소리로 민초들에게 문제 하나를 내었다.

"나는 일만 냥을 가렴주구하였으니, 나머지 일만 냥만 더 채우면 된다. 여러분의 상소로써 내 목이 달아나면 며칠 후 또 다른 신임사또가 올 터이니 그는 그날부터 또 가렴주구가 시작될 것이다. 참고로 이곳 사또 매관매직 원가는 한 푼도 깎지 않고 안동 김씨들이 정해 놓은 이만 냥이다."

그러니 어느 것이 더욱 여러분에게 이익인지 생각해보고 결정바란다는 문제에 그만 상소문은 동원 문지방을 넘지 못했다는 것이 당시의 실정이었다. 있는 놈이 더 무서운 세상이 되어 장돌뱅이, 반풍수, 유랑농민에서부터 재산가, 권문세도에 끼지 못한 양반층까지 총망라하여 일어난 것이 1811년의 홍경래 난이다.

홍경래 난은 결국 4개월을 넘기지 못하고서 진압되었으나, 험한 세상에 어떻게든 생명이라도 부지해야 했던 민초들에게는 의지할 것이 필요했다. 당시 이러한 정서에 스며들었던 감미로운 목소리는 "모든 인간은 평등하다"는 천주교의 복음과 "후천개벽에는 정도령이 참 세상을 연다"는 참위설들 그리고 양반들은 명당을 차지하지만 민초들에게는 도선할배가 잡아놓은 십승지(十勝地)가 있다는 소리들이 조선팔도에 널리 퍼지게 되었다. 그러다보니 풍수는 점점 운명론적인 혹세무민 풍조로 인식되어갔다.

풍수를 원래는 상지(相地)라 했다. 상은 길상(吉相)과 흉상(凶相)으로 구분되고 길상의 땅은 길지(吉地), 흉상의 땅을 흉지(凶地)라 했다. 길지와 흉지는 분명히 있다. 그러나 초기에는 길지를 구하려는 택지(宅地) 요령을 잘 몰랐다. 그래서 용하다는 점쟁이를 불러다 점을 치기도 했고 유식하다는 술사들을 모셔다 주역의 길괘(吉卦)가 어쩌구 저쩌구하는 별의 별 방법들을 동원하는 상지술(相地術)들이 난무했다. 실패도 했고 속기도 했던 그 시절 뒷걸음치다가 쇠고삐 잡듯 좋은 땅도 얻게 되었다.

가뭄에 콩 나듯 어찌 얻은 길지들을 요리저리 살펴보니 공통 조건들이 있었다. 물을 얻어야 한다는 득수(得水) 조건과 매서운 바람의 피해를 당하지 않게 산자락들이 감싸주는 장풍(藏風) 조건이 좋은 땅을 찾는 주요 원리임을 알게 되었다. 이렇게 장풍 득수 조건을 알게 된 이후 사람들은 상지를 풍수(風水)라 부르게 된 것이다.

지금으로부터 1600여 년 전에 풍수라 부르게 되었고 그뒤 당나라 시절 풍수는 학문으로 자리잡게 된다. 그것은 형세학파(形勢學派)의 출현으로 가능했다. 장풍 조건의 대상인 산들을 산세(山勢)와 산형(山形)으로 나누어 고찰하고 득수의 대상인 물줄기들을 수세(水勢)와 수형(水形)으로 나누면서 길지와 흉지를 세(勢)와 형(形)을 통하여 보다 체계적인 학문으로 접근시켜 나갔던 것이다.

1300여 년 전 당나라 때 형과 세를 활용하는 형세학파의 풍수학이 이 땅에 유입되었고 이런 것들을 우리 산수에 맞게끔 신토불이(身土不二) 풍수로 만든 원조가 도선국사(道詵國師)였다. 물론 우리 땅에도 옛날부터 상지가 있었다.

우리의 상지는 형국론(形局論)이었고 이를 오늘날 자생풍수(自生風水)라 일컫기도 한다. 도선의 풍수는 고려 개국의 이념이 되었으며, 조선시대에는 조선 왕릉에 지대한 공헌을 하게 된다(조선시대 풍수는 정작 도선과는 무관했지만).

풍수는 산수를 대상으로 하기에 산수 공부가 풍수 공부며 풍수 안목은 산수 안목이라는 연결 맥락을 갖게 된다. 그래서 조선 왕릉들을 풍수로 볼 때 주위 산수들과 조화를 이루며 감흥을 자아내는 왕릉들도 있다.

앞쪽의 산수들을 일갈 호령으로 동원시키려는 듯한 기상의 태조 왕릉, 무소불위의 고함으로 주위 산천들을 떨게 했던 태종 이방원 왕릉, 인자하며 덕담스러운 산수들을 어루만지는 것 같은 세종 왕릉, 이렇듯 잘 쓴 조선 왕릉들은 역시 그 왕에 그 왕릉이라는 감탄의 감흥까지 자아낸다.

그런데 이곳 순조 왕릉에서는 아무런 감흥이 일어나질 않는다. 군군신신부부자자(君君臣臣父父子子)라 했던가. 왕릉 역시 왕다워야 하는데, 순조 왕릉은 마치 대신의 묘 같은 느낌이 들 뿐이다. 양지바른 한적한 곳에 깨끗하게 그리고 제법 잘 차려진 일개 권문세도가의 중흥조 묘소로 칠 적에는 단연 빼어난 무덤이라고는 할 수 있다. 그러나 이러한 칭찬도 조선 왕릉에서는 당연히 욕이다. 왕은 왕이고 제아무리 뼈대 있는 권문세가라 해도 신하에 불과하기 때문이다. 왕은 하늘의 아들이기에 용과 봉황을 상징물로 삼으며, 하늘 아래 있는 모든 산천초목들도 왕에게는 신하에 불과하다. 만인지상(萬人之上)에 비견되던 영의정이 죽어 무덤에 묻히면 산신에게 먼저 예를 갖추어야 하기에 무덤 왼편 위쪽에 올라가서 산신제를 먼저 지낸다. 그러나 왕릉의 경우는 먼저 능제를 지내고 난 후 그것도 왕릉 사초지 아래에서 산신제를 지낼 뿐이다.

인릉의 장명등은 세종 왕릉의 제도를 따라 조성된 것이라고 전해지고 있으나, 자세히 보면 품위는 월등히 떨어지며 오히려 순조 당시 권문세도가였던 안동 김씨 김병기 묘의 장명등 지붕(옥개석과 상륜부)과 오십보 백보라고 할 수도 있다.

조선 왕릉과 다른 분묘들의 석물 조성의 차이는 무인석이 있는가 없는가에 따라 구별된다. 이 점 오늘날 우리가 흔히 착각하고 있는 오류이며 무인석의 존재 유무를 잘못 짚고 있는 점이기도 하다. 현장 답사를 통한 경험에 의하면 조선조 최고의 무인인 충무공 이순신 묘에도 무인석은 없으며 권율 장군, 김종서 장군, 신립 장군 등 태종 때 대마도를 정벌했던 이종무 장군 무덤들 역시 무인석은 보이지 않았다.

무지막지한 변강쇠 파워로 서 있는 선조 왕릉의 무인석. 저런 인물 몇 명만 뭉치면 조선 왕조 역사는 뒤집어질 수도 있었을 텐데. / 옆

재위 왕의 실질적 권력 유지 필요 이외에는 무인석을 허락치 않았던 것이 조선 왕조의 특성이기도 했다. 그래서 왕릉으로 불려졌던 덕종릉(왕세자 때 승하)의 경우에도 무인석은 생략된 채 문인석만 있을 뿐이다. 경릉 조성 당시 왕기를 모으는 망주석을 조성하지 않은 것도 둘째 아우(예종)가 왕세자가 되니 왕기가 그쪽으로 가야 했기 때문이다. 결국 망주석과 무인석은 모두 왕권을 상징한다. / 옆면

한편 임경업 장군 묘에는 무인석이 있으나, 최근에 후손 중 누가 잘못 세워놓은 석물일 뿐이다. 능원(陵園)제도에 있어서 왕릉 다음으로 높이 치는 분묘는 왕세자와 왕세자빈을 안장한 원(園)들이다. 후일 추존되어 능으로 불려지고는 있으나 영면 당시 세자나 세자비였던 공릉(세자빈), 덕종릉(세자), 영릉(永陵:세자와 세자빈) 등에도 곡장, 석양, 석호, 석마 그리고 장명등과 문인석은 있으나 무인석만은 한결같이 생략시키고 있다. 원보다 한 단계 낮은 묘(墓)들은 물론이지만 폐위된 연산군과 광해군 묘까지 문인석을 두 쌍(연산군 묘) 세울 망정 무인석은 세우지 않았다는 사실이다. 게다가 정릉(태종의 눈에 벗어났던 조선 최초의 국모 강씨)과 장릉(단종 왕릉), 사릉(단종의 비)마저도 무인석은 생략시켜 놓았다. 이러한 사실에서 재위 왕과 추존 왕들이 영면한 조선 왕릉들만의 점유 독점물이 무인석이었음을 알 수 있다. 왜 그랬을까. 필자 나름대로 추측해 보았다.

조선왕조는 고려 장군이었던 이성계의 무인 쿠데타로 개국하였고 개국 이후 수성지주라고 일컬어진 태종 이방원 역시 사병 혁파와 왕자의 난을 제압하고 난 후 비

로소 보위에 올랐던 역사가 있다. 태종 18년 그는 왕세자(세종)에게 왕위를 물려주

었으나 군국대사(軍國大事)인 병권만은 내놓지 않았다. 이 점 세조 역시 마찬가지였

다. 계유정란 때 세조 역시 군국대사를 좌지우지할 병권 장악이 급선무였던 것이며

"병진(兵陣)은 우리 가문(이씨 왕조)의 사업이니 배워야 한다"는 세조의 발언과 이

러한 칼자루 아래에서 역대 왕조들이 개국되었던 역사적 사실에서 보더라도 병권은

곧 왕권임을 알 수가 있다.

　　이같은 병권의 중요성은 조선 후기의 왕이었던 정조가 왕세손 시절 자신을 구해

준 홍국영에게 모든 신임을 맡긴다는 맹세를 할 적에도 양보할 수 없던 하나가 거병

범궐(擧兵犯闕)이었던 점에서도 재차 확인된다. 이같은 군국대사, 병권, 가문의 사

업, 거병범궐 등을 상징하는 풍수 조성물이 바로 조선 왕릉의 무인석이라는 해석이

다. 인하여 비록 장군일지라도 조선시대 무덤 앞에는 무인석만은 쓰지 못했던 것이

다. 이를 모르고서 근래 선조의 묘 앞에 제멋대로 조성한 무인석 석물들을 일축하더

라도, 무인석은 조선왕조에서 왕들의 권력의 상징물이었기에 용맹과 기상을 갖춘

마징가 제트를 연상시키는 순조 왕릉의 무인석

284

태종 이방원의 조영무 무인석처럼 뚝심 있게 생긴 것을 최고로 쳤다.

그런데 이곳 순조 왕릉의 무인석 품평은 이랬다.

시청각 강의 때 순조 왕릉의 무인석이 화면에 나오자 순진한 얼굴의 2학년 여대생이 2초 뒤에 탄성을 질렀다.

"……와~. 마징가 제트 무인석……."

| 제24대 헌종 왕릉, 경릉(景陵) |

경상도 말로 얼빵한 무인석 하나가 헌종(憲宗) 왕릉 석물로 스크린에 등장하자 컴컴한 시청각 강의실 이곳저곳에서는 바보, 칠득이, 멍청이, 합죽이 등등의 품평들이 마구 쏟아져 나왔다. 서슬 퍼렇던 시대에 그와 같은 발언을 하였다간 왕실 능멸죄로 의금부에 하옥되어 능지처참을 당했을 것이다. 그런데도 저런 무인석을 새긴 석공이나 산릉도감제조 그리고 총호사까지 탓하지 못했던 조선 후기 왕권의 실추를 여기서도 알 수 있을 것 같다.

게다가 군기마저 빠져 빼어든 칼을 쥐고 있는 양손의 힘이 풀렸는지 어깨는 축 처져 있고, 칼을 쥔 손은 무성의하게 아래로 내려가 있다. 조선 왕릉의 무인석은 조선 왕조의 군국대사를 상징하기에 저런 팔불출 무인석이 왕릉에 등장했을 때는 병권은 이미 국왕 것이 아니다.

경릉의 주인인 제24대 헌종이 승하한 때는 1849년 6월 6일이며 그해 10월 28일 동구릉 서쪽 언덕에 장사를 지냈다. 헌종을 이어 보위에 오른 왕은 제25대 철종으로

286

제24대 헌종 왕릉의 무인석은 군기 빠진 바보처럼 생겼다.

서 일자무식 농사꾼 '강화도령'이었다.

철종 즉위년(1849년) 7월 6일, 건원릉 화소 지역(동구릉)인 이곳에 헌종 왕릉 택지를 결정할 때 결정권자는 왕이 아닌 대왕대비였다. 대왕대비는 순원왕후 김씨(제23대 순조의 정비)로서 안동 김씨 김조순의 딸이다. 안동 김씨 세도 정권의 창조인 영안부원군 김조순의 아들 좌근은 철종 때 병권을 잡았고 순원왕후의 오라비였다. 영근의 아들인 병기는 좌근의 양자로 입적하여 이조판서를 두 차례, 호조판서를 여섯 차례나 독점했고, 병기를 조카로 둔 문근은 철종의 장인이 되어 병권을 다시 잡았고, 병기의 생부 영근은 광주부유수 때 순종 왕릉을 보수한 공으로 상까지 받았던 집안들이지만 필자처럼 사람 이름이나 무의미한 숫자 외우기에 둔재인 사람은 여기에 이르면 혼란마저 온다. 이판이건 사판이건 인조 때 척화파인 김상헌 때부터 셈하면 왕비가 셋, 임금 부마가 둘, 정승 15명, 판서 51명에 관찰사 46명이 기라성 같이 버티고서 세도를 부렸던 안동 김씨 문중(이들은 지금 서울 청운동인 장동에 모두 살았기에 혹자는 장동 김씨로 부르고 있으나, 원래 본향은 안동 하회마을에서 풍산읍으로 갈 때 중간 왼쪽으로 보이는 소산 마을이다) 반열들이었다.

얼떨결에 용상에 오르긴 올랐는데 할머니, 마누라, 병권 잡은 자에 정승과 판서들 그리고 국립대학총장까지 세력을 뻗치고 있던 안동 김씨 집안으로 장가 든 강화도령, 왕된 기분은 커녕 백수 임금이 따로 없었을 것이다.

병권을 놓친 백수 임금인 철종 재위시 조성되어 '왕따' 당한 조선 왕릉이 바로 이곳 경릉이다. 문인석을 보아도 영판 핫바지 대신을 연상시킨다. 관복의 바지가 줄줄 내려가자 홀을 쥔 양손으로 그것을 붙잡고 있는 모습에 품위마저 떨어진 몰골을 보여주기까지 한다.

이제껏 조선 왕릉 능원(陵原)에는 장대석(長臺石)이 3단으로 조성되어 있으며 상단에는 능침(陵寢)이, 중단은 문인석 그리고 하단에 무인석을 두었던 것이 왕과 신하의 예이며 또한 문인 우월주의 세상이었던 조선조 품위의 상징이었다. 그러나 경릉은 2단으로 생략되어 문인이 무인과 같이 자리함에 문인의 품위는 체통마저 잃

경릉은 문인석과 무인석 사이에 있던 **장대석이 생략**되었다. 이때부터 세도문중의 선산들이 지엄한 왕릉과 어깨를 맞대려고 하였다.

은 것이다.

철종 때 병권의 실세였던 김좌근은 백성들의 원성을 무력으로 진압하려 한 장본인으로 사후 경기도 이천군 백사면에 있는 그의 묘소 또한 2단의 장대석으로 조성되어 있다. 가문의 영달을 채우려는 일개 세도가의 무덤이 왕릉 못지않게 무게가 같아져 버린 세상이 돼버린 것이다. 경릉은 조선 왕릉 중 실세인 신하가 왕실을 능멸한 하극상의 왕릉이기도 하다. 이곳 택지부터가 그러했다.

원래 목릉(선조 왕릉)을 천장했던 파묘 자리로 왕릉은커녕 일반 무덤도 쓸 수 없는 파혈(破穴, 혈이 파괴됨) 자리이기도 했다. 파혈 자리에 왕릉을 쓴 경우가 있기는 있다. 영조 왕릉(효종 왕릉 옛 천장지)이 그것이다. 이러한 파묘 자리에 쓴 두 곳의 왕릉일지라도 역사적 평가는 엄연히 다르다. 영조 왕릉을 파혈 자리로 끌고 갔던 주체는 정조였기에 이는 왕권이 왕권을 찬탈했던 세조 찬탈에 비유할 수 있다. 그러나 헌종 왕릉의 파혈 장사는 서인 세력들이 하극상을 벌인 인조반정과도 같다. 인하여

선조 왕릉 천장으로 이미 파혈된 자리에다 장사지낸 경릉

경릉은 하극상을 당한 조선 왕릉이라 할 수 있다.

역사에 있어서 기득권을 지키려고 벌인 하극상은 언제나 불이익을 불러온다. 인조반정의 하극상 불이익은 병자호란이었으며, 헌종 왕릉의 하극상은 이 땅에 식민통치 치욕의 출발점이기도 했다. 헌종 승하 후 한 달 동안 왕릉 택지를 보러 다닌 행위들까지 불손하기가 그지없었다.

당시 실록에 의하면 철종 즉위년 7월 6일에 왕릉 택지를 위하여 13곳을 돌아다녔다며 둘러대고 있으나, 사실은 어느 한 곳도 다니지 않았다. 이미 안동 김씨 문중이 정해놓은 자리는 왕릉을 화소 지역으로 끌고 가는 것이었다. 당시 신하들이 천거했던 한 곳은 숭릉(崇陵, 동구릉의 현종 왕릉) 오른쪽 언덕이라 했다(이곳은 동구릉 답사 때 연봉 선생이 벌침 맞은 줄기로 이곳에서 조선 왕릉의 사초지 형성은 이렇게 자연적인 것이라고 항상 열변을 토했던 곳으로 후일 고종 때 민비를 숭릉으로 일시 가릉했던 그곳이다). 그러나 이곳도 들러리에 불과했다. 안동 김씨들의 입맛에 맞는 택지는 따로 있었기 때문이다. 그곳은 240년 전 선조 왕릉 천장으로 파묘되었던 옛 목릉 자리였다. 게다가 6년 전 헌종비 효현왕후(孝顯王后)의 경릉(景陵)이 이미 쓰

조선 왕릉 중에서 가장 덩치가 큰 경릉의 **잉**. 그러나 파혈로 속빈 강정에 불과하다.

여진 자리였기도 했다.

효현왕후는 안동 김씨 김조근의 딸로서 조선 왕릉 전례에 없었던 광경이 택지 당시에 벌어지게 되었다. 재위 왕이 직접 우허제(右虛制)를 유명으로 남기지 않았을 때 이미 쓰여진 왕비릉 곁으로 후일 왕릉이 들어가는 쌍릉은 선례에도 없었으나, 헌종 왕릉은 그마저 묵살당하고 이곳에 쓰여졌다.

조선 왕릉의 종법성(宗法性)이 깨져버린 것이다. 이는 지엄한 조선 왕릉이 안동 김씨 여식의 무덤을 따라간 것이며, 능호 또한 안동 김씨 중전 능호인 경릉을 그대로 사용하는 해괴한 일까지 벌어졌다. 예전에는 꿈도 꾸지 못한 능멸 행위에 해당되나 헌종 왕릉 장사 당시에는 가능했다. 당시 택지 결정권자가 대왕대비라는 순원왕후였기 때문이다.

풍수는커녕 언문 정도 알고 있었기에 수렴청정 때 고작 언문 교지나 내리던 대왕대비 앞에서 그날 대신들은 경릉 자리가 십전대길지(十全大吉地)라는 미사어구를 한껏 구사했다.

풍수 원본인 『금낭경』에는 전기지지(全氣之地)라 하여 '온전한 기운'이 있는 명

291

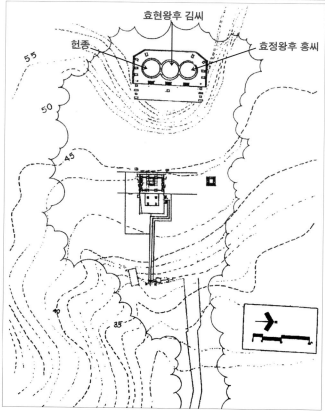

효현왕후 김씨

헌종

효정왕후 홍씨

55

50

45

40

35

조선 왕릉에 공동묘지격인 삼연릉(三連陵) 양식까지 출현하게 된 경릉. 경릉 역시 우상(右上) 매김질에 따라 **헌종**을 안장시 켰는데 풍수상 가장 큰 문제가 걸린 왕릉이다. / 위

경릉배치도 / 아래

당의 이야기는 있으나, 십전대길지는 정작 풍수 용어에도 없는 미사여구 장난으로 아마도 그날 대왕대비는 십전대보탕쯤으로 알아들었나 보다.

조선 왕릉은 열 자를 팠다. 경우에 따라서는 그보다 더 낮게 파기도 했다. 잘못 파다가 열 자 아래서 뭉쳐주는 왕기를 파혈(破穴)시킬 수도 있다는 우려에서 그랬다. 왕릉은 왕기를 받아야 했고 왕릉에 묻힌 선왕의 왕기가 왕통을 이은 후왕에게로 전달된다는 음택 풍수 감응론에서 그랬던 것이다.

그와 같은 동기감응 탓에 왕실에서는 다음 보위를 이어갈 왕세자나 왕세손이 탄생하였을 때 배꼽에서 떼어낸 태(胎)를 항아리에 안치하여 명당 중에 명당을 찾아 엄격한 절차와 함께 당상관 안태사(安胎使)의 감독 아래 봉안을 했고 이것들을 태실(胎室)이라 했다. 태아 때 기를 받아들인 배꼽 통로로 15세까지 동기감응을 받고 보위에 오르면 선대왕의 왕릉 발복을 뼈로 받는다는 것이 당시의 풍수 정서였다.

그래서 왕기가 서린 열 십(十)자 깊이는 중요시되었는데, 이곳 경릉은 반에도 못 미치는 4자 6치일 뿐이다. 이것은 일반 무덤의 깊이에 불과했다. 헌종은 1849년 10월 28일 추운 겨울날 얼어붙은 땅에 제대로 흙도 덮지 못한 채 묻혔고 55년 후 계비 효정왕후 홍씨마저 이곳에 묻히니 조선 왕릉 최초의 삼연릉(三連陵) 양식이 출현하게 되었다.

이러한 삼연릉 양식은 승생기에 불리한 장법인 것이다. 어찌보면 공동묘지 왕릉으로 안동 김씨 선영이나 경릉의 삼연릉은 별반 차이가 없다. 조선 왕릉은 제22대 정조 왕릉 이후로는 왕릉 특유의 기풍은 사라져버린 것이나 마찬가지였다.

정조 왕릉인 건릉(健陵)의 텃자리와 석물들은 당당하며 제22대 정조 역시 당당한 군주였다. 자기 자리에 자신이 알아서 찾아들어간다는 소주길흉론(所主吉凶論)에서 그랬을까. 아무튼 정조 이후 조선 왕릉은 별 볼일 없어졌고 조선의 역사 또한 망실되어 갔다.

임진왜란 이후 탁상공론에 떨어졌던 식자들의 예송(禮訟) 논쟁 거리들을 정조는 실학(實學)으로 육성시켜 놓고 또한 그들의 기득권 탐욕들을 개혁으로 쇄신시켜 가면서 정국을 주도하여 인재와 문치 그리고 실학자와 규장각, 화성 축성이라는 업적으로 화려하게 꽃을 피웠다.

임진왜란 이후 쓰러져 가던 조선왕조는 회생의 기미가 보였다. 그러나 재위 24년 49세의 춘추로 독살설마저 제기되었던 정조의 승하(1800년) 이후 조선의 역사는 퇴보의 흐름을 탔고 끝내는 왕조 몰락까지 치닫게 되었다.

혹자는 조선 몰락이라는 국치의 원인을 1890년대에 있었던 동학운동의 좌절로 보고 있으나, 이는 좁은 안목일 뿐이다. 동학운동은 이미 80년 전에 일어났던 홍경래 난(1811년)을 원인으로 1862년의 진주민란과도 연장선상에 있는 것이다. 동학과 진주민란, 홍경래 난은 모두 민초들의 생존권이라는 절박한 상황에서 터진 것이다. 이점 오늘날 우리 역사의 단절의 연결을 정조시대에서 찾아야 한다는 지적이기도 하다.

헌종 왕릉의 삼연릉 매김질을 자세히 보면 이상야릇하다. 삼연릉이라는 3기의 봉분 속에는 왕, 왕비 그리고 계비〔효정왕후(孝定王后) 홍씨〕 이렇게 세 명이 각각 안장되어 있다. 일반 상식의 소유자에게 왕은 어느 봉분에 안장되어 있을까를 물어 보면 십중팔구 가운데라고 말한다. 그것은 아주 자연스러운 대답일 수밖에 없다. 그러나 왕릉 풍수를 배운 사람의 경우는 맨 오른쪽 봉분에 왕이 영면하고 있다 한다. 물론 그가 맞다.

우상좌하(右上左下)라는 음택 매김질 서열상 열 개의 봉분을 쓴다 하여도 맨 우측자리에 가장 높은 신분이 매김질되는 건 변함이 없다. 시각적 현상과 풍수적 논리의 차이다. 그런데 정작 문제는 이것이다.

헌종 왕릉은 매김질에서도 풍수적 문제를 발생시킨다. 일반적으로 알려져 내려오고 있는 혈(穴)의 모양은 달걀 모양의 타원형으로 그 크기는 짧은 쪽 3미터, 긴 쪽 5미터를 최하로 치고 가장 큰 혈의 모양은 9×15미터로 알려졌는데 그 이상 크기를 넘거나 3×5미터보다 작다면 이것들은 혈이 아니라고 전해진다. 또한 혈의 특성인 세래형지(勢來形止, 산줄기를 타고 내려오는 산기운이 멈추어야 혈형을 만든다는 표현)에 의하여 앞으로 길게 뻗기에 폭은 아무리 커도 9미터를 넘지 못한다는 풍수 논리를 성립시키고 있다.(동원상하봉의 경우는 이런 계산과는 질이 다르지만)

경릉의 삼연릉 중 하나인 봉분 지름과 사이 간격을 어림잡아 5미터로 잡아줄 때 5×3=15미터 폭이라는 계산이 나온다. 가장 큰 혈자리 폭은 9미터인데 헌종 왕릉의 삼연릉 폭은 15미터나 된다. 풍수 최대치로 보더라도 정작 헌종은 혈자리에 정혈(正穴)되어 있지 않다는 이야기이며 왕릉 발복은 안동 김씨만 받고 임금은 발복되지 않는 지점에다 국장을 치렀다는 계산마저 나온다.

우측 봉분에 헌종이, 중간에 효현왕후 김씨가, 좌측에는 효정왕후 홍씨가 묻힌 삼연릉 양식을 한 경릉. 자세히 보면 하나의 난간석 안에 모든 능침들이 들어있는 조선 왕릉의 양식을 보여주고 있다.

결국 헌종 왕릉은 안동 김씨 김조근의 딸이 오른쪽에는 남편을, 왼쪽에는 남편의 첩까지 각각 양편에 끼고 있는 그런 왕릉이 되며 그것은 안동 김씨가 전주 이씨와 남양 홍씨를 들러리로 삼은 조선 말기의 역사를 반영하고 있는 현장이기도 하다.

헌종에 이어 제25대 보위에 오른 것은 농사 짓다가 얼떨결에 등극한 강화도령이었다.

| 제25대 철종 왕릉, 예릉(睿陵) |

왕릉 풍수 시청각 강의 마지막 셋째 시간에 제25대 철종(哲宗) 왕릉의 무인석이 스크린에 비쳐지자 강의실은 엄숙해졌다.

마징가 제트 장난감 무인석(제23대 순조 왕릉)과 팔불출 무인석(제24대 헌종 왕릉)과는 영판 다른 옹골찬 무인석이 등장하여 강의실 분위기를 그렇게 만들어버린 것이다. 칼을 쥔 양손에는 군기가 서렸고 왕방울 같은 두 눈을 부릅뜨고서 한 일 자로 꽉 다문 입은 누가 왕명을 거역하기라도 한다면 당장에 요절을 내버리기라도 할 기세다. 게다가 문인석 또한 왕명을 충정으로 받들려는 자세가 역력했다. 기백에 절도까지 갖춘 철종 왕릉의 문·무인석들을 보여주자 더 이상 궁금해서 못 참겠다는 듯한 질문이 조심스럽게 제기되었다.

"철종 왕릉 석물들이 맞습니까?"

혹 다른 왕릉의 사진들을 잘못 보여주고 있는 것은 아니냐는 그런 의문에서 나온 질문이었다.

철종 왕릉의 무인석. 당당한 모습에 칼자루에 새겨진 **귀면(鬼面)**도 선명하다. / 왼쪽
철종 왕릉 문인석의 품위 있는 모습. / 오른쪽

"맞습니다. 오늘날 서삼릉 지역에 있는 철종 왕릉의 무인석과 문인석이 맞습니다."

"그런데 왜 저렇습니까."

충분히 그런 의문이 생겨날 수 있다.

조선 왕릉의 무게는 승하한 왕의 권력의 무게와 정비례하고 그러기에 조선 왕릉의 무게를 알면 재위 왕의 권력 장악 정도를 알게 된다. 그런데 제25대 철종이 어떤 인물이었던가. 강화도에서 나무나 하던 농사꾼 원범이 하루아침에 그것도 안동 김씨의 부름을 받고 궁궐로 들어가서 왕이라는 머슴살이나 했던 강화도령이 아니던가. 그런 철종 왕릉에 저렇게 당당한 무인석이 조성될 수 있겠느냐는 질문은 당연한 것이기도 하다.

"맞습니다. 아주 잘 보셨습니다. 그런 의문들이 생겨야 비로소 역사의 진국을 만나게 됩니다. 왜 그랬을까요? 여기에는 문제의 인물 하나를 끼워 넣어야 풀리는 역사이기도 합니다. 열쇠를 쥐고 있는 그는 누구일까요? 바로 흥선대원군입니다."

"철종 이후는 고종 그리고 순종입니다. 조선 말기 몰락의 역사를 대변하는 세 왕들 중 특히 철종과 고종은 흥선대원군과 연관시켜 보는 것이 한목에 잡히는 역사조감도이기도 합니다."

그러자 시선들은 이미 흥선대원군 이하응에게로 쏠려 있었다.

"먼저 이하응은 23세인 흥선군 시절부터 43세로 대원군이 되기까지 20여 년 간 실추된 왕권을 다시 세우겠다는 일념 하나로 살아온 인물입니다."

이러한 흥선군이 대원군 권좌에 오른 1863년 12월 직후 태산 같은 안동 김씨 세력을 일시에 평지로 만들어버린다. 철종 왕릉 택지와 석물 조성 그리고 장사일은 안동 김씨 세도세력들의 몰락과 함께 이루어진 국장 역사이기에 대원군의 입맛에 맞게끔 저리도 당당한 무인석과 위엄 서린 문인석이 다시 등장했던 것이다.

"과인이라는 말을 들어 보셨나요?"

"예, 임금님이 자신을 칭할 때 쓰는 말입니다."

과인은 말하노라……면서 어명을 내리는 임금의 태도에서 보아도 일반적으로 위엄 있는 존칭으로 다가오는 용어다.

그런데 과인(寡人)의 '과' 자는 '과부(寡婦) 과(寡) 자로 과부의 아들이라는 뜻이 된다. 왜 그럴까? 그것은 간단하다. 왕의 등극에는 언제나 과부의 아들을 성립 조건으로 하고 있기 때문이다. 일반적으로 선왕인 아버지가 돌아가셔야 아들인 후왕은 비로소 실세 재위 왕으로 등극하게 되며 이때 선왕의 부인은 그것이 정비이든 계비이든 생존하고 있었다. 그래서 등극시 왕은 언제나 생모든 계모든 어머니만 있는 과부의 아들인 과인이었고 여기에 노장사상에 따라 자신을 과인이라고 스스로 칭하였던 것이다. 낮은 곳에 물이 모이듯 자신을 낮추어야 신하들이 모인다는 일종의 경영 명칭이기도 하다.

"어미도 없을 경우는 무어라 부릅니까?"

그런 경우는 드물었지만 고아(孤兒)에 해당되어 고(孤)라고 칭했다.

"고라는 지칭은 제26대 고종이 주로 사용하였습니다."

이렇듯 과부의 아들들이 권력을 잡은 조선왕조였기에 철종 등극 직전에 이르러서는 예상치 못한 돌발사태까지 벌어졌다.

선왕의 왕심에서 왕세자(아들)나 왕세손(손주, 영조와 정조) 그리고 왕세제(형제, 정종과 태종, 경종과 영조)가 미리 책봉되지 않았던 경우는 그다지 없었다. 그러나 선왕이 재위 도중 갑자기 승하하여 버리거나 게다가 후사마저 없었던 제24대 헌종의 경우가 최대의 돌발사태였다. 이럴 경우 왕위 등극 결정권은 과부의 아들이라는 지칭에서 보듯 과부가 쥐고 있었다.

이러한 왕위 결정에는 왕대비(어머니)보다는 대왕대비(할머니)가 더욱 유리했고 헌종 승하시 대왕대비는 제23대 순조의 정비였던 순원왕후 김씨로 안동김씨 김조순의 딸이었다. 대왕대비 김씨의 동생은 김좌근으로 직책은 수원유수였지만 영수답게 왕실의 족보책을 뒤져 미리 강화도령을 점지하고 있었던 것이다. 계획대로 강화도령이 보위에 오르자, 이번에는 안동 김씨 여식(김문근의 딸)으로 중전을 삼아

홍선대원군의 등장으로 왕릉은 실추를 만회했고 왕실은 기틀을 잡아갈 수 있었다. 예릉. / 위

예릉의 **장명등** 매김질이 특이하다. 장명등은 원래 문인석 사이 중간 자리에 위치했는데, 이곳 장명등은 무인석 석마까지 넘어선 자리에 조성되어 있다. 장명등이 행주형(行舟形) 풍수 형국의 돛대 역할을 하고 있기 때문이다. / 아래

철종은 주야로 안동 김씨 감시 속에 놓이게 되었다.

낮에는 조정에서 온통 안동 김씨 일색에 둘러싸여 있다가, 밤이 되면 또 그 집 사람과 지내야 하니 정말 살맛 안 나는 세상이었다. 그런 생활을 10년 넘게 하다 보니 결국은 무기력함에 빠져들었고 주색으로 위안을 삼았던 탓에 나무꾼 체력도 감당치 못하여 지엄한 옥체는 그만 세상사 밥숟가락을 놓으셨던 것이다.

강화도령 원범이 김좌근의 입맛에 맞았던 것은 무식하여 좋았고 천애의 고아였기에 더욱 금상첨화였다. 강화도령은 왕위 등극 자격 미달자였다. 선왕인 헌종에게 선원계보로 보아도 아저씨 항렬이 되기 때문이다. 선왕의 뒤를 이어 보위에 오른 후 왕은 왕릉 능제와 종묘 제례를 지내야 하는데, 이때 아저씨가 조카에게 절을 해야 한다는 것은 있을 수 없는 일이지만 왕족을 폄하시키려는 안동 김씨들은 그렇게 만들어버렸다. 이러한 왕족 항렬에 걸렸던 제7대 세조는 그래서 제6대 단종을 폐위하였고 묘호마저 종(宗)이 아닌 조(祖)로 변경시켰던 것이다(이 점을 잘 알고 있었던 아들 예종이 직접 조(祖)로 변경을 했다). 안동 김씨들의 농간으로 철종 즉위 직전 이하응은 흥선군(興宣君)으로 벌써 30세에 접어들었으나, 백수건달과도 같은 신세였다.

그때까지 이렇다할 벼슬은커녕 26세 때 대존관 직무를 맡았던 것이 고작이었다. 대존관(代尊官)이라는 직무는 능제를 지낼적 재위 왕이 직접 초헌관(初獻官)이 되어

302

물결을 헤치며 항해하려는 배 모양의 행주형처럼 생긴 철종
왕릉 / 옆

철종과 철인왕후(哲仁王后)의 예릉은 쌍릉 양식이다. / 옆면

첫잔을 따르고 이어 다음 보위를 이을 왕세자가 아헌관(亞獻官)이 되어 둘째 잔을,
마지막 종헌관(終獻官)은 신하인 영의정이 잔을 올리게 되어 있는 절차상에 있어서
대리하는 직책이었다.

그러나 헌종에게는 후사도 없고 6촌 안에 드는 친족도 없었기에 모든 왕족 중에
서 가장 적격자를 뽑다보니 바로 홍선군이 왕세자 대리인 아헌관을 대전(代奠)하게
되었던 것이다. 헌종 재위시 대전관 매김질은 왕족 서열 0순위 자리며, 더 나아가서
다음 보위까지 기대할 수 있는 자리이기도 했다. 헌종은 일시직인 대전관 해체시 홍
선군에게 벼슬을 주라는 명까지 내렸다.

그러나 안동 김씨들은 종친부 유사당상, 오위도총부 도총관 등 한직으로만 내돌
린다. 항간 홍선대원군의 풍수 신봉의 시작 또한 처음 접해본 왕릉 천장을 체험한 이
때부터였지 않았나 하는 생각이 든다. 헌종 역시 김씨 세도에는 손조차 대지 못했
다. 위로는 대왕대비가, 옆에는 중전이 모두 안동 김씨였기에 그러했다.

그래서 헌종은 이들을 견제할 세력을 키웠고 그것은 자신의 어머니인 신정왕후
조씨 문중이었다. 이때부터 안동 김씨 대 풍양 조씨 문중은 세력 다툼의 줄다리기를
했다. 그러나 안동 김씨들의 50년 관록에는 역부족이어서 헌종 승하일 그날부터 완
전히 기선을 빼앗겼다.

후사 없이 승하를 한 헌종이었기에 대보(大寶, 옥쇄)는 대왕대비전으로 들어갔고 국장 절차의 하나인 계령(戒令)에 따라 병사들이 궁궐을 에워싼 그 시각 대보를 손에 넣은 대왕대비는 원범에게 보위를 잇게 한다는 돌발적 인사가 튀어나왔다. 이로서 안동 김씨 문중은 허수아비 임금인 철종을 앞세워 승승장구하였던 반면, 당시 왕대비에 불과했던 풍양 조씨 문중은 하루아침에 추풍낙엽 꼴이 되어 버렸다.

정조 이후 조선왕조의 왕은 더 이상 임금이 아니었다. 정조 이후 정순이라는 대왕대비의 수렴청정과 외척을 앞세운 세도문중들이 왕과 왕족 그리고 왕릉까지 능멸할 정도였던 그들에게 백성은 안중에도 없었다. 삼정 문란과 홍경래 난, 신유박해와 쌀값 폭등에서 터진 각종 민란들, 홍선군은 생각하고 또 생각했을 것이다.

자신의 처지가 한심했다. 왕족이라 한들 무슨 소용이 있겠는가. 일개 백성에 불과한 세도문중의 눈치를 보아야 했고 그들의 눈 밖에 벗어나면 목숨마저 부지하기 어려운 신세가 아닌가. 한심했다. 홍선군은 그 책임을 자각하기 시작했다. 왕권의 실추를 다시 세우자! 일개 과부 대비의 손끝 하나에서 허수아비 왕이 용상을 차지하는 이런 세상을 자신이 바꾸면 될 것 아닌가. 왜 나라고 할 수 없다는 말인가.

옛날 그 당당했던 왕실의 권위와 지엄한 종실의 역사들을 어떻게든 다시 찾아야 한다. 홍선군은 생각하고 또 생각했다. 왕권을 회복시키겠다는 신념을 정하자 이를 실현할 수 있는 현실적 문제들을 하나씩 챙겨 보았다. 먼저 안동 김씨들에게 죽임을 당하지 않아야 했다. 그러기 위해서는 그들의 경계대상에서 벗어나는 행동을 해주자, 아예 미친놈이라는 짓거리들을 보여주자. 어떻게든 살아 남아야 하니까 말이다.

다음으로는 왕위 등극 결정권자와 후사를 확인받아 놓아야 한다. 이럴 때 가장 필요한 인물은 철종 등극 때 안동 김씨들에게 외면당했던 조대비였다. 이런 일들을 실행할 때 안동 김씨 무리들에게는 쥐도 새도 모르게 감쪽같이 행동해야 한다. 만약 발각이라도 나면 그것 자체가 역모죄에 해당되어 모두 죽는다. 홍선군이 얼마나 철저했는지는 철종 재위 3년인 7월 10일 실록을 들춰보아도 알 수가 있다.

그날의 내용은 이러했다. 왕실의 종친들이 철종과 대비전 등을 수시로 다니면서

예릉의 참도. 고종 때 자의 반 타의 반 황제 선포로 황제릉 양식에 따라 조선 후기 몇 개 왕릉들의 참도가 **우측에 어도** 하나를 덧달아 어색한 장면을 연출하고 있다.

몰염치한 청탁들을 하는데 이들 모두 흥선군의 행동을 모범으로 삼아 일체 왕궁 출입을 금하라는 내용이었다. 사실 왕권 보위 청탁을 하려 했던 사람은 흥선군이 아니었던가. 후일 왕위 청탁을 위한 흥선군의 사전 행위는 그만큼 철저했던 것이다.

이러한 노력도 운이 따르지 않을 경우 수포로 돌아갈 수도 있다. 고래등줄 같은 배경도 없었고 아직은 조대비의 확고한 보장도 없으며 더욱이 앞으로의 정국이 어떻게 변할지 아무런 기약도 없는 흥선군에게는 무엇이라도 좋았다. 이러한 대망들을 위하여 신념을 줄 비빌 언덕이 필요했다. 여기에 끼어든 것이 바로 아버지 남연군 묘 이장이었다. 게다가 확신 있는 군왕지지를 찾아 이장하자는 그런 비빌 언덕의 풍수 정서가 흥선군에게는 절실히 필요했던 것이다.

5년 전 조선 왕릉 천장 때 대존관으로서 왕릉 풍수를 눈동냥이나마 한 적도 있고 그동안 한량직에 있으면서 틈틈이 나름대로 풍수를 공부한 흥선군이기도 했다.

'바로 이 점입니다. 흥선군의 아버지 묘 이장에는 신념과 조선 후기 역사가 반영되어 있었던 것이지요. 이번 시간에는 조선의 왕릉을 마저 하고 다음주 한 시간 가량 남연군 묘의 현장 사진을 가지고서 특강할 것을 약속하겠습니다."

그렇게 궁금했던 남연군 묘(南延君墓)를 시청각으로 특강을 해준다니까 때아닌 박수가 터져 나왔다. 이런 것들이 못 말리는 한국인의 풍수 정서다.

| 대원군과 2대 천자지지(天子之地)남연군묘 |

철종 즉위 초, 어느덧 서른을 넘긴 어느 날 흥선군(興宣君)은 정만인이라는 무덤 풍수의 말에 귀가 솔깃하여 천하의 대명당이 있다는 가야산 동편 산자락을 접어들고 있었다. 그리 높지 않은 가야산(677.6미터)이었지만, 그 주위에 고만고만한 낮은 산들 탓에 먼발치서 볼 때는 제법 둔중한 태산처럼 웅장하기까지 했다.

이곳 가야산 동편을 백년 전 이렇게 써놓은 『형가요람』(形家要覽, 이중환의 『택리지』를 그렇게 부르기도 한다)의 한 구절이 그를 끌고 갔는지도 모른다.

가야산 동남쪽은 흙이 많고 산으로 둘러싸인 텃자리 한가운데에는 가야사라는 절이 있는데 뛰어난 인물(부처)의 궁궐터이다…….

흥선군도 이 정도의 풍수 해석은 능히 할 수 있는 안목을 갖추고 있었다. 흙이 많은 토산(土山)이라 함은 생기를 머금고 있음이며 산으로 둘러싸여 있다는 것은 장풍

307

남연군 산소를 쓴 가야산과 해미읍성

(藏風) 조건을 갖추고 있다는 뜻이었다. 더욱이 가야사라는 절터가 뛰어났다 함은 그곳이 대혈(大穴) 자리라는 의미이기도 하다. 그곳에 이르자 흥선군은 첫눈에 매료되었다.

수릉천장도감의 대존관 당시 조선 왕릉들에서 보았던 강(岡). 바로 그러한 둔덕이 버티고 있었기 때문이다. 저쯤 되면 가히 군왕의 사초지로서도 손색은 없었다. 정작 강 위에는 가야사라는 절이 세워져 있었지만 흥선군의 눈에 일개의 절 따위가 어찌 문제일 수 있었겠는가. 가야사 텃자리는 명혈이 확실했다. 흙이 풍부한 둔덕 위에는 생기가 서린 바위들이 주위에 깔려 선대조의 광릉(세조 왕릉) 사초지를 연상하게끔 음〔흙〕과 양〔돌〕이 조화를 이루고 있지 않은가.

혈은 분명한데 문제는 이곳의 발복 역량이 어느 정도인가에 신경이 쏠렸다. 그 것이 설령 만인지상(萬人之上)인 영의정 발복이 대대로 이어진다 해도 허사요, 물 건너간 인연일 뿐이다. 영의정마저도 일인지하(一人之下)에 둘 수 있는 오직 그러한

308

강 모양의 **사초지** 위로 남연군 묘 망주석이 서 있다.

것만이 필요했다. 그래야 왕실을 능멸하는 저들을 누를 수 있다.

이를 눈치채기라도 한 듯 무덤풍수 정만인은 침을 튀기며 풍수장이 특유의 호언들을 장황하게 늘어놓기 시작하였다.

"주위를 장엄하게 싼 산자락 가운데에 있는 혈자리는 금반헌화형이며, 힘있는 산들이 이곳을 향해 다투니 오룡쟁주요, 그 역량으로 말하자면 공후지지 기세로서 발복은 족히 2대 천자가 나올 터가 확실합니다."

그러면서 가야산 두 봉을 연신 손가락으로 가리켰다.

"저곳이 천을봉, 저것은 태을봉이니 이로서 2대 천자의 등극을 기약하고 있는 것입니다. 장담합니다. 산운을 보아 넉넉히 10년이면 군왕의 대발복을 이룰 자리입니다. 암, 그렇고 말고요."

"무슨 소리요. 내가 보기로는 잘해야 정승 판서 한자리나 꿰차고 밥 걱정이나 안하면 될 만한데……."

309

흙이 풍부한 곳에서는 돌이 있는 곳에 혈이 존재한다. 곡장 대신 조성한 **사성(砂城)**이 얼핏 보인다.

　　내심 천자 등극이 절실해도 발설은 마음 깊숙이 꼭꼭 감춰 두어야 목숨이나마 부지할 수 있는 자신의 신세가 또 한번 서글퍼졌다. 이곳에 이장하려 하여도 그것마저 안동 김씨들의 허락을 받아야 하는 자신의 처지가 더욱 한심스러웠으나 어찌하겠는가. 충청감사의 허락이 필요했고 충청감사를 움직이려면 그를 임명한 영의정 김좌근의 마음을 움직여야 했다.

　　일설에 의하면 당시 흥선군은 친면 있는 김병학(당시 대제학)에게 가보인 옥벼루를, 그것도 난을 쳐주고 빌려서 나중에야 어찌되었건 김좌근에게 뇌물로 상납하여 충청감사에게 보내는 서찰 한 통으로 남연군의 묘를 이장하게 되었다고 한다.

　　그곳에 있던 가야사는 물불 안 가리는 흥선군의 집념에 불태워졌다. 이장 날짜가 정해졌고 경기도 연천에서 충남 덕산의 가야산까지 천리길에 이르는 운구 행렬은 시작되었다. 있던 재산마저(운현궁 집기류 모두 처분) 다 털어 마련한 꽃상여가 그 당시 이곳 덕산 사람들에게는 큰 구경거리였다.

조선 왕릉은 한양 백리를 한계로 하여 그 주위에 한해 썼으므로 이곳 덕산사람들은 왕릉 장사 때 사용하는 대여(大轝)의 격식을 따랐던 남연군의 꽃상여가 말로만 들었던 볼거리였다. 왕릉 천장시 대여 행렬로 모여든 백성들에게 상주인 왕은 쌀도 나누어주고 천장한 그 지역의 그해 세금을 면하여 주는 등 선심을 썼다. 대원군 역시 눈빠지게 구경하는 덕산 사람들에게 꽃상여를 기증하는 선심을 썼다.

당시 꽃상여는 오늘날 충남 예산군 덕산면 광천읍 남은들 마을에 아직까지 보존되고 있는데 중요 민속자료 제31호로 지정된 남은들상여가 바로 그것이다. 이장을 끝낸 그 이듬해 흥선군은 둘째아들 명복을 낳자 이것을 천명으로 받아들였다. 후일 조대비에게 천거했던 인물이 둘째아들 명복이었던 사실에서도 확인할 수 있다. 명복이 탄생하자 흥선군은 더욱 치밀하게 계획을 꾸몄다.

철종 3년 7월 25일 명복이 태어났던 보름 전인 7월 10일 실록의 기록을 보아도 흥선군은 멀쩡한 그것도 아주 모범적인 왕족이었음을 알 수가 있다. 흥선군은 이를 곰곰이 생각하기 시작했다. 거창하게 이장한 다음해에 명복이 태어났기에 당시의 무덤 정서로 보아 이를 남연군 무덤 발복 징후로 안동 김씨들의 귀에라도 들어간다면 그들의 입에서 어떤 사사령이 떨어질지도 모를 판국이었다. '미리 저들의 입을 막아야 한다. 그러기 위해서는 저들의 눈을 속여야 한다. 그렇다. 미친 흉내를 내자, 그것도 천하의 미친 놈이 되어 그들의 눈을 속이자.' 그때부터 흥선군은 미친 파락호 생활에 들어가기 시작한다.

그러자 안동 김씨들 귀에는 '흥선군 저 친구 있는 재산 거덜내고 아비 무덤 잘못 이장하더니 그대로 돌아버렸다' 는 소문들이 나돌았다. 그럴수록 흥선군은 더욱 미친 척 했다. 어슬렁거리며 남의 상갓집에 가서 공술이나 얻어먹는 상갓집 개로 통했고 안동 김씨 집에 가서 왕족 체면에 말도 되지 않는 큰아들 취직 부탁을 하는가 하면 어떤 날은 술집에서 외상 술값 대신 기생의 다리 사이를 기면서 성님이라고 부르기도 했다. 그런 흥선군을 두고 장안은 온통 웃음거리였다. 한때 조선 왕릉 능제에 대존관이었던 왕족이 저러니 하면서 골려먹던 안동 김씨들은 하루하루가 더없이 즐

망주석 뒤쪽 봉우리가 남연군 묘의 **주봉(主峯)**인 석문봉 그리고 레이다 기지국이 있는 봉우리가 가야봉 천을(天乙)이다.

거웠다.

　어느 날 흥선군은 산천경계가 수려하다던 충북 괴산군 화양서원(華陽書院)의 만동묘(萬東廟)를 구경하러 갔다. 만동묘 역시 사당(祠堂) 공간이기에 삼문(三門) 양식으로 참배자들은 옆문으로 출입할 수 있지만 사당 참배시 나라에서 내려보낸 벼슬아치는 중문을 출입했고 그 지위가 정3품 당상관 이상이면 더욱 당당하게 중문을 출입했다.

　흥선군은 정1품 신분에 해당되기에 만동묘 중문을 향해 계단을 올라갔던 것이다. 화양서원 고직사(관리사무소)의 종놈 하나가 이를 저지했고 흥선군은 자신의 신분을 말했다. 그러자 대뜸 '천하에 상갓집 개가 사람 들어가는 문을 개구멍으로 알았더냐 며 냅다 발길질로 면상을 걷어챘고 흥선군은 수십 계단을 굴러 저 아래로 떨어져 나뒹굴었다.

남연군 묘 뒤쪽 가장 높은 봉우리가 **태을(太乙, 옥양봉)**이다.

　　순간 사람들이 모여들었고 발길에 채인 턱이 얼얼했던지 가쁜 숨만 혀혀 몰아 쉬던 홍선군은 찌그러진 갓을 걸매고 벗겨진 짚신을 단단히 고쳐 신더니 네 발로 기는 강아지마냥 줄행랑을 쳐버렸다. 순간 좌중에서는 폭소가 터지면서 개 같은 왕족이라는 손가락질이 난무했다. 그 소식 또한 안동 김씨 귀를 더욱 즐겁게 했다.

　　이처럼 미친 파락호 생활을 10년하고도 일년을 더했다. 그러던 중 홍선대원군은 어느 날 조대비를 은밀히 만났다. 그날이 언제였다는 기록은 없으나 철종 8년 이후였다고 짐작된다.

　　그해 안동 김씨 세도의 기둥인 대왕대비(순원왕후 김씨)가 세상을 뜨자 이제 철종 승하라는 기회가 오면 보위 결정권은 조대비(신정왕후 조씨)에게 있었다. 홍선대원군은 안동 김씨들에게 외면당한 조대비에게, 그것도 그들의 눈을 피해 대비의 조카 조성하를 통해 은밀히 접근하였다.

313

그들은 철종을 에워싸며 조대비 인척들의 접근을 경계했지만, 워낙 미친 파락호만은 경계대상에서 제외를 시켜 놓았던 것이며 조대비 역시 웬 미친 파락호까지 자신을 배알하겠다고 하니 처음에는 내심 웃었으리라. 한데 막상 만나고 보니 이 자는 미친 파락호가 아니라 선대왕들의 업적과 역사를 들추면서 이 나라가 누구 것이냐며 그동안 감추어 두었던 대망을 털어놓는 것이 아닌가. 흥선군의 진면목을 보았으니 더욱 믿음이 갈 수밖에 없었다.

저런 대망을 감추고 10여 년 간 파락호 생활을 할 수 있는 인물이라면 국사를 세울 의지력은 가히 누구와도 비교할 수 없었기에 그 자리에서 조대비는 약조를 하였다. 때가 오면 흥선군 둘째아들 명복에게 보위 교지를 내릴 것이며, 흥선군에게도 역시 대권을 쥐어주겠으니 그런 의지로 밀어붙이라는 약조까지 흥선군은 조대비에게서 받아냈다.

1863년 철종이 승하하자 조대비는 즉시 흥선군 둘째아들 명복을 보위에 등극시

남연군 무덤의 천기누설을 지키려고 흥선대원군은 십 년 세월을 파락호 생활을 하였다. 병풍석처럼 두른 **호석(護石)**과 봉분앞에는 상석이 아닌 혼유석이 조성되어 있어 눈길을 끈다.

킬 것이니 그것도 안동 김씨 문중의 영의정 김좌근에게 모서오라는 교지를 내렸다. 그들은 내심 쾌재를 불렀을지도 모른다. 12세의 어린 왕에 날개 꺾인 조대비 그리고 어린 왕의 아버지를 대원군에 봉하더라도 저것은 파락호가 아니던가. 누가 미친 상 갓집 개짓는 소리를 듣겠는가. 그런데 섭정 첫날 술기운이 걷힌 멀쩡한 흥선대원군의 얼굴을 쳐다보고 있던 안동 김씨들은 차츰 등골이 서늘해져옴을 느꼈다.

흥선대원군에게는 어떤 대우가 내릴 것인지 그마저도 알 수 없었다. 그도 그럴 것이 조선 왕조에는 세 명의 대원군(大院君)이 있었다. 대원군이란 신분은 왕위 계승 때 후사가 끊겨 종친 중에서 왕위를 계승할 경우 보위에 오른 왕의 생부(生父)에게 봉해지는 호칭이다.

이러한 대원군은 선조의 생부 덕흥대원군을 시작으로 정원대원군(인조의 생부), 전계대원군(철종의 생부)이 있었으나, 모두 아들들의 등극 이전에 졸하였기에 묻힌 묘(墓)를 추숭 왕릉으로 천장 조성시켜 주었던 것이 이제껏 알고 있는 대원군 대우의 전부였다. 그런데 저 사람은 멀쩡히 살아 있는 대원군인지라 어떤 대우를 하여야 하는가.

대원군 체면상 그동안 장안에 밀렸던 외상 술값만 국고에서 갚아주면 되는지, 아니면 걸맞는 추숭 왕릉의 택지만 잡아주면 되는지, 품위 유지상 살림은 돌봐주어 야겠고, 또 정2품인 판서와 맞절을 해야 하는지, 아니면 정1품인 정승과 맞배를 해야 하는 대우인지 기라성 같은 안동 김씨 세도관리들도 혼란에 빠져 있었다. 흥선대원 군에 대한 예우 격론이 시작되었으나, 즉시 조대비의 결정이 대전에서 공포되어 종 지부를 찍었다. 안동 김씨들에게는 한마디로 날벼락이었다.

"흥선대원군은 국왕 앞에서도 허리를 굽히지 않으며 신하라 칭하지 않는다. 사 저를 운현궁이라 하고 대신들은 운현궁 앞을 지날 때 말에서 내려야 한다. 거동 행차 때는 군사들의 호위를 받는다. 직위는 영의정 위에 있으며, 모든 경비는 국고에서 지 급한다……."

누구 하나 대들지 못했다. 10여 년 동안 파락호 노릇을 감내하면서 모든 사람을

홍선대원군 집권으로 복권된 왕실의 상징인 경복궁과 월대의 석수들. 왕권의 무게가 실려 있다. / 옆

속일 정도로 의지력 있는 인물이었다는 것만으로도 두렵기까지 했다.

이런 일도 있었다. 어느 날 대원군이 호위군사에 둘러싸여 북촌 세도가 문 앞을 지나가다가 영의정 김좌근 집안으로 들어갔다. 옛적 파락호 시절 동냥술 중에서도 이 집 술이 가장 맛있어서 한잔 생각도 나고 해서 들어갔더란다. 한밤중에 들이닥친 대원군을 보고 놀란 김좌근은 야단법석을 떨며 푸짐하게 차린 주연상을 마련했고 가장 높은 상석으로 대원군을 모셨다. 술잔들이 거나하게 돌아갔고 취흥 도중 야식으로 은쟁반에 소면이 나왔다.

소면을 한 젓가락 집어 입에 넣던 대원군이 갑자기 왈칵 토했다. 그러자 장내는 살얼음장으로 변했다. 대원군 뒤에 긴 칼을 들고서 시립한 호위대장의 눈빛이 불꽃을 튀기자, 영상집 문이란 문들은 강제로 닫히고 대기 군사들이 담을 에워쌌다.

본능적으로 독살 용의자를 색출하겠다는 호위대장 눈빛은 대원군에게 맞춰졌고 이때 대원군의 눈길이 어느 누구에게 꽂힐 경우 그것이 설령 영상일지라도 즉시 그 자리에서 호위대장의 칼날 아래 현장범으로서 참살당할 판국이었다.

그러자 접대하던 김좌근이 벌벌 떨며 기어와서 토해낸 대원군의 내용물들을 두 손으로 집어 게걸스럽게 자기 입에 넣어 먹으면서 말했다.

"합하, 어찌 우리 집안을 멸문지화시키려고 이러십니까. 오해를 푸시고 은전을 베풀어주십시오. 합하."

그것을 보고 있던 흥선대원군은

"원, 별말씀 다하십니다. 요즘 접대술이 과하여 피로해서 그랬던 걸 가지고 말입니다."

취흥 피로 탓의 토악질임을 말하자 호위대장의 눈길은 거두어졌고 안동 김씨 문중은 그날의 위기에서 벗어날 수 있었다고 한다.

제26·27대 고종·순종의 홍유릉(洪裕陵)과 식민 풍수

하늘의 아들〔天子〕이 땅 아래〔下〕로 내려오셔서 높은 계단〔陛〕 위에 계시니 이를 폐하(陛下)라고 칭했다. 섬돌 폐(陛) 또는 층계 폐(陛) 자에서 보듯 워낙 높으신 신분을 감히 맞대고 볼 수는 없으며 단지 돌계단 아래서나 알현할 수 있기에 폐하라는 풀이도 된다. 이 땅의 왕들도 옛적에는 폐하라 칭하였으나, 고려 때 원나라 속국으로 전락했던 사대주의 사상에 물들어 폐하를 격하시켜 전하(殿下)로 불렀다.

여기서 전(殿)은 왕이 사용하는 궁전을 뜻함이다. 오늘날은 각하(閣下)라는 명칭으로 통용되기도 하나, 민주주의에서의 각하란 호칭은 어불성설이 된다. 선거로 뽑은 당선자이지 하늘에서 내려온 것은 아니기 때문이다.

12세 어린 고종이 즉위하자 덩달아 섭정을 장악한 흥선대원군(興宣大院君)을 두고 예우에 맞는 호칭으로서 합하(閤下)라 하기도 했다. 여기서 합(閤)은 궁전의 옆문이기도 하며 이러한 합문(閤門)을 통하여 임금을 대리하는 실세가 되기에 정1품 영의정보다는 높은 호칭이기도 했다.〔전, 당, 합, 각, 재, 헌, 루, 정(殿, 堂, 閤, 閣, 齋, 軒,

고종과 순종 왕릉은 황제 선포로 황제릉 양식에 따라 정자각이 **일자각**으로 그리고 석물 배치와 참도가 이전까지의 조선 왕릉 양식과는 다르다.

樓, 亭)이라고 통용되는 건축물 서열로 보면 전하, 합하, 각하라는 서열 매김질을 알 수 있다)

　옛 사진에서 흥선대원군을 보면 체구가 작고 게다가 단신임을 알 수 있다. 그러나 고집 하나 만큼은 왕고집으로 신념과 의지는 알이 꽉 찬 대추다. 조그만 동방의 나라에 5척 단신의 왕고집 한 명을 두고 당시 세계 열강의 제국주의자들은 골치가 아팠다. 도대체 저자가 무얼 믿고 완강히 버티는지 도무지 알 수가 없었다.

　대원군 섭정 7년째인 1868년 일본은 세계 열강들의 문호개방 압력에 눌려 메이지유신이라는 새로운 체제의 정책을 시작했던 해였는데 이 땅에서는 해괴 망칙한 장면을 연출한 해이기도 하다. 역사의 현장은 다름 아닌 대원군의 아버지 남연군 묘였다. 당시 세계 열강 제국주의들은 갑자기 불어난 과잉 생산물들을 강매하려고 다단계 조직 판매보다 더 강압적인 군함의 함포로 동양의 문호를 두들겼다.

　고종(高宗) 3년 7월 평양 대동강에서 전소된 이양선 문제와 그해 11월에 있었던 병인양요는 '물건 팔자 문 열어라', '안 사니까 문 못 열겠다' 며 한바탕 치른 전쟁이었다. 그러자 열강들은 쇄국정책으로 완강하게 버티는 조선의 실세를 다각적으로 분석하게 되었고 답은 대원군이라는 데에 이르렀다.

당시 대국이라는 청나라도, 무사 국가라는 일본도 손들었는데 대추알 만한 저 친구 무얼 믿고 저리도 버티는가를 또다시 분석한 결과 그 중 가장 유력한 원인 하나가 불거져 나왔던 것이다. 2대 천자지지 발목이라는 남연군 무덤을 믿고 버티고 있다는 것이 가장 설득력이 있었다. 우스꽝스러운 일이지만 그래서 버틴다는 데에는 별 도리가 없다.

여기에 오페르트라는 가난한 유태인(중국 상해 거주) 하나가 등장하여 사업 계획을 세웠다. 오페르트는 장사꾼이었고 그의 상품 시장은 조선이었기에 상해에 있는 영국상사 제임스 위탈 사장과 손을 잡고 고종 3년 2월과 7월 아산만에 배를 정박시켜가면서 통상교역을 제의했으나, 모두 거절당했던 경험이 있었다.

그때 병인박해를 피해 상해에 망명한 한국인 천주교도 최일선이 묘한 제안을 해왔다. 아산만 위쪽에 있는 남연군 무덤을 파헤쳐서 무덤 발복 밑천인 뼈를 훔친다면 대원군 발복은 끝나고 자식은 아비의 뼈를 찾으려고 할 때 협상 조건으로 개국 통상과 천주교 신앙의 자유를 요구하면 만사 오케이라는 것이었다.

이를 사업 계획에 반영한 오페르트는 먼저 페론 신부를 설득하여 자금을 얻어낸다. 도굴선인지 해적선인지는 모르겠지만 한 달에 5,000냥을 주고 임대한 차이나호에 6문의 대포를 장착하고, 100명의 전투대원은 청국인, 선원은 20명의 마닐라인으로 구성하고 안내인은 최일선이 담당했다.

1868년 4월 10일 상해를 출발하여 일본 나가사키에 도착, 아스케이트형 소총들을 구입하여 완전 무장시킨다(당시 3,600달러 지출). 며칠 동안 그곳에서 머물며 보급과 식량, 작전들을 다시 검토한 후 출발하여 아산만에 모선을 정박시킨 다음 18일 아침 소중기선 그레타호로 삽교천 남쪽으로 거슬러 올라가다 구만포(九萬浦)에 상륙한 것은 오전 11시였다.

능원의 석물들은 사초지 아래쪽에 자리하고 수입된 황제능 양식들로 낙타와 사자 등이 매김질되어 있다. / 위

고종릉의 낙타와 사자(신라, 고려 왕릉의 석수는 호랑이가 아닌 사자였다) 옆에 있는 무인석 눈은 겁에 질렸고 문인석은 인색한 표정
마저 짓고 있다. / 아래

100여 명의 전투대원들이 최일선을 따라 남연군 묘에 당도하였던 시각은 오후 5시. 삽과 곡괭이, 지렛대 등 있는 것 없는 것 다 동원하여 결사적으로 남연군 묘를 파기 시작했으나 역부족이었다. 최일선은 전문 도굴범이 아니었기에 왕릉 장법을 몰랐고 그래서 실패할 수밖에 없었던 것이다.

반면 대원군은 왕릉 장법을 잘 알고 있었기에 왕기가 서린 열 자(3미터 30센티미터) 조금 위쪽에다 시신을 안장시켰고 또한 그 위에다 돌석회(철물도 부었다고 전해지나 아마도 돌석회 작용을 그렇게 표현했던 것 같다)를 무려 300포나 부어넣었다.

돌석회는 물을 만나면 굳어지기 시작하여 나중에는 철근이나 바위보다 더 단단해져서 당시 폭약으로도 폭발시킬 수 없는 난공불락의 방어벽과도 같다. 그러나 최일선이 이같은 왕릉 장법을 알고 있었다면 그날 간단하게 성공할 수도 있었을 것이다. 아무리 300포의 돌석회를 부어놓았어도 아킬레스건은 한 군데 있다. 승생기와 좌혈관계에서 지표면만은 철물과 석회를 붓지 못한다는 것을 알았다면 석회층을 피해 무덤 옆에 U자형 3, 4미터의 통로 하나만 만들었으면 간단했는데, 그들은 그런 사정을 알지 못했던 것이다.

난공불락의 남연군 묘와 씨름하던 100여 명의 무장무뢰배들은 한밤중이 되자 그만 두 손을 털고 삼십육계 줄행랑을 쳐버렸다. 자칫했다간 아산만에 정박시킨 배가 조수간만의 차로 꼼짝 못하게 되고 이들의 무뢰 행위가 발각되기라도 하는 날엔 대원군의 분노에 어찌 살아남겠는가. 그래서 석회층 하나 못 허물고 오페르트 사건은 실패로 끝났다.

남연군 묘의 주산인 가야산 발치 서쪽에 있는 해미읍성은 그 당시 천주교도 수백 명이 동시에 참수당한 학살의 무대로 변해 있었다. 병인박해로 이어지는 천주교 탄압은 1872년까지 멈출 줄을 몰랐다. 6년 간 무려 8,000명의 천주교도들이 학살당했다. 남연군 묘를 저들이 들어갈 무덤인 줄도 모르고서 파다가 줄초상났고, 박해가 계속되자 종교 탄압을 비난하면서 문호개방 압력은 더 거세졌다. 남의 나라에 와서 남의 아비 무덤이나 파는 너희들과는 담을 쌓겠다던 대원군의 고집이 더욱 완강해

망국의 역사 속에 망나니가 칼을 휘둘렀던 해미읍성 저편 봉우리가 **가야산**이다.

지자 미국 함대 5척이 1,200명 군대를 이끌고 강화도 앞바다에 몰려와 전투를 벌인 신미양요까지 이르게 된다.

그럴수록 대원군의 쇄국정책은 돌석회처럼 더욱 확고하게 굳어졌고 여기에 며느리[명성황후(明城皇后) 민비]까지 가세하여 집안이 시끄럽게 되자 이웃사촌이기에 싸움 말린다며 끼어든 청일전쟁, 러일전쟁으로 우리 국토는 그만 거덜났다. 결국 민비는 이 땅으로 자기가 불러들인 칼에[병자수호조약] 20년 후 자신이 살해[을미사변]당하고 만다.

1895년 8월 20일 새벽 5시 미우라 일본공사의 간계 아래 수십 명의 무뢰배들은 일본도를 거머쥔 일본군 수비대 1개 대대의 지원 사격 아래 경복궁으로 난입해서 고종과 왕세자[순종]를 위협하며 어의를 찢고 왕세자를 칼등으로 내리쳐 졸도시켰다. 공포 분위기를 조장하면서 민비를 내놓으라는 고함과 함께 경복궁을 미친 듯이 헤집고 다녔다. 궁녀들의 비명소리가 울리는 아비규환 속에서 민비는 살해당했던 것

사초지의 **원훈이 찢겨진** 고종릉 / 위

지맥이 오히려 **좌청룡**을 타고 빠져나가고 있는 고종릉 / 아래이다. 민비의 시신이 확인되자 일제는 홑이불에 싸서 장작더미와 석유를 붓고 불태웠으며, 잿더미를 이곳저곳에 뿌려 일국의 중전은 유해마저도 온전할 수 없었던 유사이래 초유의 사건이었다.

더이상 조선은 자주 왕조가 아니었다. 조선왕조의 사대부라는 권력자들은 왕 앞에서 입만 열면 민심은 천심이라고 양심 선언을 했으나, 임지에 부임해서는 탐관오리였고 한양 살림집에서는 고리대금 사채업을 하고 있었다. 그런 그들에게 등을 돌린 민심들 사이에서는 이러한 천심들이 나돌고 있었다.

"조선왕조는 개국 400년에 이르러 왕은 너무 무능하고 사대부는 철저하게 부패하여 지방 수령들은 약탈만을 일삼으니 세상은 극도로 혼란해진다. 그래서 천재 이변과 드디어는 난리가 일어나서 조선왕조는 멸망하게 된다."

당시 널리 퍼지고 있던 『정감록』의 일부이다. 어떤 경로에서 날조되었건 이런 민심 앞에서 반성은커녕 이를 혹세무민이라며 동학사상가와 운동가들을 죽이면서 허탈만 주는 왕조에 실망한 지식인들이 서학으로 전환하자 이제는 오가작통법으로 옭아매 백성들을 살해했던 것이 조선왕조의 왕들과 세도가들이었다.

고종은 정조 같은 군주가 결코 못 되었다. 기껏 국토를 버리고 남의 국토인 러시아공사관으로 피난갈 궁리만 했던 왕과 왕자에게 민비의 장례 따위는 안중에도 없었다.

민비 승하 사실은 2개월이나 지난 10월 15일에 선포되었으나, 그래도 구색은 갖추었다. 10월 19일 오전 9시 소렴하고 그날 오후 2시에 치른 대렴은 유해도 없이 겹옷과 겹이불만 갖고 행해졌다. 염을 했으니 국장 절차에 따라 치장(治葬)할 왕릉이 있어야 했다. 발인(發靷) 유해도 없는 국장이기에 동구릉 내에 있는 현종 왕릉(제18대왕) 우측 강(제24대 헌종 왕릉 택지시 대충 들러리 천거지이기도 했다)에다 숙릉(肅陵)이라는 능호를 내렸다. 그후 2년 간 조선의 왕릉을 유해도 무덤도 없이 언덕에 붙인 능호만 있는 해괴한 양식까지 출연시켰던 것이다. 러시아공사관에서 피난살이하던 고종은 일년 만인 1897년 2월 20일 다시 제 국토로 돌아온다.

그해 10월 12일 자주정신을 외친 고종은 대한제국을 선포하고서 황제에 즉위한다. 제정신이 돌아오자 국토가 보였고 비로소 국토 한결에 민비의 택지가 마련되어 승하 2년 2개월이 지난 1897년 10월 27일 명성황후(민비) 국장을 치렀던 곳이 오늘날 서울특별시 동래문구 청량리동 208번지였다.

세종대왕기념관 남쪽에 붙어 있는 홍릉(洪陵)이 바로 명성황후의 국장을 치른 곳이다. 그날 인시(寅時, 3~5시)에 간좌곤향(艮坐坤向, 동북에서 서남을 향함)으로 4자 5치(1미터 50센티미터)를 파내려 간 광(壙)에 주인 없는 관이 내려졌을 때 모두 통곡을 했다. 홍릉 장사 21년 이후인 1918년 12월 20일 새벽 1시 45분 제26대 고종은 덕수궁 함녕전에서 춘추 67세로 승하했다. 그런데 이를 두고 조선총독부는 12월 21일(자기들 양력 계산으로는 1919년 1월 22일 오전 6시 20분이라고 공표했다)이라고 우겼다. 이를 두고 총독부 독살설이 거론되기도 하였는데, 그보다 더 큰 문제는 고종 왕릉에 있었다. 식민 풍수 왕릉이 등장한 것이다.

오늘날 경기도 미금시 금곡동 146-1번지에 있는 홍유릉(洪裕陵, 제26대 고종의 홍릉과 제27대 순종의 유릉을 같이 칭함)은 이러한 식민 풍수의 현장이기도 하다. 먼저 고종 왕릉의 능호인 '홍릉' 만 해도 그렇다. 고종이 승하하자 조선총독부는 왕릉의 능호마저 붙이지 못하게 방해하려 했다. 조선총독부는 1911년 조선왕조의 궁궐인 창경궁(昌慶宮)을 창경원(昌慶園)으로 강등시켜 버렸다. 이럴 때 고종 왕릉을 능(陵)이 아닌 원(園)으로 칭해 버린다면 이 땅의 정신마저 굴복시킨 창씨개명 효과와도 같았다. 더욱이 승하 당시 고종은 1907년 헤이그 밀사사건에 트집 잡혀 강제로 옥좌를 잃어버린 상태여서 연산군과 광해군을 들먹이며 원도 아닌 묘(墓)로 허가가 날 우려마저 있었다.

그들은 문서 꼬투리를 붙잡고서 허가 조건을 들먹이면서 이리저리 고종 장사를 간섭했다. 국장은 30일장으로 하라, 국장 비용은 10만 원(오늘날 화폐로 13억원)이 계정되어 있다는 등 잔소리들을 동원하였다. 이렇게 슬슬 발목을 잡다가 나중에는 능호를 붙일 수 없으며, 원(園)이나 묘(墓)로 허가가 나왔다고 말할 태세였다. 이러

창경궁을 원(園)으로 강등시켜 낙타와 사자 등을 가져다놓고서 왕기를 받게 하고 사꾸라 꽃밭에 취하게 만들었던 일제였다.

한 조선총독부의 속셈을 간파한 조선의 인사들은 능 자를 붙일 수 있는 계책을 세워 놓고 있었다. 그것은 민비의 홍릉을 이용하는 것이었다.

고종이 승하한 1918년 12월 23일 소렴을 하고 이틀 후 대렴 그리고 12월 29일 산역을 시작하였다. 그때까지만 해도 조선총독부는 쾌재를 부르고 있었다. 능호(陵號)는 왕이 승하한 후 소렴과 대렴이 끝나면 왕릉 택지 선정이 시작됨과 동시에 대신들이 어전에서 논의하며, 이때 올려지는 몇 개의 능호 중에서 왕이 결정권자가 되어 결정하는 것이다.

이러한 능호의 결정권자란 식민시대에는 오직 조선총독부의 총독밖에 없다는 법률적 계산이 그들의 간계였다. 그날 오후 4시 고종의 산역을 시작했던 똑같은 시각에 민비의 홍릉 역시 파궁(破宮)이 시작되었다. 총독부는 몰랐다. 아니 알았더라도 이를 저지할 실정법은 없었다. 당시 풍습상 자기 집 무덤을 자기가 이장한다는 데

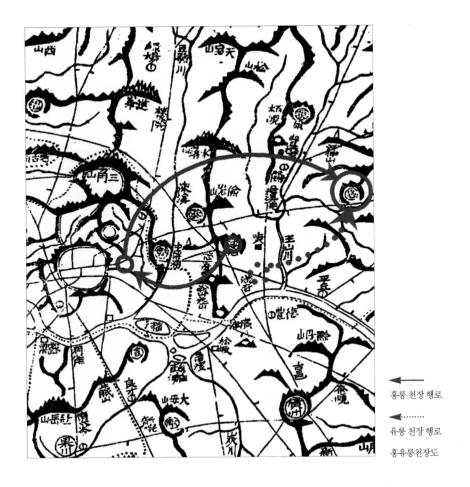

홍릉 천장 행로

유릉 천장 행로

홍유릉천장도

는 아무도 못 말린다는 관습은 오히려 존재하고 있었다.

추가로 드는 경비는 우리가 내면 되고 총독부 너희는 알량한 10만 원만 지불하라는 배짱으로 그들의 간계에 맞섰다. 민비 운구는 1919년 1월 12일 오후 6시 홍릉에서 발인하여 1월 16일 오후 2시 이곳에 안장되었다. 결국 이곳으로 민비의 홍릉이 천장되었기에 당연히 홍릉으로 부를 수밖에 없었고 보름 뒤인 2월 3일 오후 4시 고종은 명성황후 민씨와 합장되어 조선총독부의 허가 없이 홍릉이라는 능호를 붙일 수가 있었던 것이다.

이같은 편법 절차는 순종(純宗) 역시 똑같다. 제27대 순종의 부인인 순명황후(純明皇后) 민씨는 1904년에 승하하여 오늘날 서울 광진구에 있는 어린이대공원에 있었다. 당시 유릉(裕陵)이라는 능호로서 오늘날 그곳 지명 역시 능동(陵洞)으로 남아 있다.

1926년 3월 14일 순종이 57세로 승하하자 순명황후의 유릉 역시 4월 24일 발인하여 4월 25일 미리 이곳으로 천장되었고 순종은 5월 2일 해시(亥時, 오후 10시경)에 유릉에 합장한 것에서도 확인할 수 있다. 이러한 유릉에 1966년 1월 13일 춘추 72세로 승하한 계후 순정황후(純貞皇后)를 조선 능지에 기록도 없이 묻어 버리니 마지막 조선 왕릉은 합장릉이기는 하지만 속사정은 삼연합장릉(三蓮合葬陵)이라는 조선 왕릉의 국치 왕릉(國恥王陵)이라 할 수도 있다.

주권을 잃자 내 땅에서 내 이름마저도 지을 수 없었던 식민지 시절 능호 역시 그랬는데 더욱 경악스러운 것은 홍유릉이 식민 풍수 농간에 걸러든 흉지라는 데에 있다.

홍릉을 택지한 사람들을 추적해 보면 정말 묘한 위인들이 튀어나온다. 『조선총독부』 2권 169쪽(유주현 지음, 배영사)에는 이곳 홍릉 택지를 고영희(高永喜)가 잡았다 하며, 당시 조선총독부 자료집인 『조선의 풍수』(404~408쪽)에는 제갈(諸葛), 주운한(朱雲漢), 김광석(金光石), 전기웅(全基應) 등이 선정한 곳이라고 한다.

풍문이든 자료집이든 위에 적힌 사람들은 모두 하나의 공통점들을 갖고 있다. 고영희는 친일파로 1910년 나라 팔아먹은 대신 중의 하나다. 나머지 사람들은 풍수장이들로 총독부 이왕직(李王職, 옛 왕실 재산 관리 부서) 직원들이었다. 홍릉(미금시)과 민비의 능(청량리) 그리고 유릉(미금시)까지 식민시대 왕릉들은 이왕직 소속의 식민 풍수장이들이 잡았던 것이다. 총독부 이왕직 풍수장이들이 이 땅에서 저지른 가장 큰 만행은 민족 정기를 말살하려고 우리 산천에 박아놓은 쇠말뚝 지점들을 앞장서서 총독부에 알려준 행동들이다.

그런 저들이 이곳 홍유릉을 조선 왕릉 입맛에 맞게 명당에다 잡아주었을까. 이는 삼척동자도 다 알 수가 있다. 홍유릉은 서울에서 가다보면 미금시 들머리 오른쪽에 있기에 찾기 어렵지 않다. 황제릉이라 폐하(陛下)가 되어 조선 왕릉 능원에 있던 석물들이 사초지 아래에 내려와 있는 것이며, 황제이기에 정자각이 아닌 일자 모양의 침전(寢殿)을 그리고 참도 가운데 신도가 있고, 양편에 각각 어도를 두어 조공 바치는 속국의 왕들이 참배하는 양식이라고 한다.

허울만 좋은 홍릉을 상세히 관찰해 보면 속빈 강정과도 같은 왕릉임이 드러난다. 혼유석 앞에 놓인 향로석은 무슨 해괴망칙한 짓인가. 같은 황제릉이라는 유릉의 혼유석 앞에는 향로석이 없다. 양편에 도열한 석물들의 눈들은 한결같이 꺼벙하여 조선 왕릉의 당당한 기백이나 기상과는 거리가 멀다.

답사 도중에도 이곳이 흉당임이 드러났다. 그것은 고종릉 입수에서 느껴지는 기감지 그대로 사진을 찍었는데, 답사 후 현상되어 나온 사진 역시 마찬가지였다. 능침의 함몰과 함께 소나무 숲의 산발함이 풍수에서 말하는 영락없는 도시혈(逃屍穴) 현상을 보여주고 있었다. 그곳에 안장하면 시신을 도둑맞는 도시혈 현상을 현대 지리학에서는 토양포행(土壤匍行)으로도 설명하고 있다. 가령 지표면층 아래 1미터 깊이에 있는 단층이 서로 서서히 이동한다고 할 때 1미터 50센티 깊이의 광을 파서 시신을 묻었을 경우 몇십 년이 지난 후 이장하려고 파묘했을 때 관이 감쪽같이 사라졌다면 어떤 생각이 들겠는가.

이런 광경을 실제로 목격하기도 했던 사람들은 이를 두고서 "귀신이 곡할 노릇이라"고 표현하기도 한다. 제27대 유릉 역시 흉지임은 앞쪽에 길게 나온 형상만 보고도 알 수 있었다. 혈 앞에서 혓바닥을 길게 내밀고 있는 것은 세래형지(勢來形止, 들어온 땅기운을 멈추게 하는 모양)를 이루는 곳에 혈이 있다는 용어와도 위배된다. 저런 모양을 두고 흔히들 후손이 객사하며 결국은 절손된다는 발복 타령도 있다. 순종은 슬하가 없었기에 절손에 해당된다. 설령 후사가 있었다 하더라도 저들의 등살에 국토를 떠나야 했고 유랑객이 되어 결국에는 객사에 이르는 망국의 설움을 짊어져야만 했을 것이다. 여기에 식민 풍수 간계까지 끼어 들었다.

330

함몰하는 고종릉의 기 현상 / 위

쓰러지는 나무들. 저런 곳에 무덤을 쓰면 시신은 감쪽같이 없어져 버린다. / 아래

순종릉 봉분과 무정하게 빗겨선 일자각 / 위

순종릉 앞쪽으로 뻗어나온 **헛바닥** / 아래

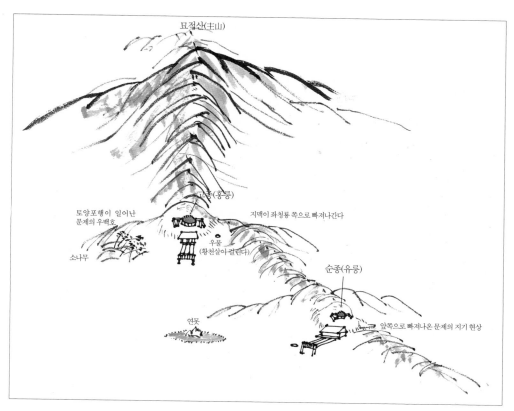

홍유릉에 걸린 식민 풍수

　　식민시대 때 조선총독부에서는 총독부 촉탁 촌산지순(村山智順)이라는 자를 시켜 식민 풍수인 『조선의 풍수』라는 책을 발간하였다. 그 책에는 자기들이 장난친 홍유릉을 대단한 명당이라며 떠들고 있다. 홍릉 산역시에 오백년권조지지(五百年權措之地)라는 무학대사의 필적 석각이 나왔다고 떠들며 유릉은 십자통기혈(十字通氣穴, 신라 문무대왕 장사처인 대왕암 바위)이기에 전후 좌우가 트여 생기 발복이 뛰어난 곳이라나 뭐라나 그런 장광설로 떠들어댔다. 이러한 식민 왕릉을 놓고서 오늘날까지 풍수타령을 그대로 베끼고 있다는 데 문제가 있다.

　　역사는 과거에서 현재로 그리고 현재에서 미래로 끊임없이 흘러야 하기에 역사는 언제나 오늘날의 시점에서 재조명해 볼 필요가 있다. 그래야 살아 숨쉬는 역사가 된다.

　이러한 홍유릉은 왕릉 풍수 답사 때 1안과 2안의 진행표에서 모두 제외시켰다. 시간을 절약하기 위해서라지만 꼭 그런 이유만은 아닌, 어쩐지 보여주고 싶지 않던 왕릉들이기에 그랬다. 그와는 대조적으로 1안 답사 때는 제22대 정조 왕릉을 언제나 먼저 답사케 하였다. 이 시대와 가장 가깝게 있던 조선왕조가 살아 숨을 쉰 시간들이 마악 역사를 넘기려 하던 새천년의 목전에 정조 왕릉 앞쪽에 서 있던 어느 날, 불현듯 정조와 다산 정약용이 나눈 이야기가 떠올랐다.

　당시 대신들은 천주교도인 다산을 사사하라고 빗발치듯 떠들었고 다산의 재능을 아끼고 있던 정조는 다산을 친히 불러 이런 말을 하였다고 한다.

　"우리의 정신이 지금은 썩어 있기에 서학 같은 것이 끼어들었지만 우리가 건강한 정신을 회복하면 자연적으로 사교는 우리 국토에서 떨어져나가고 말지. 치유된 몸에서 고름 종기 딱지 떨어지듯 말이야……."

　당시 정조의 말을 듣고서 이후 서학을 단지 학문으로만 접했던 다산 정약용의 마음이 이렇게 헤아려졌다.

　"아, 저런 군왕이라면……."

　역사 앞에 서 봐야 역사가 보이듯이 조선 왕릉 현장들의 바람과 공기가 우리 역사를 스스로 일깨워주는 시간이기도 했다.

　조선 왕릉을 답사했던 그 시간이 그랬다.

참고 문헌

김두규, 『우리땅 우리 풍수』, 동학사, 1998.

목을수, 『고려 · 조선릉지』, 문성당, 1988.

유종근, 최영주, 『한국 풍수의 원리』, 동학사, 1997.

이세복, 이우영, 『정통 풍수의 이론과 방법』, 동학사, 1997.

이창환, 「조선시대 능역의 입지와 공간구성에 관한 연구」, 성균관대학교
        박사학위논문, 1998.

장영훈, 「한국의 풍수지리와 건축」, 월간 『건축세계』

장영훈, 『생활풍수강론』, 기문당, 1999.

최창조, 『청오경, 금낭경』, 민음사, 1993.

최창조, 『한국의 풍수지리』, 민음사, 1993.

한국문원, 『왕릉』, 한국문원, 1995.

『조선왕조실록』

『한국민족문화대백과사전』, 한국정신문화연구원, 1991.

그외, 왕릉관리사무소 협조자료와 증언과 동아대학교 사회교육원, 부산대학교
사회교육원 왕릉 풍수 강의록과 교재 등 다수 자료

왕릉 풍수 현장답사에 나오는 조선 왕릉 등 일람표

	능호(陵號)	묘호(廟號)	형식	사적	주소
1대	건원릉(建元陵)	태조(太祖)	단릉	193호	경기도 구리시 인창동 62번지(동구릉)
	정릉(貞陵)	신덕고황후(神德高皇后)	단릉	208호	서울 성북구 정릉2동 산87-16
3대	헌릉(獻陵)	태종(太宗)	쌍릉	194호	서울 서초구 내곡동 산13-1
		원경왕후(元敬王后)			
4대	영릉(英陵)	세종(世宗)	합장	195호	경기도 여주군 능서면 왕대리 산83-1
		소헌왕후(昭憲王后)			
5대	현릉(顯陵)	문종(文宗)	동역이강	193호	경기도 구리시 인창동 62번지(동구릉)
		현덕왕후(顯德王后)			
6대	장릉(莊陵)	단종(端宗)	단릉	196호	강원도 영월군 영월읍 영흥리 산121-1
	사릉(思陵)	정순왕후(定順王后)	단릉	209호	경기도 남양주시 진건면 사릉리 산65
7대	광릉(光陵)	세조(世祖)	동역이강	197호	경기도 남양주시 진접읍 부평리 247
		정희왕후(貞熹王后)			
8대	창릉(昌陵)	예종(睿宗)	동역이강	198호	경기도 고양시 용두동 산30-1(서오릉)
		안순왕후(安順王后): 계비(繼妃)			
추존	경릉(敬陵)	덕종(德宗)	동역이강	205호	경기도 파주군 조리면 봉일천리 산5-1
		소혜왕후(昭惠王后)		198호	경기도 고양시 용두동 산30-1(서오릉)
9대	선릉(宣陵)	성종(成宗)	동역이강	199호	서울 강남구 삼성동 135-4
		정현왕후(貞顯王后): 계비(繼妃)			
10대	연산군묘(燕山君墓)	연산군(燕山君)	쌍분		서울 도봉구 방학동 산75번지
		부인(夫人) 신씨(愼氏)		362호	
11대	정릉(靖陵)	중종(中宗)	단릉	210호	서울 강남구 삼성동 135-4
	희릉(禧陵)	장경왕후(章敬王后): 계비(繼妃)	단릉	200호	경기도 고양시 원당동 산37-1(서삼릉)
	태릉(泰陵)	문정왕후(文定王后): 계비(繼妃)	단릉	201호	서울 도봉구 공릉동 산223-19
12대	효릉(孝陵)	인종(仁宗)	쌍릉	200호	경기도 고양시 원당동 산37-1(서삼릉)
		인성왕후(仁聖王后)			
13대	강릉(康陵)	명종(明宗)	쌍릉	201호	서울 노원구 공릉동 산223-19
		인순왕후(仁順王后)			
14대	목릉(穆陵)	선조(宣祖)	동역이강	193호	경기도 구리시 인창동 62번지(동구릉)
		의인왕후(懿仁王后)			
		인목왕후(仁穆王后): 계비(繼妃)			
15대	광해군묘(光海君墓)	광해군(光海君)	쌍분	363호	경기도 남양주시 진건면 송릉리 산59번지
		부인(夫人) 유씨(柳氏)			
추존	장릉(章陵)	원종(元宗)	쌍릉	202호	경기도 김포군 김포읍 풍무리 산141-1
		인헌왕후(仁獻王后)			

16대	장릉(長陵)	인조(仁祖) 인렬왕후(仁烈王后)	합장	203호	경기도 파주군 탄현면 갈현리 산25-1
17대	영릉(寧陵)	효종(孝宗) 인선왕후(仁宣王后)	쌍릉	195호	경기도 여주군 능서면 왕대리 산83-1
18대	숭릉(崇陵)	현종(顯宗) 명성왕후(明聖王后)	쌍릉	193호	경기도 구리시 인창동 62번지(동구릉)
19대	명릉(明陵)	숙종(肅宗) 인현왕후(仁顯王后): 계비(繼妃) 인원왕후(仁元王后): 계비(繼妃)	쌍릉 단릉	198호	경기도 고양시 용두동 산30-1(서오릉)
	익릉(翼陵)	인경왕후(仁敬王后)	단릉	198호	경기도 고양시 용두동 산30-1(서오릉)
20대	의릉(懿陵)	경종(景宗) 선의왕후(宣懿王后): 계비(繼妃)	쌍릉	204호	서울 성북구 석관동 1-5
	혜릉(惠陵)	단의왕후(端懿王后)	단릉	193호	경기도 구리시 인창동 62번지(동구릉)
21대	원릉(元陵)	영조(英祖) 정순왕후(貞純王后): 계비(繼妃)	쌍릉	193호	경기도 구리시 인창동 62번지(동구릉)
	홍릉(弘陵)	정성왕후(貞聖王后)	단릉	198호	경기도 고양시 용두동 산30-1(서오릉)
추존	융릉(隆陵)	장조(莊祖) 헌경의황후(獻敬懿皇后)	합장	206호	경기도 화성군 태안면 안녕리 1-1
22대	건릉(健陵)	정조(正祖) 효의선황후(孝懿宣皇后)	합장	206호	경기도 화성군 태안면 안녕리 1-1
23대	인릉(仁陵)	순조(純祖) 순원숙황후(純元肅皇后)	합장	194호	서울 강남구 내곡동 산13-1
추존	수릉(綏陵)	문조(文祖) 신정익황후(神貞翼皇后)	합장	193호	경기도 구리시 인창동 62번지(동구릉)
24대	경릉(景陵)	헌종(憲宗) 효현성황후(孝顯成皇后) 효정성황후(孝定成皇后): 계후(繼后)	삼연릉	193호	경기도 구리시 인창동 62번지(동구릉)
25대	예릉(睿陵)	철종(哲宗) 철인장황후(哲仁章皇后)	쌍릉	200호	경기도 고양시 원당동 산37-1(서삼릉)
	남연군묘(南延君墓)	남연군(南延君)	단묘		충청남도 예산군 덕산면 상가리
26대	홍릉(洪陵)	고종(高宗) 명성태황후(明成太皇后)	합장	207호	경기도 미금시 금곡동 141-1
27대	유릉(裕陵)	순종(純宗) 순명효황후(純明孝皇后) 순정효황후(純貞孝皇后): 계후(繼后)			

선원계도(璿源系圖)

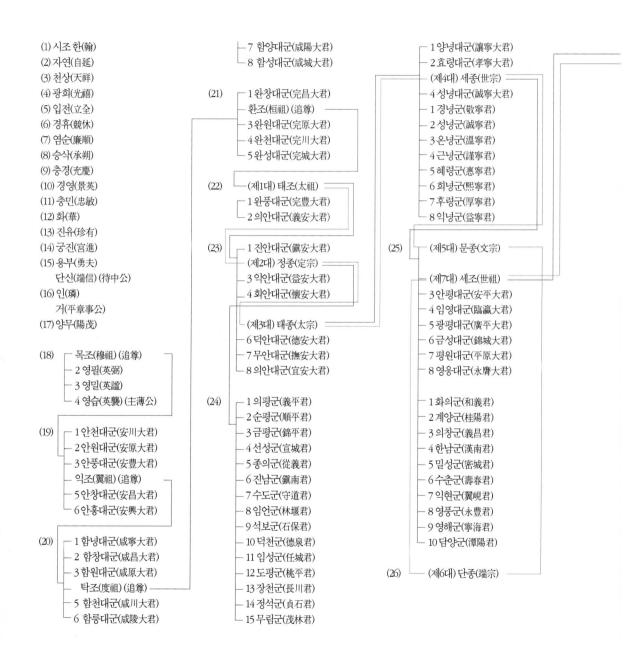

(1) 시조 한(翰)
(2) 자연(自延)
(3) 천상(天祥)
(4) 광희(光禧)
(5) 입전(立全)
(6) 경휴(兢休)
(7) 염순(廉順)
(8) 승삭(承朔)
(9) 충경(充慶)
(10) 경영(景英)
(11) 충민(忠敏)
(12) 화(華)
(13) 진유(珍有)
(14) 궁진(宮進)
(15) 용부(勇夫)
　　단신(端信) (侍中公)
(16) 인(璘)
　　거(平章事公)
(17) 양무(陽茂)

(18) ┌ 목조(穆祖) (追尊)
　　├ 2 영필(英弼)
　　├ 3 영밀(英謐)
　　└ 4 영습(英襲) (主簿公)

(19) ┌ 1 안천대군(安川大君)
　　├ 2 안원대군(安原大君)
　　├ 3 안풍대군(安豊大君)
　　├ 익조(翼祖) (追尊)
　　├ 5 안창대군(安昌大君)
　　└ 6 안흥대군(安興大君)

(20) ┌ 1 함녕대군(咸寧大君)
　　├ 2 함창대군(咸昌大君)
　　├ 3 함원대군(咸原大君)
　　├ 탁조(度祖) (追尊)
　　├ 5 함천대군(咸川大君)
　　└ 6 함릉대군(咸陵大君)

(21) ┌ 1 완창대군(完昌大君)
　　├ 환조(桓祖) (追尊)
　　├ 3 완원대군(完原大君)
　　├ 4 완천대군(完川大君)
　　└ 5 완성대군(完城大君)

　　─ 7 함양대군(咸陽大君)
　　─ 8 함성대군(咸城大君)

(22) ┌ (제1대) 태조(太祖)
　　├ 1 완풍대군(完豊大君)
　　└ 2 의안대군(義安大君)

(23) ┌ 1 진안대군(鎭安大君)
　　├ (제2대) 정종(定宗)
　　├ 3 익안대군(益安大君)
　　└ 4 회안대군(懷安大君)

　　┌ (제3대) 태종(太宗)
　　├ 6 덕안대군(德安大君)
　　├ 7 무안대군(撫安大君)
　　└ 8 의안대군(宜安大君)

(24) ┌ 1 의평군(義平君)
　　├ 2 순평군(順平君)
　　├ 3 금평군(錦平君)
　　├ 4 선성군(宣城君)
　　├ 5 종의군(從義君)
　　├ 6 진남군(鎭南君)
　　├ 7 수도군(守道君)
　　├ 8 임언군(林堰君)
　　├ 9 석보군(石保君)
　　├ 10 덕천군(德泉君)
　　├ 11 임성군(任城君)
　　├ 12 도평군(桃平君)
　　├ 13 장천군(長川君)
　　├ 14 정석군(貞石君)
　　└ 15 무림군(茂林君)

　　─ 1 양녕대군(讓寧大君)
　　─ 2 효령대군(孝寧大君)
　　─ (제4대) 세종(世宗)
　　─ 4 성녕대군(誠寧大君)
　　─ 1 경녕군(敬寧君)
　　─ 2 성녕군(誠寧君)
　　─ 3 온녕군(溫寧君)
　　─ 4 근녕군(謹寧君)
　　─ 5 혜령군(惠寧君)
　　─ 6 희녕군(熙寧君)
　　─ 7 후녕군(厚寧君)
　　─ 8 익녕군(益寧君)

(25) ┌ (제5대) 문종(文宗)
　　├ (제7대) 세조(世祖)
　　├ 3 안평대군(安平大君)
　　├ 4 임영대군(臨瀛大君)
　　├ 5 광평대군(廣平大君)
　　├ 6 금성대군(錦城大君)
　　├ 7 평원대군(平原大君)
　　└ 8 영응대군(永膺大君)

　　─ 1 화의군(和義君)
　　─ 2 계양군(桂陽君)
　　─ 3 의창군(義昌君)
　　─ 4 한남군(漢南君)
　　─ 5 밀성군(密城君)
　　─ 6 수춘군(壽春君)
　　─ 7 익현군(翼峴君)
　　─ 8 영풍군(永豊君)
　　─ 9 영해군(寧海君)
　　─ 10 담양군(潭陽君)

(26) ─ (제6대) 단종(端宗)

338

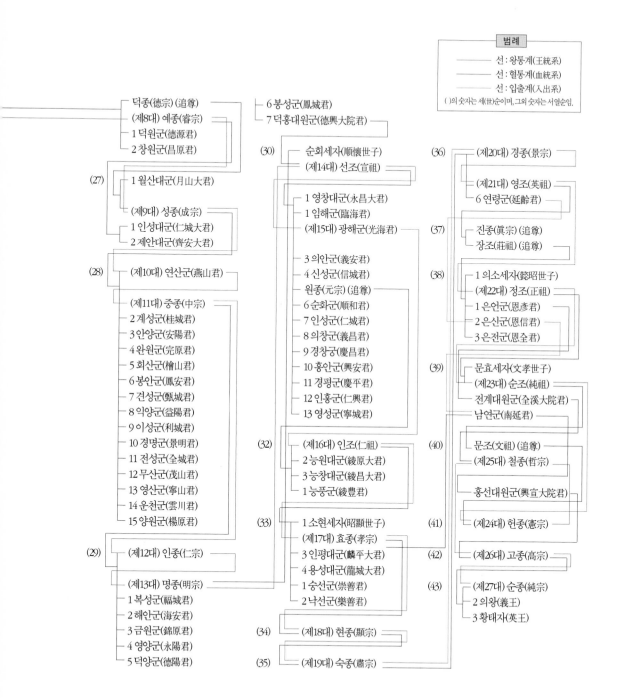

덕종(德宗)(追尊)
(제8대) 예종(睿宗)
1 덕원군(德源君)
2 창원군(昌原君)

6 봉성군(鳳城君)
7 덕흥대원군(德興大院君)

(27)
1 월산대군(月山大君)
(제9대) 성종(成宗)
1 인성대군(仁城大君)
2 제안대군(齊安大君)

(30) 순회세자(順懷世子)
(제14대) 선조(宣祖)

(36) (제20대) 경종(景宗)
(제21대) 영조(英祖)
6 연령군(延齡君)

1 영창대군(永昌大君)
1 임해군(臨海君)
(제15대) 광해군(光海君)

(37) 진종(眞宗)(追尊)
장조(莊祖)(追尊)

(28) (제10대) 연산군(燕山君)

3 의안군(義安君)
4 신성군(信城君)
원종(元宗)(追尊)
6 순화군(順和君)
7 인성군(仁城君)
8 의창군(義昌君)
9 경창군(慶昌君)
10 흥안군(興安君)
11 경평군(慶平君)
12 인흥군(仁興君)
13 영성군(寧城君)

(38)
1 의소세자(懿昭世子)
(제22대) 정조(正祖)
1 은언군(恩彦君)
2 은신군(恩信君)
3 은전군(恩全君)

(제11대) 중종(中宗)
2 계성군(桂城君)
3 안양군(安陽君)
4 완원군(完原君)
5 회산군(檜山君)
6 봉안군(鳳安君)
7 견성군(甄城君)
8 익양군(益陽君)
9 이성군(利城君)
10 경명군(景明君)
11 전성군(全城君)
12 무산군(茂山君)
13 영산군(寧山君)
14 운천군(雲川君)
15 양원군(楊原君)

(32) (제16대) 인조(仁祖)
2 능원대군(綾原大君)
3 능창대군(綾昌大君)
1 능풍군(綾豊君)

(39)
문효세자(文孝世子)
(제23대) 순조(純祖)
전계대원군(全溪大院君)
남연군(南延君)

(40)
문조(文祖)(追尊)
(제25대) 철종(哲宗)

홍선대원군(興宣大院君)

(33)
1 소현세자(昭顯世子)
(제17대) 효종(孝宗)
3 인평대군(麟平大君)
4 용성대군(龍城大君)
1 숭선군(崇善君)
2 낙선군(樂善君)

(41) (제24대) 헌종(憲宗)

(42) (제26대) 고종(高宗)

(29) (제12대) 인종(仁宗)

(제13대) 명종(明宗)
1 복성군(福城君)
2 해안군(海安君)
3 금원군(錦原君)
4 영양군(永陽君)
5 덕양군(德陽君)

(34) (제18대) 현종(顯宗)

(35) (제19대) 숙종(肅宗)

(43) (제27대) 순종(純宗)
2 의왕(義王)
3 황태자(英王)